高情商父母修习课

李浩英 著

電子工業出版社
Publishing House of Electronics Industry
北京 · BEIJING

图书在版编目（CIP）数据
高情商父母修习课 / 李浩英著. -- 北京 : 电子工业出版社, 2025. 9. -- ISBN 978-7-121-51122-6
Ⅰ. G78
中国国家版本馆CIP数据核字第2025L7268E号

责任编辑：吴亚芬
印　　刷：三河市良远印务有限公司
装　　订：三河市良远印务有限公司
出版发行：电子工业出版社
　　　　　北京市海淀区万寿路173信箱　邮编：100036
开　　本：880×1230　1/32　印张：7.5　字数：240千字
版　　次：2025年9月第1版
印　　次：2025年9月第1次印刷
定　　价：69.00元

凡所购买电子工业出版社图书有缺损问题，请向购买书店调换。若书店售缺，请与本社发行部联系，联系及邮购电话：（010）88254888，88258888。

质量投诉请发邮件至zlts@phei.com.cn，盗版侵权举报请发邮件至dbqq@phei.com.cn。

本书咨询联系方式：（010）88254199，sjb@phei.com.cn。

前言
Preface

所谓高情商养育，不过是一场爱与期待的双向奔赴

身为家长的你，或许有过这样辗转难眠的夜晚：满心欢喜地想和孩子聊聊学校趣事，可刚一开口，却撞上孩子皱起的眉头，你话锋一转，这场对话瞬间演变成一场激烈争吵；又或是为解决孩子的问题，熬夜在海量育儿攻略里“淘金”，满心期待第二天能“药到病除”，但有些“专家建议”一碰上自家孩子，如同泥牛入海，全然失灵。我们心心念念盼着孩子出类拔萃，可孩子的成长之路却总偏离我们预设的轨道；我们一门心思要做温柔理性的家长，却常在某个情绪崩溃的瞬间，忍不住对着孩子大声吼叫……这些揪心时刻，无情地撕开了许多父母在养育路上的困境：我们打着“为你好”的旗号，却在不经意间，给孩子套上了无形的枷锁，甚至都忘了停下脚步，认真问问自己——教育的终极目标，究竟指向何方？还记得初为人父母，满心期待新生命降临的那一刻吗？那时，你在心底一定描绘过孩子未来的模样，如今，那份最初的憧憬，你是否还牢牢铭记？

我，既是深耕教育领域已逾三十年的研究者，也是一位平

凡的母亲。回首女儿的成长岁月，她幼时和所有孩子一样，浑身透着天真的顽皮与执拗的倔强。在陪伴她长大的日子里，我同样遭遇过数不清的难题，陷入过深深的焦虑。但我努力将教育理论巧妙融入生活点滴，给予她科学且温暖的引导。终于，时光不负有心人，她手捧清华大学的录取通知书，满脸洋溢着骄傲，站在了我的面前。那一刻，我清楚地知道，这场漫长又充满挑战的养育探索，总算收获了一份令人欣慰的成果。如今，她远渡重洋，奔赴美国深造。旁人在羡慕之余，总会略带惋惜地感慨："这么优秀的孩子，远走高飞了，多让人遗憾！"可我的思绪总会不由自主地飘回到她年幼时的画面。

犹记得她两岁那年，不小心摔碎了一块积木，可她脸上不见丝毫懊恼，反而小心翼翼地捧着碎片，一脸认真地对我说："妈妈，它只是想换个形状。"刹那间，这句话如同破晓的强光，直直穿透我过往对教育的固有认知。我这才深刻明白，教育绝非把孩子雕琢成父母理想中的样子，而是要用心去洞察孩子的内心世界；不是强硬地为他们规划所谓的人生使命，而是给予他们空间，让他们在属于自己的天地里，毫无顾忌地绽放光芒，成长为独一无二的个体。

我见过太多的父母，一心想把孩子的人生塞进"优秀"的模具里，却忘了每个孩子都是带着独特印记来到这个世界的星星。从那时起，我开始认真记录教育笔记，从女儿两岁时那些充满童趣的“哲学对话”，到她一步步考上清华大学的蜕变过程；从厨房里教她包饺子的烟火日常，到深夜陪她分析错题的焦虑时刻。这些文字，最终凝结成一套实用的教育方法论，也成了《高情商父母修习课》的雏形。

本书不是那种高高在上的教育孩子的“圣经”，而是一场关于爱与智慧的温柔觉醒。书里没有晦涩难懂的理论，只有一个个鲜活的场景，就像发生在你家客厅、卧室里的故事：

- ☑ 当孩子磨蹭，把你气得火冒三丈时，你能从书里学会“目标倒推法”，轻松化解焦虑，让孩子主动提高效率；
- ☑ 当青春期的孩子把自己关在房间、拒绝交流时，你会懂得“先修复关系，再解决问题”的沟通艺术，重新打开孩子的心门；
- ☑ 当你羡慕“别人家孩子”自律自觉时，你会惊喜地发现，原来培养自律的种子，早在孩子做事情专注的姿势里，悄悄埋下。

在本书里，我将从三个核心维度，带你穿透教育的重重迷雾。

看见自己。你有没有想过，为什么自己会对孩子歇斯底里？或许是因为你也曾在父母过高的期待中，压抑了太久。教育，不是重复原生家庭的遗憾，而是要有打破代际循环的勇气。只有先认识自己，才能更好地引导孩子。

相信孩子。我曾亲眼见证，一个被认为是“数学困难户”的孩子，只用了三年时间，就彻底爱上了方程式。而这一切，仅仅因为老师的一句话：“你解题的样子像诗人。”每个孩子都是一个未被发现的宝箱，你的信任，就是打开宝箱的钥匙。多给孩子一些信任，他们会给你意想不到的惊喜。

回归本质。教育的终极目标，绝不是培养只会听话的“机器”，而是要让孩子成为一个“完整的人”。还记得我女儿小时候，蹲在花园里，目不转睛地观察蜗牛，还一脸好奇地问我：“妈妈，它在思考吗？”那一刻，我明白，好的教育，就是要让孩子永远保有这份好奇与天真。教育的本质，从来不是雕琢一块璞玉，而是唤醒一颗种子的强大生命力。

因多年投身教育事业，我时常会遇到一些父母，在遭遇亲子问题时前来寻求帮助。每一次为他们化解难题后，家长们总会由衷感叹：“浩英老师，您情商可真高啊，教育孩子还真离不开高情商。”这话里话外，似乎传递出一种观点，只有高情商的父母，才能为孩子的成长之路稳稳护航。

借由本书，我希望为“高情商父母”这个概念正名，赋予它全新的内涵。真正的“高情商父母”，绝非能用能说会道、做事滴水不漏、处世八面玲珑这些语句所定义。“高情商父母”的核心在于，父母要始终秉持“善”的理念。高情商的本质，也并非各种技巧的生硬堆砌，而是源自父母给予孩子毫无保留的善意，以及坚定不移的信任。

当我们能够决然摒弃“改造孩子”这一根深蒂固的执念，以理解作为基石，搭建与孩子沟通的桥梁；以尊重作为羽翼，助力孩子勇敢翱翔；以耐心作为养分，滋养孩子的内心世界……如此这般，教育才能驱散重重迷雾，回归其最纯粹、本真的状态，帮助孩子摆脱他人期待的枷锁，尽情绽放自身光芒，成长为独一无二、完整且真实的自己。

在本书中，我将毫无保留地分享自己教育孩子的经验，以亲身经历向你揭示：教育并非疾风骤雨，温柔的教育方式同样蕴含着改变孩子一生的磅礴力量。这些真实故事宛如一面明镜，当你映照其中时，会发现自己在育儿路上并不孤单，诸多困惑与挣扎并非个例，进而收获慰藉与共鸣。

同时，我还会分享一系列实用的方法。书中没有华而不实的空洞鸡汤，只有切实可行、拿来即用的妙招。就拿孩子沉迷游戏这一棘手问题来说，简单粗暴地没收手机往往适得其反，而与孩子签订一份“游戏契约”，明确游戏时间、规则，反倒能巧妙化解冲突，让孩子心甘情愿地合理安排游戏生活。这一秘诀已帮助许多家庭成功解决难题，如今，我把它毫无保留地分享给你。

在书中，我会竭力让你感受到教育的温度。养育绝非父母与孩子之间硝烟弥漫的战争，而是一场充满爱与期待的双向奔赴之旅。当父母率先做出积极改变时，孩子往往会以超乎想象的速度成长。这种温暖的力量将始终围绕在你和孩子身边，不断拉近你们的距离，让亲子关系越发亲密无间。

让我们一同深信：当父母踏上觉醒之路时，教育将不再是剑拔弩张的战争，而是一座连通彼此灵魂的温暖桥梁。养育孩子的过程，无疑是一场自我修行，更是一次重获新生的契机。当我们学会用“善”的视角去凝视孩子，以“成长型思维”去直面挑战，往昔那些困扰我们的焦虑与迷茫，终将如同晨雾般消散，化作照亮前行道路的璀璨星光。愿本书成为你育儿途中最贴心的挚友，让我们一同坚定地相信：每个孩子都是世间独一无二的奇迹。而“高情商父母”，正是这些奇迹的忠实守护者。

李浩英

目录
Contents

每个孩子都是鲜活且富有创造力的生命。家庭教育并非驯化服从，而是点燃孩子自我发展的火种，让生命肆意绽放。

原则一

以始为终——你想要什么样的孩子，决定你的教育方式

教育的核心，是赋予人动力与希望。坚信孩子是天才，并如此培育，他们自会绽放天赋光芒。

家长要首先了解自己，再谈如何教育孩子

家庭教育能否做好，有一个非常重要的点是，作为家长，你是否了解自己。

你只有充分了解自己，才会明白自己能够培养出一个什么样的孩子。你跟孩子的相处，才不会反复纠结。

因为工作的原因，我经常受邀去全国各地给家长们讲课。有一次在我的分享会上，有一位家长跟我说："老师，我不想知道我应该做什么，我只想知道我用什么方法，说什么话，孩子才能听。我希望我掌握绝妙的方法，能够更好地管理孩子。"

我相信有这样想法的家长绝对不止她一个。但是，一旦家长有这样的想法，就是无形中把自己当成了管理者，此时在她眼中孩子只是一个被管理的人，而不是一个独立的个体。这与我的教育理念是完全相违背的。我从事教育已逾三十年，也是一个二十几岁孩子的妈妈。我更希望家长们能认识到，每个孩子都是鲜活的、有创造力的生命，我们所要做的家庭

教育，不是只为了让孩子学会服从，像个小木偶一样学会听话，而是要让每一个生命都能开花，让孩子成为他自己，让生命全然地绽放。如果你这样想，你就不会满世界去找方法，希望孩子无条件地听你的话，服从你；而是允许他成为他自己，按照他独一无二的本色，成长为他自己独有的模样。

那家长要如何了解自己？我觉得有两个方面。

首先，要想明白，你为啥要生孩子

我平时总跟我女儿讲，做一件事情前，一定要想清楚自己是为什么而做的，生孩子这件事情也是一样的。可能很多家长说，她也没想过自己为啥要生孩子，可能是看别人生了，她也生了。或者她只是遵从生命的本能，到了那个时间段，觉得自己应该做母亲了，正好也结婚了，然后就生了孩子。有些人可能会觉得，年龄到了，家里父母、公婆一直催，就只能生……如此混沌的开始，你想要一个非常完美的结局，这是不是不现实？

所以，作为家长，一定要想清楚，你为什么要生孩子。你生孩子是为了培养一个栋梁之才，还是希望他永远陪在你身边；你是希望通过养育，来缓解你的寂寞、无聊，还是不把自己的生命依附于他，允许他成为他想成为的样子；你是希望通过养育孩子，能够让你们家的基因变得更优秀，还是只想让孩子再重复一遍你的人生……当你理顺了这个问题的时候，你才会知道，你家庭教育的起点在哪里。

其次，了解自己是个什么样的人，对孩子有符合现实的期待

这里面有两层含义，一个是了解自己有什么，另一个是了解自己能做什么。

了解自己有什么

几乎每一个家长都望子成龙、望女成凤，我曾经做过一个小调研，问现场几百名来自五湖四海的家长，希望自己的孩子考什么大学。绝大多数家长都填了清华、北大。但是当我问："家长的最高学历是什么"时，现场很多人连大学都没有上过。

前段时间有一个家长，因为孩子作文写不好的问题来找我。我问她："你希望孩子在作文上有什么样的好表现。"她回答我说："我希望他能在考试的时候接近满分，我希望他能拿到国家级的写作大奖。"我继续问："那你们家有谁的作文曾经拿到满分或者获得过国家级的奖项吗？"她回答说："没有。"

诚然，当今社会，有很多普通家庭孩子逆袭的故事。但是作为家长，我们也要明白，当我们在社会上没有拼过其他

人的爸妈时，我们就要接受我们的孩子可能需要通过自己的努力，去补足自己父母落下的部分。那我们首先要做的，就是要给孩子时间，然后尽可能地为孩子的努力提供有效的方法，能够切实地去给孩子提供有用的助力。而不是只知道提很高的要求，在他没有达到的时候又只会表达失望。

所以家庭教育不是要求孩子继承家长曾经没有实现的那些脱离现实的美梦，而是明确家长希望自己的孩子能够达到什么样的高度，并且是否有能力给予足够的托举。如果孩子没有做到，家长是否也可以接纳孩子没有做好的部分。学习成绩只是孩子成长的一部分，并不是所有的孩子都能够成为学霸。那如果我们的孩子不能成为优秀的极少数，我们是否能够通过其他方面的影响，让孩子能够成为一个特别好的人。

教育从来都不是单一维度的，而是有多个维度的，不同的父母情况不同，也就意味着培养孩子的教育方向会有差异。孩子就像一粒种子，父母是播种者，我们只有了解自己有什么，能给孩子怎样的托举，才能对应方向，培育好这颗种子，让他成为参天大树。

了解自己能做什么

有很多人羡慕我说："浩英老师，你在教育界取得了那么多的成绩，也培养了一个那么优秀的女儿，你太厉害了，是怎么做到的呀？”我的回答很简单，因为我很了解自己，我从不去做超出自己能力范围的事情，也始终在自己力所能及的范围内，给孩子最好的教育。

很多职场妈妈都知道，如果工作特别忙，又没有老人帮忙带孩子，自己会有多难！我的处境就是这样的。我女儿出生后，家里没有任何一个老人能帮忙，我就只能自己带。但是学校的工作在很多情况下是没有办法协调的，我在休了一个半月的产假时，学校通知我回去上课，当时缺老师缺得特别厉害，我回去不但要教课，还要兼任班主任。因为工作很忙，又要照顾孩子，所以我就想，我是没有时间带孩子去医院的，如果她经常生病，那我可能没办法分很多时间去照顾她。所以我就必须想尽一切办法保证女儿生活得很健康。于是，当她开始能跑步的时候，我就每天早上带着她跑步，锻炼她的体魄。

那同样，晚上下晚自习回来，我到家就已经很晚了，还要给学生批改作业、备课，就没有更多的精力能分给女儿，没法在她写作业的时候，一直反复在旁边唠叨，追着喊着说：“你怎么还完不成作业！”那就需要她自己很独立，很自律。

当我们对孩子有了一些要求、一些期望的时候，一定要告诉她方法，让孩子知道她自己应该怎么做。所以我就总有意无意地把整理书包、记作业这些事情交给她自己处理，有段时间甚至跟老师沟通，让我女儿自己给自己批改作业。时间长了，她自己就慢慢养成了“学习靠自己”的习惯。

我女儿在 3 岁左右的时候，我就开始教她怎么做饭，6 岁的时候，她已经能够自己包饺子了。这就保证了我很忙、不在家的时候，她自己饿不着。

所以很多妈妈说，她太忙了，但是孩子从来都不让她省心。那很有可能是你没有立足于自己的实际情况，因材施教。没有学会先正确耕耘，再谈教育成果。

当你立足于了解自己，明白自己是个什么样的人，应该去培养一个什么样的孩子的时候，你就会发现，家庭教育特别简单。

你期待有一个什么样的孩子，就应该用什么样的教育方式

有很多家长问我：“浩英老师，我要怎么样才能教育好我的孩子？”我会反问说：“你想要一个什么样的孩子呢？”有

很多家长在这个问题上就卡壳了，因为大家每天都忙着管孩子，却从来没想过，要朝着哪个方向管。这就好像你想去一个地方，这个地方你从来没去过，完全不知道路，你也不知道带一张地图，在手机上搜索一下，就上路了。有的家长也会想好说，她想要一个什么样的孩子，但是在教育方式上，又与想要培养的孩子的方向南辕北辙。

前段时间我应邀给很多家长讲了一节“高情商父母修习营”的线上课。在课上，我问参课的一百多位家长：“大家想培养什么样的孩子？”很多家长都告诉我说：“希望自己的孩子能够坚韧、独立。”然后我给大家展示了一个案例，是一个短视频，里面有很多的小孩，五六岁就可以自己在厨房里做饭、烙饼，而且做得非常好。有些学员就说，厨房太危险了，里面有火又有刀，她可不愿意让她的孩子，小小年纪就去做这么危险的事情。

我相信不只是课堂里的家长，很多家长都会是这样的态度。我们不能机械地评价说，这些家长这么考虑不对。但是从大家的反馈里，我知道了，虽然他们很想要独立、有韧性的孩子，但是很难培养出来。为什么？就是因为教育方式与想要的结果，是完全相反的。家长期待培养一个什么样的孩子，就应该用什么样的教育方式。想要孩子独立能做饭，肯定要放手让他去尝试，站在岸上是没办法学会游泳的。

一、你期待有一个什么样的孩子

作为父母，你想要培养出一个什么样的孩子？

志存高远	身心健康	文明有礼	自由	有抱负
自信自尊	独立自主	善于沟通	幸福	有才能
积极乐观	坚毅勇敢	宽容大度	仁慈	负责任
心胸宽广	富于想象	乐善好施	自控	有教养
快活	智慧	整洁	诚实助人	顺从

看到以上这张图，很多家长会跟我说：“浩英老师，你这张图里的内容我都想要，我希望我的孩子具备一切好的品质！”如果你这么想，我想先告诉你，做人是没有十全十美的，教育孩子也是，千万不能“既要又要”。图上展现给我们的，全是美好的词，但是每一个词的背后，都可能意味着不一样的结果。比如，“志存高远”的孩子，他就不会安安分分地守在家里，他一定会更渴望在更广阔的世界去发展自己。那你就要问问自己，是否希望孩子远走高飞，自己辛辛苦苦培养的孩子，不能时刻在自己身边尽孝？“仁慈”的孩子，在很善良的同时，也可能对谁都心软，做事情缺少一点魄力。如果你既希望孩子很心软，又希望他很有魄力和攻击性，那可能最终培养的孩子，就是哪个优点都不靠。

所以，不是好的形容词，就是我们要选的，而是要首先了解自己，问问自己，更适合培养一个什么样的孩子，更想要一个什么样的孩子，然后再明晰自己的教育方向。我们要从想要的结果，反推用什么样的教育方式。而不是我今天看到别人家的孩子这里表现好，我就希望我的孩子也是这样；明天觉得别人家的孩子那样表现好，我也希望我的孩子那样。今天我开心，我就可以允许孩子调皮捣蛋，明天我心情不好，就希望孩子像个木偶一样，完全按照我希望的样子去表现。

如果你想培养一个独立自主的孩子，放手肯定是第一位的；如果你想培养一个有独立思维的孩子，你就要接受他反驳、犟嘴，没那么温顺听话；如果你想培养一个依赖感很强的孩子，那你就大包大揽，什么都自己说了算……你选择的教育方式要从一而终，而不是啥都想要，或者总是根据自己的心情而变化。如果你想把孩子培养成自信、勇敢、持之以恒的人，你就需要明确教育方向，不要做出背道而驰的事情，一边期望孩子自立自强，一边独揽一切。

二、培养孩子不是光喊口号，要知行合一

我自己做了三十多年的老师，也做了二十几年的母亲，我发现，即便明确了教育方向，家长们在真正执行的时候，还是会有各种各样的问题。其中最为明显的，是他们很难摆

脱教育的责任属于老师这个固化思维，从而降低对自己的要求，一味地放纵自己，沦为光喊口号却做不到知行合一的家长，让孩子在家庭里受到了消极的影响，能量状态不佳。

家长们最熟悉的场景，大概就是辅导孩子做作业时的“鸡飞狗跳了”。家长一边暴跳如雷、大声嘶吼，孩子一边战战兢兢，哭得眼泪鼻涕都分不清。如果家长非常明确且坚定，自己就是想要拥有一个思维活跃的、能够独立做作业的孩子，用心复盘和反思就会发现，当自己情绪不稳定的时候，当自己发脾气的时候，孩子是处于一种深层次的恐惧之中的，他的大脑时刻准备迎接你的下一次暴风雨，哪里还有心思思考、做题。马斯洛的需求层次理论也谈到，人的安全需求是排在第二位的，当安全感处于被随时破坏的无序状态时，孩子会第一时间选择保护自己。而在这样的家庭环境长大的孩子，会变得自卑、敏感、胆小、缺乏安全感，甚至是脾气暴躁。

认真想一想，这是你期待培养的那个孩子的形象吗？所以，要想让孩子学习好，家里的气氛必须是温和的，必须是安全的，必须是情绪平静的。人只有在开心的情况下，学习才会更快，效率才能更高。想要让孩子变得正向积极，家长不能光喊口号，要把这种教育理念，贯穿到自己生活的细节里去，时刻提醒自己保持情绪稳定。

三、身教大于言传，好的生活氛围是最好的课堂

家长最好的知行合一，就是以身作则，成为孩子的榜样。一般来说，父母这个职业是没有教材的，没有人一章一节告诉你具体要怎么做。那最好的教材是什么呢？陶行知校长说："生活即教育。"父母不必把教育孩子这件事想象得太过于高大上，它就跟我们"柴米油盐酱醋茶"过日子一样稀松平常。就像我们前面提到的五六岁就能烙饼的小孩，也不过是父母做饭的时候，顺便教会了他，然后放手让他去做而已。

再比如说我，我自己是一个热爱运动的人，多年来一直坚持跑步，我不仅自己跑，还带领丈夫和女儿跑，后来又影响我侄女跑，在她女儿才三岁的时候，她就开始带她到公园里跑步，现在长到六岁，已经雷打不动跑了一千多天了。你可能会好奇，这是怎么做到的？因为她们家离幼儿园 1.7 千米，非常近，她就每天带孩子跑步上学，三年下来，这孩子从来没有过头疼脑热、感冒发烧。你看，孩子身体健康、精神头足，是不是做家长的乐意见到的。

长时间的锻炼不仅可以帮助家人，也可以影响我们自己。很多家庭父母自己不锻炼，下了班就想躺着，时间长了，肥胖、焦虑、压力大，随时随地都在家里大呼小叫发脾气，自己难受，家人也难受。我因为一直坚持跑步，生孩子的时候

特别顺利，产后恢复也非常快，坐完月子我就去操场跑步了，很快就瘦到了 100 斤以下，根本不存在抑郁一说。

所以，教育孩子，生活就是最好的课堂。你保持自律、勇敢、有毅力的生活状态，都不需要很刻意，就可以以“身教”这种无声的教育，影响孩子和你保持同频成长。

当家长目标很明确，就是要培养一个勇敢独立的孩子时，不仅你的能量和状态可以影响孩子，同时这种想要成为孩子心中榜样的内驱力，也会驱使家长变得自律优秀，形成孩子学习放心，自己事业安心的良好状态，让家庭幸福指数节节攀升。

打破不良的代际循环，不要用父母对待你的方式对待孩子

任何一个家长，可能都明白一个道理：每个人都会犯错，都会遇到很多事情不太尽如人意的糟糕困境。但是你有没有留意过一个细节，当你犯错的时候，当你的境遇很让你失望的时候，你的内心会泛出来什么样的声音？是“哎呀，我怎么这么笨”“我简直要蠢死了”“我就不该犯这样的错”，还是

“我已经尽力了”“其实也没有关系，这次知道了，下次就能避免”……从心理学的角度来说，你在那一刻会跟自己说什么，就是曾经在你的小时候，你在犯错或者表现不尽如人意的时候，你的父母曾经对你说的话。

小时候之所以重要，是因为在生命的早期，在我们的大脑里，很多东西还没有形成，父母给了你什么，你就会被之所影响。举个例子，我的策划人，是一个特别有名的才女。从初中开始，在写作上就拿了很多国家级的大奖，大学毕业后，在杂志上发表了很多文章。后来转行做策划，连续几年策划出百万级畅销书，也是唯一一位获得联合国创意大奖的中国区女性（到本书成稿为止）。就是这样一个优秀的人，却经常跟我们提及原生家庭。

她说，原生家庭对她的影响真的太深了。因为她小时候患有先天性胯骨脱臼，先后手术了八次，坐过轮椅拄过双拐单拐，后来逐渐恢复成了正常人。但是她妈妈，因为她生病，总是对她特别严厉，总是会跟她说：“你的腿这样，如果你学习不好，以后混不下去，谁来照顾你？”所以每次她表现不好，妈妈就会拿着一个小铁尺，打她的手板。后来长大了，她的妈妈不再打她了，但是她一直都必须强迫自己优秀，一旦什么事情做不好，她就觉得妈妈的小铁尺，像长在了自己心上一样，抽得自己特别疼。

其实，孩子是非常聪明的，他在什么情况之下能够获得关爱、表扬、父母的认可，什么情况下会遭到冷落、惩罚和拒绝，孩子的内心会非常清楚。而正是因为很清楚，才会用父母对他的反应，形成一套固定的标准，会认为“获得父母认可”的自己，就是“好”的，否则就是“坏”的。然后把父母的标准内化，形成自己的一套应对事物的逻辑。

他们不仅会用这套标准去要求自己，在长大以后，成为父母，依然会照着这套逻辑，用在对待自己的孩子上。于是，小时候，你受到的是父母的苛责与批评，你学会了怀疑自己。成年以后，你继续用这一套标准去自责和自我批评，去回应一直没有摆脱掉原生家庭的自己。有了孩子以后，孩子犯了同样的错误，表现得不让你满意，就激活了你早已形成的脑回路，你也开始用父母对待自己的方式，去苛责和批评孩子，甚至冷言冷语，说尽挖苦和讽刺的话，去攻击孩子的自尊心，于是孩子也形成了同样的脑回路，在内心形成了你对于好与不好的审判标准。孩子长大后，又把这一套标准用在他的孩子身上，最终形成了代际循环。

因为总要给很多家长讲课，我听到最多的就是：“浩英老师，我觉得我不是一个好父母，我常常会控制不住自己，很多话语和行为，伤了孩子……”有些家长是了解自己可能对孩子有了不好的伤害，有些家长可能还在觉察的路上。为什么觉察了之后反而那么痛苦，是因为很多人意识到了，但走不出来，就如同在一个迷宫里面，你知道要找到出口，但就是反复绕圈，出不去。

其实，在原生家庭里受到了伤害，不是你的错。我们在教育孩子的过程中，复制我们父母的模式，也不是你的错。家长一定要明白，如果你已经形成了代际循环，那么你也是受害者，所以不要过于苛责自己。但是如果你已经意识到了，还要继续保持下去，那就不应该了。

代际循环很难打破，因为可能是几代人形成的一种很不好的亲子模式，那就必然要经过很坚定的努力，甚至可能还会跟自己、跟家人有很多的斗争。但是，当你主动去承担打破代际循环的重任，主动改掉这种错误的循环时，你就是家族的英雄。

我之前就是这么告诉我自己的。很多人看到说，我现在 55 岁了，从很好的教育单位退休后，又被北京的某所学校返聘回去。女儿完全不用我操心，她清华毕业后又去了美国进修，家庭生活也比较和睦，是不是就不曾受过原生家庭的什么伤害。

其实不是的。我的原生家庭也比较特殊，如果我的爸爸妈妈还在世的话，现在应该 100 岁了，因为我妈妈生我的时候已经 45 岁了。我是家里第七个孩子，只比我的外甥大一岁。在那个年代，家里兄弟姐妹一堆，得到的爱少得可怜，我和母亲的关系也不怎么亲密。我从来都不曾是家庭的掌中宝，很小的时候就开始洗衣做饭，自己学习。但或许是我的心态好，遇到了很多不开心、不公平的事情极少抱怨，总是开开心心地去上学。或许是受过了高等教育以后，我相信我自己是有能力化解的。

在我的印象里，有一个特别深刻的场景，就是我父亲跟我母亲打架，真的是会把我母亲打得很凶的那一种，这件事让我非常非常难受。我每每跟身边的朋友提及此事，她们都会说：“在你的心里留下阴影了吧？”我说：“是有影响的。”当我要结婚的时候，我跟我的爱人说：“我们一定要好好过日子，为了孩子以后能够健健康康地长大，我们一定不能出现家暴这样的事情。”而且在家庭矛盾里，我都会跟爱人一起商讨，尽可能用很智慧的方式去解决。我总是告诉自己，我受过大学教育，我肯定是比我的父母要优秀的，所以我不能走他们的老路，在教育孩子这件事上，我不是给孩子下雨，而是要给孩子撑伞。

所以尽管我生在一个缺少关爱、父母关系还不太和谐的环境里，但并不影响我以后能生活幸福，引导孩子健康成长。如果你作为家长，你的原生家庭不幸福，你认为自己受到了父母不公平的对待，你要做的就是突破，因为自己经历了，所以不要再让孩子经历。

当然，一个家庭的教育问题，不是一个人的问题，要解决也并非一日之功。但是父母们一定要勇敢打破不良的代际循环，不要把自己曾经很讨厌发生的事，又在孩子身上重复一遍。一个家族要想向上生长，希望自己的后代，孩子们都能够脱离苦海，变得越来越好，就一定要有勇敢的人，去做第一个吃螃蟹的人。这个人，会不会就是你？

抓好教育的关键点，当好父母其实很轻松

我女儿考上清华以后，周围的很多人都给我发信息说："太不容易了，你要兼顾工作，同时又把女儿教育得这么好，一定很累吧？"我回复："谁说兼顾工作，教育好孩子，就是一件很累的事情？"作为家长，只要我们学会抓住关键点，其实当好父母特别轻松。

就好像开车，如果你记住几个关键点，知道在哪里需要拐弯，那其实看不看地图，都能很顺利地到达目的地。教育孩子也是一样的，抓好大方向，在关键点上发力，小的地方就可以

放手。你不陷入细节里，就不会觉得这件事情有多难。

平时我总爱看亲子教育的视频。有一次我在短视频平台上，看到一个小女孩，和爸爸一起在农村生活。她年龄不大，只有七八岁的样子，但是每天放学，她都可以自己去择菜、洗菜、切菜，之后煮饭，炒好几个菜，再去叫爸爸回家吃饭。我当时就感慨说，这个孩子的爸爸虽然看起来没读多少书，但是他很懂得教育孩子的关键点，他教会了小女孩非常重要的生存技能，这样以后她绝对饿不着了。同时我也特别钦佩这个小女孩，小小的年纪就能独立。

因为工作的关系，我给很多家长做过咨询，发现很多父母都有育儿焦虑，完全做不到顺其自然和科学育儿。一边想要孩子性格好习惯好，一边又控制不住加入“鸡娃”“卷王”的大军，把自己搞得很内耗。我曾无数次说过，父母这个职业很特别，没有教材可供参考学习，当不知道怎么办的时候，父母便不自觉选择了跟风——即使不能别出心裁，也别让孩子掉队。当你自己的思想很混沌的时候，就容易觉得哪一种说法、做法都是对的，又很容易被推翻，你对孩子的教育方式就是凌乱的，很难培养一个独立自主、有责任、有远见的孩子。所以教育孩子，你心里要有地图，包括要去哪里，可能在哪些关键点上遇到问题，孩子在哪些关键点上需要额外关注。除此之外，一些小细节，我们就可以放过。当你只去抓孩子成长的关键点时，你会发现，孩子得到了很大的自由度，而你当好父母，也非常轻松。

那要怎么抓好关键点呢？

一、围绕人的发展规律，了解哪些是教育关键点

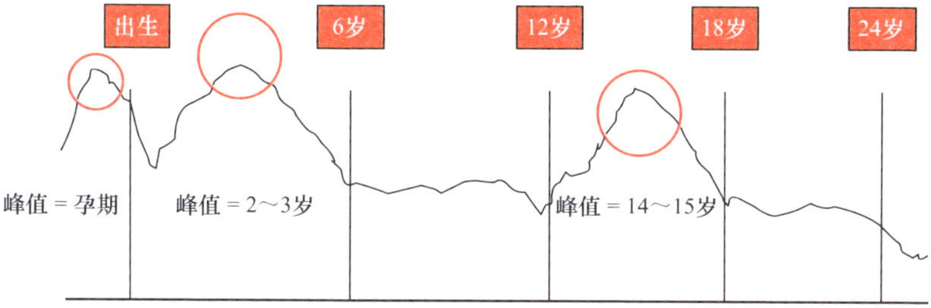

来源：威廉姆斯集团，2003年。

以上是一张孩子从出生到24岁的大脑发育曲线图。一般来说，孩子大脑发育的关键期分别是孕期、2～3岁和14～15岁，同时这几个时期，也是家长抓教育的关键期。

首先，是孕期这个阶段，这个阶段是一个从无到有的过程，孩子成长得非常快，有些家庭会进行胎教，让孩子在妈妈肚子里就开始接受语言、声音、触觉的熏陶。

其次，是2～3岁这个阶段，这是孩子大脑发育的高峰期。这个阶段家长不要保护欲过甚，要允许孩子上蹿下跳，去激发他的大脑发育。有些家庭是爷爷奶奶帮着带娃，就怕一不小心磕了碰了，于是把孩子保护得很好，随便爬个楼梯

都要伸手护着。前几天我去公园，看到有位奶奶带孩子就是这样，孩子稍微爬高一点，奶奶就紧张得不行，唯恐有什么意外。但其实在这种情况下，家长只是表达了自己的焦虑和紧张而已，根本没有起到实质性的保护作用。所以你会发现，我们大人的很多行为不是为孩子服务，都是在表达自己的情绪而已。其实在这个阶段，放开手让孩子去走、跳、爬，才是对他大脑发育有益处的。

最后，是 14 ～ 15 岁这个阶段，也就是所谓的青春期。这个时期被很多家长定义为叛逆期，认为这个时期的孩子脾气太古怪了，稍不对劲就翻脸了。但从科学的角度来讲，这是很正常的现象，这就是他应该产生对抗的时期，因为大脑的快速发育和肢体发育，让他自己浑身难受。也就是说，这是他的快速成长阶段，他到了该向家长挑战权威的时候了。家长在这个敏感时期，要接纳孩子理所当然的变化，学会倾听和引导，而不是极致对抗。

当孩子可以独立的时候，就学会放手；当孩子成长到一定阶段，表现出在挑战家长权威的时候，我们也要给予尊重和接纳，这就是在对应的关键期做对应的正确的事。教育是什么？最怕家长在不该紧张担心的时候，每天都传达出“你不行”“你需要我保护”的信号，而当孩子已经完全形成依赖的时候，又责怪说："你都多大了，还这么依赖我！"

二、在关键期，只做正确的事

当我们了解了孩子大脑发育的规律后，很多家长会发现，真正考验自己能否教育好孩子的，也不过就那么几个阶段。只要抓住关键期，在正确的时间做正确的事，把他的习惯、性格培养好，后面就让他自由生长，就可以实现轻松育儿零负担。

一位诺贝尔经济学奖得主曾说："孩子在三岁之前受到的教育对他一生的影响远大于在其他年龄受到的教育。"所以科学早教真的尤为重要。当孩子步入三岁时，就要教他做各种力所能及的事，让他的大脑得到锻炼。

我们家有个亲戚，家里孩子正是三岁的年纪，根本闲不住，看到家长做什么都很好奇，都要参与进来，比如家里要包饺子，她会要求也要给她一坨面团，在小砧板上揉揉搓搓；看到奶奶洗衣服，她也要搬小板凳过去，一边看一边学着洗。亲戚有时候就跟我抱怨说："这孩子，就没有听话的时候。"我让家长不要干涉她，干不干净没关系，让她学起来。坚持了一段时间后，她现在已经可以洗好自己的袜子了。当我们夸她的时候，她也会竖着大拇指给自己点赞，看上去非常自信。

当你的孩子越早养成自己做饭、洗衣服，自己定闹钟起床，自己放学做作业的习惯时，他在这种勤奋中就会越早获得成就感，从而变得更加自信。

有的父母会担忧青春期，觉得这个阶段的孩子不好教育，我还是那个“趁早”理念。不要等到孩子进入青春期，已经开始往“歪脖子树”去发展了，你才去拯救他。应该是在幼儿时期和小学阶段，就让他和父母做到课题分离，让他自己的事情自己做，有多余的精力就帮着家里做一些力所能及的事情，增强他的责任感、执行力和自主性，到了“烦人”的青春期，他在家里自然有话语权，就会避免和父亲、母亲的控权之争，说不定还会成为家里的得力干将，何乐而不为呢？

很多孩子之所以会叛逆，是因为你给他的自由度太低了。我们可以试想一下，假如你在公司，每天不让你做这个，不让你做那个，工作一天没有任何的成就感，你会开心快乐吗？是不是也满肚子火想要去发泄，孩子也是一样的。

孩子就是一颗种子，你的行为、教育、引导，就是在给他浇水、施肥。你提供给他什么样的生长环境，他最终就会长成什么样的树，开出什么样的花。

所以在关键期的教育中，家长千万不要偷懒，该做的事情一定要做到位。但是非关键的事情，就给孩子自由的发挥空间吧，当孩子自由独立，在成长中感受到自己的快乐和价值时，我们作为父母的，才有精力成就更好的自己，才会收获一个特别温馨而又和谐的家。

若父母期望孩子成为理想模样，不如先踏入孩子的天地，向其学习如何勇敢快乐地生活。

原则二　善意教育——孩子并非生来就是白纸，要发现和敬畏孩子

从孩童、青少年到八旬老人，生命的坚韧尽显，一生都在自我超越。若想孩子乐观，家长需许其情绪自由。如此，孩子方能接纳、释放情绪，成长为积极乐观的自己。

要把孩子当天才，信任孩子

你相信自己的孩子吗？从孩子出生的那一刻开始，你就笃定他会是一个天才吗？你相信很多事情依靠孩子自己，也能完成得很好吗？

我之前讲过一门线上课，在每次课后，都会收上来很多家长做的、很优质的作业。其中有两位家长的作业让我印象特别深刻：

第一位妈妈说，听课后，她取消了对三年级儿子的“叫早”服务，让他自己规划几点出门上学不迟到，几点起床吃早餐更合适，学会自己定闹钟叫醒自己。以前每天早上都是她催促孩子，帮着孩子叠被子、倒水等，而孩子却拖拖拉拉。现在孩子的作息习惯变得井然有序，生活中也少了很多忙乱和焦急。

第二位妈妈说，听课以后她开始放手让孩子独立，孩子主动早早起床，还给父母煮了鸡蛋。这让她和丈夫都感觉很温馨，孩子也因此觉得很幸福。

我反复认真看这两份作业，发现我们很多家长在教育孩子方面，还是太过于相信自己而不是相信孩子。我们相信自己能力出众，总觉得参与孩子衣食住行的各个方面，大包大揽，才是对孩子关心和爱的表现，也才会让自己更有安全感。

我们经常听到这样一句话："是父母需要孩子，而不是孩子需要父母。"就像前面这两位妈妈，过去她们并不相信孩子有独立起床、做早餐、安排自己作息的能力，直到放手一试，才发现孩子远比自己想象的要强大。父母过于周到的安排，也可能会让孩子失去锻炼自己能力的机会。

《触龙说赵太后》里说："父母之爱子，则为之计深远。"父母对孩子最好的爱意，是长期主义，是让他能够靠自己做好很多事情，能够适应社会的发展，依靠自己生存。因此，父母要学着把孩子当成天才，相信他可以胜任很多事情，学会相信孩子，做他坚强的后盾，而不是代替他冲锋陷阵。

一、相信孩子是天才，孩子就能成为天才

我曾经看过一个由真人真事改编的泰国公益广告片。短短几分钟的故事，却道出了教育的本质。一位小女孩跟着妈

妈以卖水果为生，她想帮妈妈削菠萝，但是不知道该怎么削，妈妈说她没有念过书，不知道怎么教女儿。于是，她索性亲自做给女儿看，拿起一个菠萝，慢慢切，慢慢削，一边做还一边观察女儿的进度，确保她可以跟上。最后，女儿跟着妈妈成功地削好了一个菠萝。

当小女孩看到其他小伙伴吃冰棍时，她也很想吃，但是懂事的她没有向妈妈提出要求。妈妈察觉出了女儿内心的渴望，于是削了菠萝，用冰块冰冻，为女儿做出了独特的菠萝冰棍。当女儿吃到菠萝冰棍时，她激动地对妈妈说："太好吃了，我们应该卖这个！"

妈妈眼前一亮，为女儿准备好菠萝冰棍，鼓励她到市场上去售卖，把想法变成现实。但是进展并不顺利，小女孩一根冰棍也没有卖出去，她很沮丧地回家问妈妈："为什么没有人买我的冰棍？"妈妈没有直接给答案，而是温柔地鼓励她："去菜市场看看商贩们是如何销售商品的吧。"

她听了妈妈的话，去菜市场细心观察了很久，得到启发后，自己回家动手做了一个简易的冰棍宣传图，在大街上一边走一边吆喝。很快，她的冰棍就卖光了。随着小女孩的经验越来越丰富，她的顾客越来越多，生意也越来越好。后来，这个女孩子也取得了很大的成就。

妈妈最后说："看着她能独立解决问题，我就放心了，就算有一天我不在了，她也可以照顾好自己。"

我每次看这个公益广告片，都无比感动。这位伟大的妈妈虽然没有接受过什么高等教育，但她用言传身教、相信孩子并鼓励孩子的方式，在孩子心里种下了一颗自信而温暖的种子。这份来自妈妈的认可，足以支撑女儿坚定地克服很多生活中的问题。这个故事也在告诉我们，你把孩子当天才，充分信任他，耐心鼓励他，大胆放手让他尝试，孩子就能成为你所期待的样子。

二、接纳孩子的错误，用鼓励替代责骂

老话说得好："良言一句三冬暖，恶语伤人六月寒。"大家都明白语言具有双面性，既能温暖人心，也能令人伤心。然而当孩子犯错时，父母却很难放下身段，好好地和孩子说话。前两天我给一位亲戚打电话，边打边听她骂孩子："你有病啊，老师说后天交作业，你干嘛说明天！"语气丝毫不客气，也不留情面。听得我好难受，感觉孩子都不像是她亲生的。我知道这位妈妈平日里辅导孩子作业很心累，但是长期和孩子这么说话，孩子哪儿还能长成自己期待的样子呢。我们的语言是有力量的，正向的语言，是可以激发孩子潜能的。

关于如何把孩子当天才，信任孩子，和孩子好好说话，要把握两个关键期。

第一个阶段是学龄初期，即 3 ～ 5 岁的幼儿园阶段，这一阶段父母要学会鼓励孩子。比如说，孩子正在玩积木，突然把搭好的积木打散了，弄得一地都是，爸爸妈妈们通常会有两种做法：一种做法是严厉地指责孩子。例如，指责孩子把地弄脏了，玩具散落一地都是，收拾起来很麻烦。另一种做法是温和地安慰孩子。例如，温柔地给孩子说："没事，你肯定还可以把它们重新搭起来。"父母不同的语言态度会影响孩子的心理状态。前者容易激发孩子的被动性和愧疚，后者则有助于培养主动性和自信。想要培养出能为自己负责的孩子，要能允许孩子一开始做得不好，要给他尝试的机会。比如我关注的一个育儿专家，她的 3 个孩子都被教育得很独立很自信。她在视频里讲，刚开始让孩子洗碗时，5 个碗可能会打碎 3 个，但她始终坚持让孩子自己动手，从不批评指责，还找各种理由予以表扬。慢慢地，孩子做家务的能力越来越好，厨房里的事儿也根本不用她操心了。

第二个阶段是 6 ～ 12 岁的小学时期。在这一时期，老师和家长对孩子行为的态度也很重要。以我作为中学老师的经历为例。有一天上课的时候，有一个孩子折的纸飞机飞到了我的面前。面对这样的事情，老师常见的做法是捡起纸飞机后，噼里啪啦给孩子一顿批评，认为孩子上课不认真听讲，破坏了课堂气氛，严重的还说要请家长。而我则夸了孩子几句，说："纸飞机叠得不错，下次我们搞个纸飞机比赛，就由你来组织，不过现在我们在上课，先把它收起来好好听课。"孩子也乖乖地照做了，后来这个孩子再也没有违反课堂纪律，学习成绩也不错。6 ～ 12 岁的孩子，大脑发育已经接近成人，我们要把他当个大人来看待，要积极给予鼓励，不要动不动就责骂他这不行那不好，剥夺他实现自我价值的需要。

无论是父母还是老师，我们都要试着敬畏和尊重孩子，尽量避免给孩子营造那种一会儿下雨一会儿出太阳的成长环境。就算是一株草一朵花，也受不了这样折腾，更何况是个孩子呢？美国心理学家塞利格曼说："培养孩子，不是更多地修正他们的错误，而是识别和培养他们最强的品质，帮他们发现使他们生活得最好的力量。"教育更大的价值，就是要给人带去动力和希望。

皮格马利翁效应表明，孩子能不能成为天才，智力只是其中一小部分因素；最重要的是孩子成长的道路上，父母和老师给予的是喜欢、欣赏、鼓励、认可，还是指责、批评和抱怨。我们相信孩子是天才，并带着这种相信培养他们，他们就会成为天才。

把孩子当老师，向孩子学习，跟孩子请教

我女儿很小的时候，有一个场景我一直难以忘怀。那天我透过玻璃窗不经意地看到，她和她的同学买了棒棒糖，慢慢地剥开糖纸，就像在打开一个神秘礼物一样，然后两个人一边吃糖，一边在草坪上滚来滚去，笑得非常开心。我看着两个孩子天真无邪的笑容，被深深感染了。我是一名老师，同时也是一位妈妈，那一瞬间，我不禁思考，到底我们在教育孩子，还是孩子在教育我们？你看，孩子的世界是那么单纯，那么天真无邪，所以他们拥有最简单、最纯粹的快乐。而我们大人，成年后似乎被什么东西裹挟了，再也做不到那么放肆地笑了。孩子出生的时候，我们总是期待他健康快乐就好。可是随着孩子长大，我们似乎对他们的要求也在增多，希望他们学习好、性格好，成为所谓的别人家孩子。更离谱的是，我们不仅自己不快乐，好像无形中也剥夺了孩子的快乐。

在学校工作期间，我曾给很多家长打电话，沟通孩子的

情况，我总感觉他们的生活节奏过于紧张，天天都很忙，好不容易挤时间来开家长会，也是一脸严肃，很内耗很焦虑。很难想象，孩子整天看着父母愁眉不展，他又怎么能够感到幸福快乐呢。因此，想要做一个幸福的老师，幸福的爸爸妈妈，培养一个快乐的孩子，我们真的应该敬畏孩子，尊重孩子，向孩子学习，跟孩子请教。

人或许是唯一追求精神享受的物种，所以幸福感对我们而言尤为重要。我们需要认可、需要专注、需要成就感来让我们觉得自己很有价值，相较之下，孩子的幸福感就来得容易多了，而这也是我们该向孩子学习的。

有一年冬天，我下班回家，刚走到我们家四楼的转弯台阶，就听到孩子在屋里“妈妈、妈妈”地呼唤，然后我就赶紧回屋，刚一开门，孩子就伸着两个小手贴在我的脸上，一股暖流在我心里蔓延开来，所有的寒冷瞬间都消失了。我正准备好好抱抱她，结果小家伙挣脱了我的怀抱，跑去鞋架那里把我的拖鞋拿过来，又耐心地等我换好鞋后，把我换下来的鞋放回去才罢休。我当时忍不住猛猛亲了她，觉得我的女儿太贴心了。自那以后，女儿就像个小大人一样，每次我回家，她都要守在那儿，等着我换鞋。我渐渐地意识到，对于孩子而言，以一种极其投入的状态等待妈妈回家，能够帮助妈妈换鞋，做自己力所能及的事，展现自己的价值，是非常幸福的一件事。而我极力配合孩子，没有成为她产生价值感路上的绊脚石，给了她坚持做下去的动力。当孩子能够在一件事情上找到期待感和成就感时，他就可以坚持不断地做下去。

我认为，父母最应该向孩子学的，就是这份简单和投入的热情。然而有很多父母，却很难成为孩子的得力辅助，带给孩子快乐感和成就感。我每次去家附近的公园都能看到，父母周末好不容易有时间陪孩子玩耍，却很少真的参与孩子的游戏，要么电话不断一脸不耐烦，要么就是低头族，孩子玩孩子的，大人玩大人的。时间久了，父母和孩子之间的交流就会变少，隔阂日深，不利于孩子的成长。而反观那些和孩子一起打羽毛球、骑自行车的父母，脸上则洋溢着幸福的笑容。对于孩子而言，爸爸妈妈能够亲身参与活动，本身就已经是一种快乐了。

长大后为人父母的你之所以不快乐，是因为你有了功利心和得失心，你害怕自己做得不够好，但你有没有想过，孩子的想法并非如此？孩子要的幸福其实很简单。

那孩子什么时候更容易获得幸福感呢？我认为是他自由玩耍的时候。

多年的教育工作让我看到，现在很多孩子活得太规范了，时间被各种各样的补习班和训练营填满，自由玩耍的时间相比二十年前每天减少了八个小时，真的没有什么自由玩耍的时间。我在之前的文章里谈到过，最好的课堂不在教室里，而在生活里。

我曾经看过一个视频，一对夫妻都是高学历人才，妈妈是生物学博士，她特意带孩子去田间地头玩泥巴，让孩子感受大自然的这种气息，随便她在地上乱爬。妈妈的初衷是不想把孩子保护得太好，想要增强她的免疫力。爸爸说："孩子来到地里，非常喜欢玩泥土，感觉比她城里的玩具还新鲜，非常投入，非常欢乐。"包括我们家小外孙女也是，有一天我在床上看书，她不哭不闹地在床上，认真专注地啃她的手指头和脚指头，有时候还会在那儿咯咯傻笑，感觉可幸福了。那我们家长一般会怎么想呢，泥巴有什么好玩的，脏死了还有细菌，脚指头有什么好啃的，也没什么味道。你看，这就是大人和孩子的本质区别，孩子只关注当下的感受和快乐，更容易激发活力和创造力，而我们大人总是过分思虑，焦虑未来，反而什么新想法都没有。

那么，大人的想象力和创造力，究竟是什么时候开始变弱的呢？或许在你过于贪心、想要得太多的时候；或许在你浮躁焦虑、定不下心的时候；又或许在你吃饭时还在频繁处理信息的时候。你被迫焦急、唯恐错过与落后，自然就无法做到像孩子般专注探索、全情投入。对于孩子而言，自由玩耍是充满魅力的，可以训练他们的专注力、创造力和想象力，因此孩子可以写出富有想象力的诗歌和故事，而大人却往往很难做到。想象一下，你现在还可以说出“我脑中飘着一片云朵”“你踩疼我的影子了”……这样富有创造力的语言吗？每个孩子都是独立的个体，他们身上藏着简单的快乐、专注的自由，他们都可以是父母的老师，教会我们如何享受生活，享受快乐。

此外，除了简单快乐地享受当下和沉浸专注地自由玩耍，我认为父母还应该向孩子学习一样东西，那就是勇气。勇气是最宝贵的财富，很多孩子所具备的惊人的创造力，就源自他的无知无畏。有一年我去美国，恰逢过万圣节，孩子们把自己装扮成《哈利·波特》中的角色，很坦然地行走在大街上，他们装扮得很好很逼真，但是一般人真不敢如此装扮自己，还肆无忌惮在大街上溜达。但是孩子们勇于尝试。他们天真无邪、勇往直前，没有大人那么多瞻前顾后，反而更容易展现自我。

孩子生来不是一张白纸，他们身上带着强大的力量，那是孩子与生俱来的，但对成年人而言是难以企及的。父母想要孩子成长为自己期待的样子，不妨先试着走进孩子的世界，向他们学习，跟他们请教如何快乐而有勇气地生活。和孩子一起成长，就知道如何培养孩子了。

从“我不会允许你”到“我想听听你”

有时候我常常想，教育这件事的本质到底是什么？为什么很多家长那么努力，那么拼命，对孩子的爱看上去无微不至，却总是和自己想要得到的背道而驰。直到有一天，我才在一个场景里找到了答案。或许教育孩子就像压弹簧，给的力越大，反弹的力也会越大。想要避免两败俱伤，最好的办法是控制好用力的度。

因为工作的原因，我曾去拜访过一位家长，她家里还有个年龄只有几岁的小女儿，在我们沟通期间，孩子总是习惯性跑来问妈妈：“妈妈，我可以玩皮球吗？”“妈妈，我可以嗑瓜子吗？”“妈妈，我可以看电视吗？”……更令我感到惊诧的是，这位妈妈全盘拒绝了小女孩的请求。“不行，那个皮球上有细菌！”“你感冒刚好，我不允许你玩！”“不行，我不允许，瓜子上火，而且你还小，万一瓜子壳卡住喉咙怎么办？”“不行，我不允许，小孩子电视看多了伤眼睛，去玩你的玩具。”妈妈表现得一次比一次不耐烦，而我也看着小女孩的眼神一次比一次失望，眼里的光一点一点黯淡下去。我相信小女孩不是第一次被妈妈拒绝，我也开始知道，为什么她的姐姐在班上很自卑、很内向。妈妈掌控全局，控制一切的教育方式，表面上看都是爱孩子、为孩子好，可是教育是双向的，我们不能以爱之名，伤害孩子的心灵。

聊到最后，我能体会到这位母亲的不容易。一个人全职照顾两个孩子，每天都在为孩子全心全意付出，但是用她的话来说，两个孩子都不让她省心。我很委婉地给那位妈妈说：“也许把‘我不允许你’换成‘我想听听你’，是否会好很多呢？”

我自己也动手梳理了这个案例，发现妈妈最大的问题，就是没搞清楚和孩子的边界，容易用力过猛，导致事与愿违。

一、孩子不是工具，不该承载父母的需要

就拿这位妈妈来说，她自己全职在家，缺乏生活安全感，将自己对这个家庭的掌控欲投射到了孩子身上，以满足自己的心理需要。

就像《非暴力沟通》这本书里说的一样："非暴力沟通鼓励我们连结内心最深处的感受和需要，有时表达它们并不容易。然而，同理心让我们能触碰彼此共通的人性，我们的自我表达也会变得容易些。我们越是能够与他人的感受和需要相连，就越不害怕袒露自己。很多时候，我们之所以不愿意展现内心的脆弱，往往是因为我们想要显得'强悍'，害怕失去权威感和掌控感。"

很显然，这位妈妈就是缺乏和孩子之间的同理心，害怕在丈夫和孩子面前失去权威，于是用"我不允许你"的方式，来维持自己的掌控力。但孩子不是工具，不应该承载父母的这种需要，这对孩子不公平。

电视剧《小欢喜》里，乔英子原本是个成绩优异的乖乖女，但她的妈妈宋倩强大的控制欲，差点逼得她自杀。宋倩和英子的爸爸离婚了，为了照顾好英子，让她能够考上自己期待的北京大学或者北京航空航天大学，留在自己身边，宋倩辞去了学校的教师工作，全职在家给女儿做药膳，辅导女儿学习，还禁止女儿玩自己喜欢的乐高……宋倩完全把女儿当作一个实现自己梦想的工具，在她一次又一次过度的干涉下，英子最终崩溃地离家出走。当英子的爸爸妈妈找到她时，她再也忍不住朝妈妈大吼："我就是想要逃离你！"若是论付出，宋倩的付出一点也不少，但是得到的结果是什么呢？

教育是双向而非单向的。当我们期待孩子长成我们想要的样子时，我们也要学会尊重他们、倾听他们、了解他们，才能实现教育中的双向奔赴。

二、学会从“我不允许你”到“我想听听你”

为什么我建议那位妈妈尝试把“我不允许你”换成“我想听听你”呢？因为只有倾听，放下权威，才能听见孩子的心声，了解他的需要，走进他的内心世界，和他站在一起。

朋友有位亲戚，听说能力出众，性格也比较强势。有次我们在一起吃饭，朋友聊到了她的这位亲戚，突然问我：“李老师，你说像某某这样的人，最近也有点搞不定的事了，她一向疼爱的女儿，最近死活都要去外地工作，她自己浮想联翩，找我们七大姑八大姨各种劝，但是姑娘就是铁了心，你是老师有经验，你说该怎么劝啊？”从她的语言里，我能感觉到这位强势的妈妈估计是因为担心女儿是不是谈恋爱了，或是去外地被骗了等，所以才坚决不允许。我说：“那不妨让她放低姿态，和女儿敞开心扉聊聊，了解女儿的真实想法。”没过几天，朋友和我打电话，说到这位亲戚的女儿，已经去了外地工作。这个亲戚放下掌控欲和女儿聊了之后发现，自己的女儿真的长大了，女儿说，她现在毕业了，虽然家里有钱，但不想再被爸爸妈妈供养，她想好好工作，靠自己赚钱给母亲买一份生日礼物。那天，这位一向强势的母亲流下了感动的泪水。

当我们真的放下预判去倾听时，会发现孩子的世界真的没有那么复杂，是我们大人太复杂。

有次有位家长给我打电话，问我学校是不是最近要买校服？说孩子昨天问她支取了500元压岁钱。我当时没多想，就说没有啊。我这边还没挂电话，妈妈就在那边发火了："我说最近怎么不对劲，肯定学坏了，都开始骗钱了，回来我再好好收拾他。"我刚好想到最近临近母亲节，挂断电话后赶紧给这位妈妈发了个信息，让她先别骂孩子，可以先听听他怎么说。晚上就接到妈妈的电话说："李老师，太感谢你了，幸好你提醒我了，我们家这个臭小子，就是为了给我买个母亲节礼物！"我隔着屏幕都能感觉她那溢出屏幕的幸福。

我们常常说，爱人如养花，要经常呵护他。爱孩子也是如此啊，丢掉那些所谓的控制欲、占有欲。适度干预，把孩子的生活还给他自己，让他按照自己的节奏长大。对于家长而言，这也许比强加干预的效果好很多。

孩子叛逆与否，取决于你给孩子的自由度

叛逆，真的是个令老师和家长都头疼的词，甚至很多父母为了应对孩子的叛逆，提前寻求应对之策。昨天还有一位平时育儿心态特别好的家长问我：“李老师，我们家孩子上四年级了，我感觉他最近有点叛逆倾向，该怎么办？”我觉得她有点“谈虎色变”，过分焦虑了。其实，孩子叛逆与否，取决于你给孩子的自由度。如果你不是控制欲极强的父母，不是包办一切的父母，大可不必如此焦虑。

其实孩子到了青春期，家长不必惊慌，试着接受他生理变化带来的心理变化，和他们和谐相处，叛逆期也没有那么难以应对。

我一直在中学上课，三十多年来也认真观察，发现孩子在 10 ～ 18 岁这个期间，身体会发生一系列变化。这时候男孩子会突然变得人高马大，心肺功能变得强大，长出了胡须；女孩子的第二性征逐渐明显，脸上长出了青春痘；男孩子恨

不得用头发遮住脸，女孩子总是穿宽大的校服。这些现象的本质是，他们一时无法接纳自己这样的改变，试图通过遮掩来逃避。这时候父母就要格外注意，他不接纳的这些变化，你要接纳。你要理解这个时候，他容易冲动，对抗情绪强，爱发脾气……这些都很正常。因为他的大脑灰质在减少，心理上自主意识开始增强，想要证明自己的价值。他不只是在反抗父母，实质上他是谁都反抗，因为他要证明自己很厉害。

值得注意的是，这个时期他的心理会有一些明显的特征。

第一是从众心理强。这个时期要格外注重孩子的交友情况。这个时期孩子的行为容易受周围人行为的影响，基本上身边大部分人在干什么，他就会跟着干什么。如果班里有个篮球队、足球队，他就想跃跃欲试，加入进去。同样，如果有人抽烟、抄作业，他也会有样学样。我为什么要带孩子运动，因为如果你整天躺在那里玩手机，他也会跟你一样。

第二是规则意识强。他开始批评父母的行为了，原因是一些父母有闯红灯、随地吐痰、爱抱怨等不好的习惯。这个时期的孩子开始对父母的不当行为有了抵触的情绪，他讨厌父母不遵守规则，看不惯我们的不当行为，这也是他叛逆的原因。

在这个敏感时期，家长要特别注意和孩子的相处方式，不要天天盯着成绩，要学会帮助孩子减压。本来这个时期他自己就各种心气儿不顺，你再给他增加课外班、训练营的负担，那不是把孩子搞得更叛逆了吗？前面我就说过，父母期望有一个什么样的孩子，就要以什么样的方式培养他。

关于如何应对孩子叛逆，应该给足孩子成长自由度，我觉得需要在两个维度发力。

第一个维度是心灵自由度。说到心灵自由度，第一步，我建议家长要先稳定自己的情绪，不要动不动就发火，动不动就脾气上头，和正处于青春期的孩子激烈对抗。这样不仅没有什么好处，还会让你后续的沟通也无法进展。我曾经就见过这么一位暴脾气家长，本来说好了回家和孩子沟通，结果他在那里唠唠叨叨讲大道理，孩子不耐烦听，就反驳了几句。暴脾气的爸爸当场火冒三丈，而孩子也不服输，摔门而去，离家出走，找了好久才找到。你要特别注意，这个时期的孩子如果得不到家人的理解、朋友的支持，他就容易有极端行为。

第二步是心平气和地和孩子沟通，耐心倾听他的想法，尽量不要打断他，必要时也要放权给他，避免陷入控权之争，两败俱伤。我们很多家长在这个阶段，其实只需要了解孩子的本质需求，合理满足他的心理需求就好了。

如果孩子说："我希望你可以关注我，不要唠叨我，很多事情我都知道。"那你就要学会适当保持沉默，给予一定的关心，而不是只盯着期末试卷上的分数。再比如孩子说："其实我也想帮家里出份力，以后换水让我来吧。"你就不要说："你还小，搬不动这么重的水，还是爸爸来。"此刻他的心理需求就是想和父母一样平等，传递出"你们看，你们能干的我也能干，我在这个家还是有价值的"。你就要学会满足他这样的自我实现的需要。那他走起路来都会带风。

第三步是积极鼓励，让孩子积极转变。没有人不喜欢被夸奖，尤其是被父母夸奖，有些人终其一生都在寻求父母的认可。所以表扬和鼓励孩子，在叛逆期必不可少。如果孩子真的承担了家里的大扫除、换水等事情，你可以夸他"真是长大了，像个男子汉了，都能帮家里干活了！"让他觉得既真诚又具体，得到父母的认可，也会消减他的对抗情绪，让亲子关系更加和谐。

第二个维度是身体自由度。这个真的非常重要，青春期的孩子，那就应该是爱运动，活力满满的。首先可以鼓励他多参与学校的体育活动，比如篮球赛、足球赛等。他在比赛中既获得了成就感，又宣泄了因灰质减少带来的心情不畅。回家后自然就没太多对抗情绪了。其次父母也要陪他一起锻炼，比如周末爬山、郊游或者钓鱼。身心放松了，孩子的叛逆感就消失了。最后一点很重要，就是不要干涉孩子的爱好。很多父母看到孩子折纸、刺绣等，马上就批评孩子不务正业，将爱好扼杀在摇篮里。其实青春期的孩子有个爱好是很好的，尤其是在叛逆期的孩子，好的兴趣爱好可以帮助孩子转移注意力。

当父母接纳了孩子的叛逆期，理解了孩子的需要，在心灵和身体两个维度给足了孩子空间时，叛逆就会被父母支持、认可的态度消解，而这也会成为滋养孩子一生的财富。

父母接纳孩子叛逆，理解其需求，给予身心空间，叛逆便会化为成长财富，滋养孩子一生。

原则三 习惯养成——优秀的孩子不是智商高，而是习惯好

学会鼓励、陪伴孩子，一起提升专注力、养成好习惯。
家长 1% 的改变，能撬动孩子 99% 的进步。

学习的真相：好成绩就等于好孩子吗

不知从何时起，家长评判孩子是否优秀的标准，变得如此单一。仿佛成绩好是衡量好孩子的唯一标准。似乎只要孩子成绩出色，就理所当然地被视为品学兼优的好孩子。这就仿佛回到了千年前“学而优则仕”的思维定式里，既捆绑了孩子的发展，又限制了家长的教育理念。

曾经有个学生跟我闲聊时，分享了这样一个故事，让我心生感慨。

寒假里，亲友相聚，一位爷爷不停地炫耀孙子考了第一名，还得了奖状，被老师邀请上台演讲。这让其他亲戚略显尴尬，有的妈妈甚至开启了“别人家孩子”模式，对自家孩子念叨：“你看看人家某某考了第一名，再瞧瞧你那点分数，真让人丢脸。”

听到这话，被数落的孩子瞬间没了兴致。原本还在玩耍的孩子们，此刻像泄了气的皮球，满脸沮丧与不满。当考了第一名的孩子不小心把水洒到另一个孩子身上时，竟然连声道歉都没有，就跑开了。而令人诧异的是，成绩好的孩子并未受到批评，被淋湿的孩子反倒被自己妈妈说了几句，大意是他自己没看路，才撞到别人水杯上。看着孩子委屈的眼神，我的学生感觉很不是滋味。当他对我说这个故事的时候，我能够理解他对那位被母亲批评的孩子的深深的同理心。

作为一名投身教育行业已逾三十年的工作者，听到这个故事，我自然可以理解，但并不认同故事当中这些家长的做法。

影响一个孩子成长的因素众多，成绩实际上仅仅是其中极小的一部分。就像故事里成绩好的孩子，爷爷奶奶溺爱，以至于连基本的礼貌都抛到了脑后。由此可见，学习成绩好，并不能代表孩子的全部，好成绩更不等于好孩子。

一、教育基本逻辑：习惯好成绩不会差

实际上，教育有着它内在的正确逻辑，就如同播种一颗种子，只有精心培育，让其根基稳固，这颗种子才能茁壮成长。对于孩子们而言，当他们拥有良好的习惯时，成绩自然而然就不会差，而绝非以成绩好就认定孩子各方面都优秀。

先暂且把目光从试卷上的分数移开，接下来我要讲的这几个孩子，看看他们的成绩是否优秀？

1 号孩子，是我的宝贝女儿，她就像一个充满奇思妙想的小精灵。有一回，她兴致勃勃地打算制作一份 2023 年书单。她不是随随便便拿张纸写几个书名就了事，而是像一位专注的艺术家，精心挑选了漂亮的卡纸，用彩色画笔一笔一画地勾勒出表格的线条，还在每个栏目旁配上了可爱的小插画。每一本书的书名都写得工工整整，仿佛在诉说着她对阅读满满的期待。

2 号孩子，2025 年上高二，是我朋友家那个朝气蓬勃的小伙子。2026 年他就要踏上高考的战场，他的妈妈整天忧心忡忡，担心他语文成绩达不到 125 分以上。我好奇地问："为啥要考这么高的分数？"一番交谈后得知，原来他的心中怀揣着一个大大的梦想——要考上北京大学中文系。

我告诉他别焦虑，先对目标进行梳理。孩子瞬间就像被点燃的小宇宙，找来一大张白纸，像个严谨的规划师，认认真真地制定了一份详尽无比的学习规划。他仔细分析了每一门学科的优势和劣势，就像一个经验丰富的医生在给病人诊断病情，还给出了各种解决办法。更绝的是，他用红、黄、绿三种颜色的彩笔，把不同的知识点和任务标注得清清楚楚，重点一目了然。

3 号孩子，他简直就是个读书小达人。每次读完书，他就迫不及待地拿起笔写读书日记。他写日记的样子就像在搭建一座城堡，从日记的框架开始精心构思，让每一部分都错落有致。标题就像城堡的大门，醒目又吸引人；内容的逻辑严谨得如同城堡的结构，一环扣一环。他的字迹工整漂亮，每一个字都像城堡里的士兵，整整齐齐地排列着，仿佛在诉说着书中的奇妙故事。

4 号孩子，他读书的时候就像在探索神秘宝藏。他手里拿着好几支不同颜色的记号笔，在书上圈圈画画，仿佛在给宝藏做标记。每一个段落，他都细细品味，把自己的思考感悟密密麻麻地写在书页的空白处。笔记就像他在寻宝图上留下的印记，记录着他在知识海洋里探索的点点滴滴。

从这些孩子制作规划、写读书笔记以及制定书单的过程中，就能明显感受到他们做事时那认真的态度和清晰的条理。就好像能看到他们在学习的战场上，手持利刃，有条不紊地攻克一个又一个难题。不用去看成绩单，也能笃定，这样的孩子学习成绩肯定不会差。他们有着清晰的做事逻辑，执行起来认真细致，面对学习就如同拥有了一套专属的秘密武器，自然会有自己独特的方法和规划。

所以，家长不要本末倒置，既然我们想要培养一个品学兼优的孩子，那我们在评价一个孩子是不是优秀时，就应该全方位地去评价，而不是天天盯着试卷上的分数。

二、清晰目标，指引清晰行动

古人讲：“凡事预则立，不预则废。”

对于孩子心中成长中的种子来说，设定清晰的目标至关重要，这决定了他们未来是长成参天大树，还是一棵歪脖子树。

我曾带过一个班级，有个孩子极具领导才能。他决定担任语文课代表后，给我做了一份名为“语文学科总目标”的树状图，从考试、常规、竞赛三大模块，详细制定了执行条款。

当我看到这份树状图后都惊呆了，这个孩子的目标太清晰了，将来一定能成大事。果不其然，自从他当了课代表，全班同学的语文成绩都在噌噌上涨。

这个孩子身上所体现的领导才能，有目标、有计划和可协调的团队合作能力，远比试卷上亮眼的分数更为可贵。因此，家长一定要从小培养孩子制定目标、执行目标的好习惯。

为何清晰的目标如此重要呢？

1979 年，哈佛大学曾经做过一个调查，调查的主题是：“有多少人，对未来设定出了清晰明确的目标？”当时的调查数据显示，84% 的人没有给自己设定明确的目标；13% 的人有明确的目标，但是没有写下来；只有 3% 的人，有明确的目标且写下来了。

十年后，哈佛大学对参与调研的学生做了跟踪调查，发现13%有明确目标但没有写下来的人的收入，比84%没有明确目标的人平均高出两倍！而3%有明确目标且写下来的人，则比没目标的人平均收入高出了十倍。[该实验出自马克·麦考马克（Mark McCormack）所著的《哈佛学不到的经营策略》（*What They Don't Teach You at Harvard Business School*）]。

所以，想要孩子将来适应社会、茁壮成长，不是天天揪着分数不放，而是引导孩子从小树立远大而清晰的目标，帮助他养成有计划做事的好习惯。那么，家长应该如何助力孩子制定目标呢？

三、用目标倒推法制定目标，帮助孩子养成好习惯

谈及孩子的教育，我们之前提到，家长期望孩子成为什么样，就要采用相应的教育方式，也就是“以终为始”。那么对于孩子如何养成设定明确目标的习惯，成长为全面发展的好孩子，我们依然遵循这个逻辑。我把它总结为“目标倒推法”。顾名思义，就是先确定一个总体目标，再一步步倒推，规划如何实现这个目标。

比如，在蒙牛集团发展的初期，大约是在2001年，当时蒙牛的总体年产值是7.24亿元。而蒙牛创始人牛根生则制定了2006年要实现年产值100亿元的目标，也就是一个“五年目标”。

当牛根生在大会上宣布这个目标的时候，整个团队都感到十分震惊，他们觉得牛根生疯了，简直是异想天开。但牛根生下了死命令，必须要在五年内实现年产值100亿元的目标。于是他对团队进行分工，有的负责寻找优质奶牛的来源，有的负责考察优质牧场，有的负责厂房选址。

最艰难的还是开拓市场。但在大家分工合作、齐心协力的努力下，2006年蒙牛的总产值竟然达到了162亿元，从此牛根生在蒙牛深深扎下了根。

什么叫领导者？就是像牛根生这样，告诉大家清晰的目标，并且坚定不移地带领大家去执行。所以，“目标倒推法”就是先确定总体目标，再拆解到年目标、月目标、周目标、日目标……坚定不移地执行，如此不仅能达成目标，甚至还有可能超预期。

回顾过去，我越发坚信二十年前自己的教育理念是正确的。从女儿上一年级开始，我就让我的女儿制定目标，从小就培养了好的习惯，所以后来对于她的生活和学习，我也很少再操心，她总是可以用“目标倒推法”解决自己的人生课题。

我始终坚信，孩子习惯好，成绩差不了，成绩好也代表不了孩子一切都好，好成绩并不等于好孩子。

养孩子是在培优，而不是抓住孩子的劣势不放

曾经有家长问过我："李老师，你觉得养孩子是要扬长避短，还是取长补短呢？"我想用我曾经听过的一个故事，来回答这个问题：

这是一位伟大的母亲，当她的儿子刚上幼儿园的时候，她第一次去接孩子，却被留了下来，老师说，你的孩子有多动症，他在板凳上连 3 分钟都坐不住，最好带他去医院看一下。

在回家的路上，儿子问妈妈，老师都说了什么，尽管心里很难受，但这位母亲还是挤出微笑，摸着儿子的头说："老师表扬你了，说我们宝宝原来在板凳上坐不了 1 分钟，现在可以坐 3 分钟了，全班同学，只有你进步了！"那天晚上，儿子第一次没有让她喂饭，吃了满满两碗米饭。

后来，她的儿子上小学了，在一次家长会上，老师说，全班 50 名同学，她的儿子排在第 40 名，建议母亲带儿子去

查一查，是不是智力有障碍。回家的路上，她忍不住哭了。

然而，当她回到家里时，儿子再一次问她，妈妈，老师说什么了吗？她温柔地看着儿子，说："老师说，你并不是一个笨孩子，只要你细心一些，下次一定可以超过你的同桌，这一次，你的同桌考了21名。"她说完，发现儿子的眼睛一下子亮起来，充满了光，第二天一早，儿子起得比平时都要早。

儿子初中的时候，中考前开家长会，她一如既往，等着老师点儿子的名，批评儿子，然而这一次，直到家长会结束，她都没有听到儿子的名字。出于不习惯，临走的时候，她主动向老师询问儿子的情况，老师告诉她，按你儿子现在的成绩，考上高中没问题，但上重点高中可能有点危险。她怀着激动而惊喜的心情，走出了校门。此刻儿子在校门口等她，这一次，她主动开口说："班主任对你非常满意，你只要努力，一定可以考上重点高中。"

最后，这位母亲的儿子，上了重点高中，最后被清华大学录取了。拿到录取通知书那天，儿子号啕大哭，说："妈妈，我一直都知道，我从来不是一个聪明的孩子，在这个世界上，只有你一直欣赏我、鼓励我！"

看完这个故事，我想，每位为人父母者，内心都会泛起层层涟漪，有所触动、有所思考。我们养育孩子，应是一场充满爱与希望的培优旅程，是不断发掘孩子的优点，助力他们成长为自信阳光、熠熠生辉的大人，而不是紧盯着孩子的缺点，一味批评、打击，让他们在自卑的阴影里，变得怯懦、消沉。

我投身教育事业已逾三十年，见过太多这样的家长。他们对孩子要求严苛，不允许孩子偏科，禁止孩子做任何与学习无关的事。原本活泼开朗、积极向上的孩子，在这样高压的环境下，逐渐变得自卑、内向，甚至患上了轻度抑郁症。实际上，家长在对孩子提要求之前，不妨也审视一下自己。虽说养育孩子无须考试、为人父母不用持证上岗，但至少要达到及格线。

2021 年 3 月 30 日，教育部发布了《关于大力推进幼儿园与小学科学衔接的指导意见》，通过学习其附件 2《小学入学适应教育指导要点》内容，我认为，孩子在幼小衔接阶段，需要具备四个方面的适应能力：一是身心适应，二是生活适应，三是社会适应，四是学习适应。以上四个方面还包含了四个具体的要求。

例如，身心适应的意思是，当孩子读小学时，应当是喜欢上学、快乐向上、积极锻炼、动作灵活的状态。

有一次，清华大学附属小学的一个家长跟我聊天，他说：

“我对这个学校可真是由衷地喜欢。”我问为什么？他说：“这个学校给入学的孩子制定了几个要求：一要养成伴随孩子一生的好习惯；二要养成读书、锻炼的习惯；三要培养孩子的兴趣爱好。”

所以家长为了跟上学校的安排，也开始和孩子一起运动，原来好多年不看的书也都翻出来看了。学校还要求家长每天回去跟孩子谈话的时候，必须让孩子心情开开心心的。

学校表面上是对孩子提要求，实际上是让家长跟着学习。那么，家长是不是也能做到？我们想要孩子进入学校身心适应，让孩子喜欢上学，首要任务就是要让孩子快乐向上，积极锻炼。那么作为家长的你，做到了吗？

我们要把小孩的小心灵给安抚住，然后再谈他的学习。根据文件的要求，我们来谈谈家长关心的学习适应。关于学习适应，文件的附件 2 明确规定了四个方面：一是乐学好问；二是学习习惯；三是学习兴趣；四是学习能力。

家长送孩子上学，挥手告别时叮嘱的“上课要积极发言、写字要工整、作业别忘啦……”这些都属于学习习惯的范畴。但你知道吗？学习习惯在孩子能否顺利适应小学这件事里，仅仅占十六分之一的比重。

接下来，我们深入剖析学习习惯这一块儿，它涵盖三个关键因素：第一是专注力即做事专注，能有意识调整注意力；第二是计划性即做事有一定的计划性，逐步学会合理安排生活和学习；第三是解决问题能力即遇到困难要积极寻求解决方法。简而言之，就是学习的专注力、计划性和解决问题的能力。

我们不妨反思几个问题：第一，我们在让孩子从幼儿园进入小学的时候，是否思考过他的专注力是否足够应付小学的学习生活？第二，孩子做事有一定的计划性吗？第三，孩子能够合理安排自己的生活和学习吗？

我为什么反复要求各位家长学会放手，培养孩子自己上闹钟、自己起床、自己记作业、自己写作业……是因为家长的过度代劳会影响孩子的计划性的培养。如果孩子缺乏计划性，他就不能在进入小学的时候做好适应性过渡了。

所以，家长无须超纲培养孩子，也别一门心思地幻想能够培养出神童。养育孩子的核心，是要让他们独立自主、自信大方，这才是真正意义上的培优。

我建议，家长平日里多留意国家出台的相关教育文件。这些文件大多属于保障性文件，若用分数来衡量，就像划定了及格线。咱们不妨想想，要是家长因过度担忧、不敢放手，事事严格管控，最后导致孩子连及格线都达不到，那岂不是有些失职？

所以，了解孩子、了解自己，合理要求孩子，有的放矢地引导孩子，助力孩子适应社会，这样的父母才是合格的。反之，要是一味剥夺孩子的自主权，事事包办，等将来孩子成年了啃老，后悔晚矣。

做父母从来不是一件轻松的事，这一路任重而道远。在孩子上学之前，要好好培养他的专注力、计划性和解决问题的能力，给优点做加法，给缺点做减法，你会发现，自己的孩子原来很优秀。

大脑的可塑性：家长改变 1%，孩子改变 99%

在孩子成长历程中，家长常常怀揣着美好的期许，一心盼望着孩子能够出类拔萃、茁壮成长。然而，在这条充满挑战的道路上，往往会遭遇各种各样的难题。有的孩子在学习上困难重重，无论怎么努力，成绩都难以提升；有的孩子性格内向，在社交场合中总是畏缩不前；还有的孩子情绪波动大，稍有不顺心就大发脾气，无法自控；有的孩子缺乏专注力，在学校难以集中精力处理学习问题。

当这些现象出现时，家长通常会采取各种办法，如参与家庭教育课程、寻求专业咨询等，以期纠正孩子的行为，却往往发现收效甚微。但其实，家长忽略了一个关键密码——大脑的可塑性。

我们前面已经讲过“目标倒推法”以及学习习惯养成的三个关键因素：专注力、计划性和解决问题的能力。现在重点说一下孩子专注力的培养，这就直接关涉了人的大脑的可塑性，只要了解了孩子的大脑是如何发育的，我们就抓到了孩子专注力养成的关键。

相信关心家庭教育的家长都会关注孩子专注力够不够的问题，那么首先我们就要认识到，哪些才是专注力不够的表现。

请读一下下列的行为，思考自己的孩子占了几条？

1. 在做作业或活动时，无法专注于细节的部分或出现粗心的错误。

2. 很难持续专注于学习或游戏活动。

3. 看起来好像没有听到别人对他说的内容。

4. 没有办法遵循指示，也无法完成学校作业或家务劳动。

5. 很难组织规划工作及活动。

6. 逃避或表达不愿意，或者很难从事持续性动脑的工作。

7. 会弄丢作业或活动所需的东西。

8. 很容易受外在刺激而分心。

9. 在日常生活中忘东忘西。

如果说孩子符合六条及以上，家长就得留意了，孩子很可能存在注意力缺陷，需要家长重点关注。但是也不必过于紧张，一般过了十二岁，孩子大脑的前额叶皮层会慢慢长好，这种情况会逐渐好转。而且越是注意力有缺陷的孩子，家长越不要大呼小叫、指责批评，因为他本身很难做到专注，不能把事情做好，缺乏自信和成就感，你再嫌弃他、责骂他，孩子的身心就更容易受伤了。

反之，如果家长愿意在心态和行为上改变 1%，孩子就可能会改变 99%，变得自信而专注。

一、什么是专注力？

从学术上来说，专注力指的是人类心理活动对特定对象的指向和集中的能力，它就像一个“小跟班”，伴随着感知觉、记忆、思维、想象等心理过程，是一种共有的心理特征。它有两个特征，一个是指向性，另一个是集中性。

什么叫指向性呢？举个例子，你可能有过“一心二用”的时候，比如在厨房一边刷碗一边听课。这时候，你的注意力就像长了两只眼睛，分别看向了刷碗和听课这两件事。但如果你想好好记笔记，就得放下手里的其他事儿，眼睛紧紧盯着老师的 PPT，认真记录，此时你的注意力就只能集中在听课这一件事上了，这就是指向性。

集中性又是什么呢？集中性就是我们要在一件事儿上集中注意力，保持高度专注，做到眼睛在看、手在写，完全不分心。

有的家长说小孩学习的时候集中性不好，看电视的时候集中性很好。这是因为看电视是他在心理上首先做了一个选择。看电视的时候，因为电视播放画面的频率、故事情节的设计等，孩子的注意力大多是被动集中，不是主动集中。这也可以叫专注力，但是被动专注力。

我们的心理活动对一定事物的指向和集中，指的是只有得到我们注意的事物才能进入认知加工系统。所以，集中性是考验我们专注力的一个重要指标，你先接收到什么问题，注意力就会指向哪里，只有明确了指向，集中性才能发挥出来。

当孩子专注力不好的时候，家长别忙着责骂，而是要先反思自己：“我给孩子的问题指向够清晰吗？”因为只有你先接收到清晰的问题，眼睛才会被问题“指挥”，瞪大双眼、伸长脖子、身体前倾，这才是专注力到位的表现，全身都在配合着你的内心。

二、你的眼睛看到的，是你想看到的

当我们清楚了什么叫专注力时，我们就不能随便给孩子“扣帽子”了，这也是家长要持续学习的原因。因为我们能够看到的世界，大多是我们自己想要看到的。这句话是非常有哲学味道的，也是非常有禅意的。

当孩子放学回家时，你只看到他把鞋到处乱扔、他把书包乱扔到沙发上、他不洗手就吃东西了，这是事实。但是同样的，他脸上洋溢着灿烂的笑容、龇牙咧嘴地跟你打招呼、撒娇地扑到你怀里，这也是事实。

请思考一下，既然这些都是事实，那我们眼前的世界就像一幅五彩斑斓的画，虽然也有阴暗的部分，但为什么我们总是先注意到那些不完美的地方，为什么要过分关注孩子的缺点呢？如果我们更多地关注孩子灿烂的笑容，感受他拥抱你时的温暖，我们的世界又会是什么样呢？我们总盯着别人的缺点，到底是对方缺点真的多，还是我们心里只愿意看到缺点呢？

朱熹先生说：“余尝谓读书有三到，谓心到、眼到、口到。心不在此，则眼不看仔细，心眼既不专一，却只漫浪诵读，决不能记，记亦不能久也。三到之中，心到最急。心既到矣，眼口岂不到乎？”也就是说，读书需要心到、眼到、口到，需要身心合一。

但现实总是充满矛盾，当孩子可以做到学习身心合一，心到、眼到、口到时，家长却开始不够专注了。经常有这样的情况，孩子写作业时，家长一边玩着手机一边监督。一抬头，看到孩子在削铅笔，马上就开始批评："我看你就是在混日子，一支铅笔削半天。"但说不定，孩子只是在家长抬头的那一瞬间恰好在削铅笔。

所以，大人不仅自己的专注力不集中，还总是只看到自己想看到的，这也是亲子之间产生矛盾的一个重要原因。

三、两个训练方向，培养专注力

我们该如何锻炼孩子的专注力呢？这里蕴含着一个脑科学的原理。我们的眼睛之所以能转、手能抓，是由大脑神经的一块区域来控制的，这块区域就是运动神经区域。我一直在强调，孩子六岁之前的大脑发育会达到成人的95%，三岁之前就已经发展到85%了。因此三岁之前的小孩更淘气非常正常，这是由于这个阶段孩子的神经元活动频繁，孩子需要各种活动促进大脑发育。此刻家长就得放手，多给孩子动手的机会，促进大脑发展。

专注力和大脑的发展息息相关，毫不夸张地说，家长适当地放手让孩子训练，孩子的能力就会得到显著的提升。

一般而言，专注力对人类有两个基本用途：第一，为了活命。我们的祖先依靠大脑的警觉性，时刻警惕外面有没有猛兽、会不会刮风下雨、有没有传染病，以此来保障自身安全。

第二，为了获得愉悦。品尝香甜的冰激凌，欣赏秀美的群山，聆听优美的音乐，讲妙趣横生的故事，或者看催人泪下的电影。你会发现，专注力越强，冰激凌在嘴里就越香甜。因此，专注力能够帮助我们体验当下的愉悦。听课越专注，就越能引发思考，思考越多，收获也就越大。

关于儿童的专注力，婴幼儿的专注力是以“无意注意”为主。眼观六路，耳听八方，学龄前孩子或小学低年级的孩子，注意力都不太集中，这是因为他的脑神经尚未发展成熟。所以这个阶段的孩子会有手里爱玩东西的表现，一会儿啃铅笔、一会儿转东西。不要因为这个现象，你就大发雷霆，这只能证明你对儿童成长发展规律的不了解。

所以培养孩子的专注力，以下重点讲两个训练方法：一是安静训练，二是动态训练。

安静训练的第一个方法就是冥想。让孩子坐下来，闭上眼睛，深吸一口气，然后慢慢吐气，五岁以上的小孩其实就能够坐在小板凳上去练了。很多企业家静心的过程，其实就是练习冥想。不过，这是个循序渐进的过程，不必要求孩子练几次就很专注。

第二个方法是色彩干扰图训练法。就是用不同的字和颜色来做练习，比如绿色的“红”字，白色的“黑”字，蓝色的“黄”等，让他去区分颜色和字的读音，也可以训练他的专注力。这个字和颜色相悖的冲突，会让孩子很难受，但是越难受就越专注。

基于此，我们要让孩子做难一点的事情，可以提高他的专注力。像安静读书，也是可以提高孩子的专注力的。

接下来谈动态训练。动态训练的第一个方法就是运动。运动是对大脑最好的投资，家长可以和孩子一起跳绳、打羽毛球，通过鼓励孩子运动来提高孩子的专注力。但要注意的是，不要代替孩子来完成运动，我们的目的是训练他的专注力。

第二个方法是让孩子做家务，比如让孩子削土豆、削黄瓜，也可以让他专注在一件事上。

归根结底，当孩子专注力不好的时候，家长首先别指责、批评孩子，而是要反思自己的教育方式是不是有问题。比如说，现在很多父母为了省心，会给孩子看电视，但是看电视，是会破坏孩子专注力的。反思之后，发现问题在哪里，我们就要学会鼓励孩子、陪伴孩子，和他一起提高专注力，养成良好的学习习惯。父母愿意为此改变一小步，孩子的成长就会迈出一大步。

善用重复的力量：好习惯的养成是三分教，七分等

有这样一位年轻妈妈，她满心欢喜地给一岁多的女儿购置了琳琅满目的绘本。起初，她认真讲述，女儿也听得津津有味。可最近，情况却有些不同了，女儿不再满足于妈妈随机挑选的故事，而是执着地要求妈妈一遍又一遍地讲同一本书。妈妈觉得自己都讲腻了，但孩子还没听腻。不过，这位妈妈的表现很优秀，尽管她不理解女儿的这份执着，但还是选择尊重，继续给她讲。

然而，并非所有家长都能有这般尊重与耐心。很多家长觉得把一本绘本讲上一百遍简直无聊透顶，于是有些父母便会比较武断，直接对孩子说："咱们来讲别的吧。"如果孩子哭闹不答应，他们还有可能会发脾气。

其实，这里面蕴含着蒙台梭利博士提出的“重复的力量”。孩子喜欢做一件重复的事情，是一件好事，这是在锻炼他的注意力，称得上一场特殊的“智力体操”。

因此，如果你发现孩子喜欢重复撕纸巾、来回爬柜子，或者反复学一个舞蹈，不必感到紧张、焦虑或不耐烦，可以放手让他们尽情去做，通过这种刻意练习，提升专注力。任何一个好习惯的养成，都遵循着“三分教，七分等”的规律，为人父母，我们需要有这样的耐心。

当老师这么多年，我见过无数这样的“名场面”：一个家庭里，爸爸或妈妈非常勤快，每天都守着孩子做作业，然而付出和收获并不对等，孩子的成绩并不优秀。于是每次陪孩子做作业，成了亲子双方的“痛苦时刻”，家长怒气冲冲、大吼大叫；孩子一脸懵，只知道哭。此时此刻，孩子根本没有心思学习，他时刻都在担心，自己会不会被揍，反而很容易分心，越学越糟糕。

想要孩子做作业专注，提升学习效率，其实并不是上学时家长才开始努力陪伴，而是学前就要有意识培养。倘若孩子提出讲一百遍绘本的时候，家长能耐心地给他重复讲一百遍，那么等孩子上学后，或许家长就无须时刻紧盯着孩子的学习了。因为，孩子已经在讲绘本的过程中养成了良好的学习习惯。

你期望拥有一个什么样的孩子，就得采用与之匹配的教育方式。越是希望孩子自律独立，就越要有耐心去悉心呵护他们。

首先，当你发现孩子喜欢做一件重复的事情时，作为家长，你要接纳这种重复，允许他身上存在这样一股重复的力量。有一次，我去亲戚家，他们家有个两三岁的小孩，趁着父母聊天的间隙，把纸巾盒里的纸巾一张又一张全部扯到地上。当时，妈妈满脸不满，立刻数落起孩子："你这是在干啥呀？纸巾都扯成这样，还怎么用？"我赶忙对这位妈妈说："让他玩吧，这个年龄段的孩子这样很正常。"妈妈碍于我既是老师又是客人，便同意了。

孩子当时可开心了，后面他又把纸巾撕成一条一条，玩得不亦乐乎。在我看来，孩子脸上洋溢的灿烂笑容远比一包抽纸珍贵多了。出乎意料的是，孩子把撕的纸巾条给他们家狗狗披在头上，还很有创意。

我给这位妈妈说："孩子喜欢重复是好事，你看，他虽然毁了一包纸巾，但是给你们家狗狗做了个多好的发型，比起看电视，这不是更好的事儿吗？"妈妈觉得我说的有道理，也笑了。

其次，孩子越重复，大脑越专注，我们要给予鼓励，让他们想重复多久就重复多久。我有个一起跑步的好友，给我讲过一个很有意思的故事。她两岁多的小侄女有一次到她家玩，每天就盯着看一个教简单舞蹈的动画片，然后就在电视机前跟着反复学。

大家平时都很忙，也没有时刻盯着小姑娘。结果，第四天我的朋友偶然发现，小姑娘的舞蹈跳得跟电视上差不多。朋友觉得太不可思议了，就鼓励小侄女，说："你跳得太棒了，跟电视里一样，你要是喜欢，可以继续跟着跳！"小姑娘很高兴，继续跟着扭，跳了二十遍以上才罢休。中途这位朋友没有干涉她。一周结束，她的哥哥来接孩子的时候，小姑娘主动跳了这个舞蹈，把孩子爸爸都惊呆了。你看，这就是重复、专注对于学习的重要性。

最后，除了孩子自身具备的重复力量，家长也要学会巧妙利用重复的力量，因为重复是一种绝佳的表达手段。有一次我看到稻盛和夫先生的书，书中提到，公司要上一个新的产品线，需要从上到下去动员，让大家跟自己一条心去做。有的领导会说："我都说了十遍八遍了，但是这些人的执行力就是不行，我都想开除他们了。"然后就跑去稻盛老先生处告状，说招的这些人都带不动。稻盛老先生则笑呵呵地对他们说：“请问，你跟他们说过一百遍吗？”

以上这句话对我有特别大的触动，我现在也不单是带学生，也管团队。遇到跟我打交道的人，他也会说：“我都说了很多遍，他们还是听不懂。”然后我也笑呵呵地跟他说：“你跟他们说一百遍了吗？”

家长教孩子的过程中也是如此，不能仅仅重复一遍两遍、十遍八遍，而是重复一百遍，这样才能将想表达的内容不断传递给孩子，帮助他们强化记忆与理解，无论是礼仪方面，还是技能学习方面。

在教育孩子上，我始终坚信身教大于言传，我们口口声声说自己有耐心，愿意等待孩子慢慢成长。这绝不能只是一句空洞的口号，而是要发自内心地保持耐心，付诸实际行动，静静等待孩子绽放光芒。

如果我们希望规范孩子的行为，引导孩子走向优秀，就得明确方向，多次引导、示范、鼓励，同时还要等待、包容。这就好比擦地，地上有一个黑点，没人能保证一遍就擦掉；要是黑点比较顽固，想要擦掉，就得反复多擦个十遍八遍。同理可证，教育孩子就是要“三分教、七分等”，一遍一遍耐心重复，如此才能帮助孩子养成良好的学习习惯。

给孩子的优点做加法、缺点做减法，你会惊觉孩子远超想象地优秀。

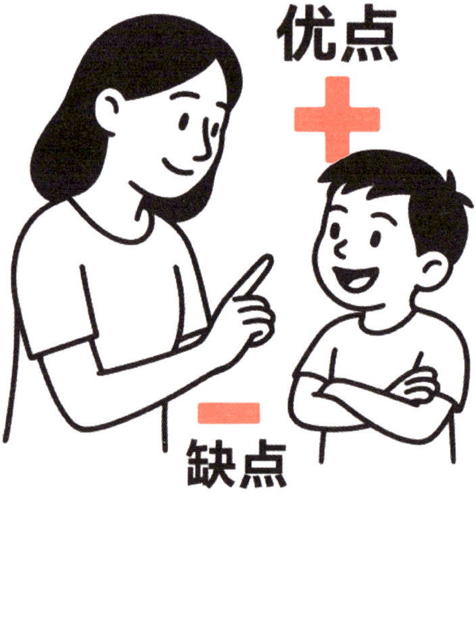

原则四 心理韧性——孩子的内心世界，永远大于外在表现

你明白孩子心理健康重于外在，始终铭记孩子出生时，自己许下“健康、快乐就好”的祝愿。

当孩子恐惧与焦虑时：跳进“洞”里陪孩子

孩子从出生到长大，难免会遭遇挫折、打击、不如意，这个时候，他们往往会表现得失落、沮丧，甚至用大哭来宣泄情绪。当孩子被焦虑或恐惧笼罩时，作为家长我们该如何抉择？

在解决这个问题之前，我需要先讲一讲什么是“心理韧性”。“韧性”，英文叫 Resilience，原本是物理学概念，是指物体受到外力挤压时回弹。现在，这个概念延伸到了心理学领域，指的是当个体面临严重威胁时，依然能保持良好适应与发展的现象。打个比方，如果把孩子的心理状态看作一根弹簧，心理韧性强的孩子，就像那根弹性十足的弹簧，在生活中遭遇挫折、失败这些“外力挤压”时，能迅速恢复原状，稳稳地回弹。清华大学的彭凯平教授给心理韧性下过一个定义：心理韧性就是从逆境、矛盾、失败，甚至是积极事件中恢复常态的能力。简单归纳一下，心理韧性包含复原力、毅力、反脆弱、抗逆力、逆商等关键因素。

家长得清楚，想要孩子拥有坚韧的心性，自己首先得足够强大。因为很多的基因，孩子都是从父母身上遗传的，成长过程也深受父母教育方式的影响。

这就好比家长自己长成了一棵枝繁叶茂的参天大树，自然就能为孩子遮风挡雨。所以，当孩子陷入恐惧、焦虑的泥沼时，家长最好的做法，就是跳进恐惧的“洞”里陪孩子一起走出来。

举一个例子，这是发生在我带过的学生身上的事情。

雨水和一鸣（均为化名）是同班学生，开学初参加OM（头脑奥林匹克，Odyssey of the Mind，OM）社团，十一月两人通过选拔，得知第二年四月去美国参加比赛，团队共计十个人。接着，紧锣密鼓的训练就开始了，团队开始写脚本、做道具、请教练等，一直忙到第二年二月。结果，二月底准备办签证的时候，比赛的参赛规则发生了变化，新通知说只能有六个人参赛，雨水和一鸣经过严格的筛选，双双落榜。

面对突如其来的打击，两个孩子的反应截然不同。

雨水满心自责，觉得自己就是个失败者：“我真是个失败者，我这么努力还被刷掉。还是我的能力太差，就像我做的其他事一样，从来没有一帆风顺的，不管我怎么努力，最后被淘汰的还是我。我知道他们都觉得我笨，我还异想天开地想去美国参赛，他们一定在背后笑我。”之后，雨水就在家闭门不出，也不理睬父母，也不去学校上学。我问过他妈妈，他妈妈无奈地说，每次遇到这种打击，雨水都得好几天才能缓过来。

一鸣呢，虽然也有点失落地说：“我搞砸了，我真不是一个好编剧，反正我尽力了，但是王老师还是认为贝西的作品比我的好。我也没啥办法，倒霉啊！”他也不太高兴。恰好他爸提出带他去吃“哈根达斯”，他立马“满血复活”，第二天高高兴兴地去学校上学了。

相比之下，一鸣的心理韧性是更强的。

实际上，雨水的成绩是远远优于一鸣的，是班上前几名，但是也因为自尊心很强，心理承载力弱，所以抗压能力也相对薄弱。我作为老师，和雨水相处时也需要小心翼翼，时刻照顾他敏感而脆弱的内心。一鸣虽然成绩中等，但是他每天乐乐呵呵的，在走廊碰到也会大大方方地说：“老师好，我帮您拿本书吧！”你看，这样洒脱的人，大家相处起来也会比较轻松。这也从侧面说明，成绩好并不代表一切，孩子的内心健康是大于成绩优异的。

从学术术语来讲，这其实反映了乐观和悲观两种人格特性。乐观的人，对生活持有积极的态度和人生观，即便偶尔遭遇挫折，也能满怀希望，迅速恢复元气。而悲观的人一旦遭受挫折，容易陷入最具毁灭性的原因中无法自拔，甚至会长时间沉浸其中。

如果说，我们把雨水和一鸣这俩孩子遇到的挫折，比喻成走着走着掉到“洞”里去了。那么，是在“洞”里抱怨、哭天抢地，还是用力爬出来，拍着胸脯说“这算啥”更好呢？

很显然，雨水属于悲观类型，一鸣属于乐观类型。同样一件事情，乐观和悲观有时候就是一个心态问题。从这个角度上来说，任何一件不好的事情发生，自身的原因可能占大多数，但很多事情的发生都不是单一因素能够造成的。凡是把一件坏事儿的发生认定为永久性、普遍性和自我性的，就是悲观。反之，觉得这是暂时的、特殊的、多元性原因造成的，这就是乐观。我们要有乐观心态，积极爬出“洞”，才有更多机会。

比如，我在打网球的时候最能够感受到这一点。我平时除跑步外，还打网球。不管对手给过来的是好球还是坏球，都需要我以迅雷不及掩耳之势立马做出判断。是左手击球还是右手击球，当这个判断没有达到特别准确的时候，可能我打过去的这个球就没有杀伤力，让对方又轻松地反打过来了。

这个时候，如果我心里马上聚焦到判断这球没打好，责怪自己“这球我怎么就没判断好”，我的注意力就被分散了，就会接不住下一个球，导致整场比赛失败。所以，在球场上，当打出一个不理想的球后，我会立刻把注意力集中到下一个飞过来的球上，迅速判断如何能更稳、更准、更狠地击球，这才是积极的心态。在赛场上，最能体现一个人的心理韧性、反弹力，以及从“洞”中迅速爬出来的能力。

人得有“翻篇”的能力，而这种能力其实就是通往幸福的钥匙。就像我经常说的“睡前放下一切，醒来又是新生”。

有很多的实验表明，乐观的人身体更好，耐挫性更强，更容易取得成功。也许有些家长会发愁：“我们家孩子天生就悲观，这可怎么办呢？”

曾经有个关于乐观和悲观人群的免疫力的实验。实验的组织者先是准备了关于乐观和悲观的性格调查表，通过问卷调研，把被测试人分成了乐观和悲观两组。接着进行实验的第二部分，组织者给所有被测试人的鼻孔里面滴了一滴感冒病毒。第二天分别对两组人进行检测，结果发现，悲观组的人更容易感冒，被感冒病毒感染的比例比乐观组的人高 15%。所以，可以得出结论：悲观的人免疫力会更低。

通过这个实验，家长想想，悲观的孩子就像掉进“洞”

里一样，一直陷在“爸妈是不是不喜欢我，老师是不是看不上我……”这样消极的情绪里，越想越难过，走不出来，很容易陷入抑郁状态。数据显示，悲观的人患抑郁症的比例比乐观的人高出 26.7%。因此，不管是身体还是心灵，悲观者都更为脆弱。

当孩子出现恐惧、焦虑、悲伤、抑郁的情绪时，实际上是他们心理韧性强弱的反映，是他们乐观和悲观两种人格的外在体现。家长跳到“洞”里陪孩子，不是要家长陪孩子去哭，更重要的是家长要透过现象窥见到本质。要明白，孩子的天性中存在乐观与悲观、心理韧性强弱的差异。

只有知道病因，才能对症下药。像一鸣的爸爸，知道自己的孩子“脸皮厚”，带孩子吃点好吃的就能让他重新开心起来。要是孩子像雨水一样天生敏感脆弱，家长就得投入更多关注。原本孩子可能需要三天才能从“洞”里走出来，那么通过家长的努力，能不能缩短到两天，甚至一天呢？用我们的耐心，帮助孩子慢慢爬出悲观的“洞”。

父母是孩子的第一任老师，也是陪伴孩子时间最长的人。不管孩子的性格是悲观还是乐观，在他们被恐惧、焦虑笼罩的时刻，家长都可以选择跳进“洞”里，陪他们一起走出来。当孩子感受到亲近之人是自己坚实的后盾时，他们就能充满自信，顺利爬出情绪的“洞”。

情绪越自由，孩子越能接纳自我

作为一个成年人，你会如何发脾气呢？假如你是直率坦诚的，你可能会直接、大声地表达自己的愤怒，将内心的不满一股脑儿地倾诉出来。假如你是内敛含蓄的，你可能会沉默不语，用冷漠的态度来表达内心的愤怒。假如你是注重自我修养和情绪管理的，即使你内心愤怒，也会努力克制自己，尽量以平和、理性的方式沟通。

但别忘了，你是个成年人，你的人格经过了几十年岁月的洗礼，但孩子是截然不同的，他们最直接宣泄情绪的方式，就是哭。

那么，现在我想问你一个问题，当孩子通过哭来表达需求或者宣泄情绪的时候，作为家长，你要如何处理呢？

我在现实生活中看到，家长处理这类问题的方法，大致可以归为两类。一类家长选择直接大吼，试图用权威让孩子闭嘴，瞬间让孩子停止哭闹；另一类家长则是满足孩子的需求，孩子要零食就买零食，想去游乐场就带去游乐场。然而，这两种方法都存在弊端。前一种会让孩子心生恐惧，在孩子心里埋下害怕的种子；后一种则容易养成孩子骄纵的习惯，这两种都不是解决问题的最佳答案。

我曾经看到过一个令人印象深刻的视频，视频里一位爸爸的处理方式堪称绝妙。他们家有两个孩子，有一天，妈妈出门了。爸爸怀里抱着的孩子开始号啕大哭，这位爸爸没有慌张，而是和孩子玩起了轮流哭的游戏。孩子哭一次，爸爸就会跟着哭一次，并且强调“到我了”。很快，孩子就不哭了，情绪稳定下来。紧接着，大女儿又开始哭起来，要找妈妈，爸爸又继续和她玩这个游戏，把大女儿也哄好了。

爸爸的做法之所以值得称赞，是因为他做到了两点：第一，他允许孩子哭，给予孩子充分表达情绪的空间，没有强行制止；第二，他陪着孩子哭，用这种独特的方式与孩子共情，而不是为了让孩子停止哭闹而采取极端手段。在爸爸耐心的引导下，孩子不仅完整地释放了情绪，止住了哭闹，还在这个过程中感受到了爸爸的理解与接纳。

因此，当孩子情绪不好的时候，家长要看到情绪背后的感受和需要，允许孩子表达自己的情绪。我们既然不是要养育一个令人心烦的孩子，那我们自己就要平心静气，用耐心引导孩子释放情绪，让他平静下来。孩子表达情绪越自由，他就越能接纳自己。

一、孩子的真实感受，源自何处？悲观从何而来？

在日常与孩子的相处中，你是否无意间对孩子说过下面这些话呢？

① 我怎么生出你这样的，读书这么简单的事你都不会！

② 你就不是块读书的料。

③ 你再这样，我们就不要你了。

④ 我要不是你妈，我也懒得理你。

⑤ 天天就知道给我惹事，你看看人家。

……

当孩子听到这些扎心的话语时，他们内心会怎么想呢？

在一段真实采访的录像里，我总结了孩子的心声。当他们听到这些话时，真实感受都是伤心、失落、想哭、悲哀，自信心受到极大打击，甚至还会留下心理阴影。孩子特别想对父母说："成绩好不代表一切；不要把自己和别人的小孩比较了；有时候不是自己不努力，而是有些事情自己确实不擅长。"他们希望父母能多鼓励自己，不要对自己失望，给自己一些自信。

很显然，包容和鼓励才是对孩子最好的爱，而比较和打击只会让孩子离我们越来越远。父母越是严厉，孩子就越容易把自己封闭在一个小世界里，走不出来，只能悲观消极地面对这个世界。

实际上，很多家长不知道，孩子的悲观情绪往往有四方面来源，而父母恰恰是最主要的来源。

第一，基因。从生物遗传学的角度来看，孩子的悲观情绪很可能遗传自父母。在双胞胎研究中，有一个惊人的发现，每一种主要的人格特质，有 25% ～ 50% 是从父母那里遗传来的。也就是说，父母的某些性格特点和情绪倾向，可能会通过基因传递给孩子。

第二，父母的悲观。前阵子，我的一个朋友打算出国读研究生，临走之前带他爸妈去体检，发现爸爸的肺上有一个小结节。朋友顿时忧心忡忡，决定让爸爸在自己走之前把手术做了。因为他担心自己离开后，爸爸的结节会变大。我告诉他，患过新冠的人，有一部分肺部都有毛玻璃的状态，这种情况慢慢会好起来的。但是他就是不信，坚持要让爸爸做手术。当面对老人生病、工作关系、同事关系等问题时，如果我们总是倾向于悲观消极的态度，孩子在一旁看在眼里，自然也会有样学样，逐渐变得悲观起来。

第三，从父母和老师那里得到的悲观型批评。在前面的采访录像信息中，就真实地反映了这一点。在孩子成长的过程中，如果总是从父母或老师那里得到悲观型的评价，比如“你怎么这么笨”“你永远都做不好”之类的话，孩子内心就会充满伤心和失落，自信心也会逐渐丧失，慢慢变得悲观消极。

第四，关于掌控感和无助感的经历。我们为什么要让孩子做家务？一方面是可以节约父母的时间；另一方面，更重要的是让孩子从中获得掌控感。当孩子学会自己洗衣服、扫地、整理房间时，他们会感受到自己有能力做事，这种掌控感会让他们变得自信乐观。

电影《地球上的星星》就讲了一个人在无助感中获得解救的故事。影片中的小男孩患有阅读障碍症，考试总是得零分，因为他眼中的世界和别人不一样，他的色彩感受力非常强，在绘画方面极具天赋。但是，父母是不知道、不了解的，他们只看到小男孩成绩不好，调皮捣蛋，就把他送去了寄读学校。寄读学校严格的管理，让原本乐观的孩子，渐渐变得沉默寡言。

后来，孩子遇到了一个很好的美术老师，老师敏锐地察觉到他的天赋，还帮他举办了绘画大赛，小男孩突出重围，获得了第一名。在老师的鼓励和欣赏下，这个小男孩逐渐又变得积极乐观起来。

结合这个故事我们可以看出，在那些隐藏的脆弱无助的背后，遗传是一方面，父母的感知和教育又是另一方面。

我们要明白，每个孩子都是独一无二的，他们都有自己的天赋优势，自然也会有弱点。如果我们仅仅用学习成绩这个单一的标尺去衡量孩子，有学习天赋的孩子就险胜了，没有学习天赋的孩子就会被淘汰。所以，世俗的评价标准往往是造成孩子悲观或乐观、心理韧性强或弱的一个重要原因。

二、如何做到让孩子情绪自由呢?

生命的开始，就需要我们花费时间从无助的情境中挣脱出来，获得掌控感。这也是孩子实现情绪自由的第一步。

首先，我们来看刚出生的婴儿，他们学会的第一件掌控自己的事情就是练习抬头。在一个视频里，我看到一个妈妈耐心地哄孩子练习抬头，每一次宝宝努力抬起头，妈妈都会给予鼓励和赞美，宝宝的脸上也洋溢着喜悦，行动也更加积极。你看，在孩子幼时，我们都知道要有耐心地引导他们探索世界。可当孩子上学后，花了七天做不出一道题，有些妈妈就崩溃了。前后的反差是不是太大了呢？

其次，不仅小孩子需要获得掌控感，老人也是如此。西安有一位八十一岁高龄的黄旭进大爷，退休后痴迷于跑步。每次跑步前，黄旭进都要进行四十分钟左右的热身，如高抬腿和肌肉拉伸，这样的动作重复了整整二十年，从未间断。

退休后，只要不下雨，他便坚持跑步，每隔一天都会跑一次。在黄旭进随身携带的笔记本中记载着每次跑步所花的时间，其中，令他满意的成绩都会用红笔标注出来。如果当天黄旭进跑进了 1 分 34 秒，这个精神矍铄的老头一整天都会很开心。大爷向我们诠释了，掌控自己的生命，任何时候都不晚。

从生物属性的角度来说，无论是孩子还是老人，都需要对自己的生命权加以掌控。孩子抬起头无非是想看到更大的世界，看到妈妈更灿烂的笑容，也想听到更大范围的声音。老人也需要去掌控他的生活，知道“我行”“我年轻”“我很开心”“我可以通过跑步让自己缓解那些让我感到焦虑的事情”。

是的，掌控感里可能会有失败，但是这个过程会锻炼我们的心理韧性，偶尔的成功会让我们变得乐观、自信，大胆释放自我。

我和女儿有一次去三亚冲浪，那是一次难忘的体验。当女儿站在滑板上，一次次尝试征服大海，最终成功的那一刻，她脸上绽放出无比灿烂的笑容，我也被她的快乐深深感染。在这个过程里，她可能玩一百次，就成功那么几次，但她还是乐此不疲，每一次失败，都在塑造她强大的心理韧性。

所以，想要孩子变得乐观，心理韧性强劲。家长要做到两点：第一，让孩子积极锻炼，拥有一个强健的身体，因为健康的体魄是孩子面对生活挑战的基础。第二，培养孩子对陌生事物的超强学习力，让他们在不断探索中获得掌控感，孩子能够掌控的事物越多，就越容易变得乐观。

除了以上这些，想要孩子情绪自由，乐观积极，还有一点至关重要。就是家长一定要允许孩子遵从自己的感受，要允许他哭，允许他们释放自己，这是对情绪的掌控。如果孩子掉进情绪的“洞”里，我们也要接纳他们，允许他们自己折腾，并且陪他们一起爬出来。

比如，孩子考试考得不好，本身就很内疚、自责。家长察觉到情绪不对，就不要再浇冷水，可以选择不说话，默默陪伴，允许他自责、哭泣，然后用心做好饭菜，等他发泄完了，心情自然就会好起来。

再比如，我家的孩子跳舞的时候，不小心受伤骨折了。当时我在外地出差，治疗方式不是很得当，孩子的胳膊就肿了，医生说要重新把骨头对位。当时孩子在那里冲天号叫，我心疼得不行，忍不住哭了起来，孩子爸爸也哭了。我们陪着孩子一起哭，没想到孩子反而安慰我："妈妈，我不疼了，你别哭了。"那一刻，我更加深刻地体会到，当孩子遭遇困难时，家长的陪伴和接纳是多么重要。现在女儿胳膊恢复得很好。

所以，我认为，无论孩子是情绪上陷入低谷，还是真正的肉体上受到伤害，只要父母愿意跳到"洞"里陪他，接纳他，就没有战胜不了的事。就怕有些家长，本应是孩子最坚实的后盾，却在孩子哭泣时，表现得满不在乎，甚至不屑地说："这有啥可哭的"，然后对孩子大吼大叫。这时候，孩子就会因为害怕而不敢释放自己的情绪了。

我们一定要重视尊重孩子的感受，要知道，谁掉进"洞"里都会难受，谁掉"洞"里都想爬出来。

无论是小孩子、学生还是八十多岁的老人，都让我们认识到生命本身是坚强的，人的一生都在不断超越自己。想要孩子乐观，家长要允许孩子情绪自由，只有这样，孩子才会更容易接纳自己的情绪，释放自己的情绪，成为积极乐观的自己。

犯错“示范”，纠正孩子的完美主义

亲爱的家长，你的孩子在青春期犯过错吗？冲动过吗？给你惹过麻烦吗？你当时是什么感受，又是采取什么态度和行动对待孩子的呢？

身为一名老师，同时也是一位妈妈，我见过的大多数家长，在孩子青春期犯错时都会被愤怒冲昏头脑，冲着孩子大吼大叫，认为他不听话，给自己丢脸。但实际上，青春期的孩子，他们大脑中的前额叶还无法全面有效地控制过激情绪。这就是为什么与成人相比，青少年更容易因一时兴起而采取高危行为的重要原因之一。

当你明白这或许并非孩子故意不听话时，是不是应该试着走进他们的内心，摒弃那种想要塑造一个完美孩子的教育理念，甚至可以陪他一起“犯错”呢？

一、冲动情绪的来源

我们的大脑有一个区域叫前额叶皮层，它到了 21 ～ 25 岁的时候才能够慢慢发育成熟，前额叶皮层对我们情绪和思维的控制有着至关重要的作用，它控制着我们做事时三思而后行的决策行动，掌管着我们的高阶思维，人的意志力也大多由它把控。孩子之所以做事总是半途而废，很大程度上是因为这个区域尚未发育完善。同样，青春期孩子的情绪冲动，也是它在作祟。

如果把我们的情绪比作变化不定的孙猴子，那么，前额叶皮层就如同能降住孙猴子的如来佛。当前额叶皮层逐渐成熟，我们就会越来越理性，不会轻易被情绪牵着走。同样，在青春期，前额叶皮层尚未成熟，孩子也更容易冲动，甚至可能出现打架斗殴之类的过激行为。

有段时间，我在学校德育处工作。有一天，临近放学了，一位体育老师气鼓鼓地带着两个学生来找我："今天是初二年级 1 班和 3 班篮球比赛决定冠亚军的日子，两个孩子一个是 1 班的，另一个是 3 班的，在球场上因为一点事情起了冲突，两个人厮打在了一起。"体育老师教育了一番之后，给我送到德育处来了。

说罢，体育老师补充了一句，"人家根本没撞他！"我就看到先打人的孩子立马气呼呼地瞪了体育老师一眼，小拳头攥紧了又松开，松开了又攥紧，我生怕他给体育老师一拳头。但是我也发现，尽管他气成这样，他也不敢一拳头打老师脸上去，但为什么他就敢打另一个学生呢？

这说明，即便孩子处于青春期容易冲动，但他们大脑里还是有控制意识的，控制他们的正是前额叶皮层，我们也可以把它看作思维的油门和刹车。所以说，前额叶皮层发育不成熟，就是孩子冲动犯错的根源所在。

二、如何控制自己情绪冲动犯错

有的家长遇事情不能够冷静思考，凭借原始本能对孩子大吼大叫，但如果能够经常锻炼自己前额叶皮层的这块“肌肉”，就能像之前提到的那位陪孩子哭的爸爸一样，拥有十足的耐心。

这也提醒我们家长，当孩子和我们发生冲突的时候，一定要静下心来，要知道静能生慧。先控制好自己的情绪，再去仔细分析事情的前因后果，这样才能给出一个既合理又能让自己和孩子都满意的解决方案。面对突如其来的糟心事，你的控制力越强，孩子也会受到你的影响，成长得越来越好。

然而，现实中，在孩子的青春期，家长总是喜欢唠叨，导致孩子信息过载，信息过载就会导致孩子的情绪过载。

这时候孩子通常会出现以下四种情况。

首先是反击。就是你说一句话，他可能会反驳你八句话。

其次是逃离。你唠叨得多了，孩子根本不理你，直接哐当一声，把门关了，反锁了。

再次是分离。老师批评孩子的时候最容易出现这种情况，因为他不敢反击，也不敢逃跑，他就站在那儿听你说，但是早就神游太空了。你说你的，他不听也不反驳，直接不在你的频道里。

最后是呆滞。这是最可怕的一种，就是家长歇斯底里地吼叫，会把孩子吓傻，语无伦次，都不知道该说什么了。

父母就像孩子的一面镜子，如果你只是借着一件事肆意宣泄自己的情绪，连自己的情绪都控制不住，就是在把孩子往悲观的深渊里推。孩子在不知所措的时候，很容易陷入心理困境，甚至可能出现人格分裂的倾向。

好的教育应该给人带来希望，为孩子指明方向，让他们清楚自己该走向何方。所以，不要只是为了宣泄情绪而宣泄情绪。

从人格的发展上来说，孩子在青春期面对父母的不当处理，大致会经历以上这四种情况。我之前提到，如果孩子到青春期之前，家长不提前干预，给予孩子正面引导，等着孩子掉进情绪的“洞”里时，他们心理的自我修复能力就会变弱，爬出情绪“洞”的速度也会变慢。就像雨水和一鸣这两个孩子，雨水天生就有悲观的倾向，当他遭遇挫败掉进“洞”里时，他会不断探寻、判断自己是坚强的还是脆弱的。如果这时候家长不管他，或者是往“洞”里灌水，增加他的心理负担，他就会更加悲观，认定自己就是不行，越陷越深。

所以，家长应该要像一鸣的爸爸那样，带他出去吃冰激凌，用其他的办法去缓解一下孩子的情绪。这种干预和缓解，在孩子越小的时候效果越好。等孩子到了青春期，就相对没那么容易了，不花点功夫很难纠正过来。

在这里，我想给大家推荐一部我特别喜欢的电影——《翱翔天际》。它既能带给人无穷的希望，也可以给家长一些育儿启发。

故事讲述的是一个小女孩，她的爸爸妈妈离婚了。父母离婚之后，小女孩跟随妈妈去了新西兰，后来妈妈出了车祸，正值青春期的她回到了爸爸身边，此时爸爸另娶了一位妻子，小女孩比较抵触，她不太能够接受爸爸和继母。

她家后面的山里有一片树林，这天，爸爸砍树时发现了一些鸟蛋，之后孵出了小鸟，小女孩以为是鸭子，喜欢得不得了，精心照顾，这些“鸭子”也每天跟在她屁股后面，俨然成了她的追随者。后来，随着“鸭子”渐渐长大，爸爸告诉她：“这些不是鸭子，是大雁，根据候鸟的生活习惯，它们必须学会飞，才能迁徙去南方过冬。”为了让大雁顺利迁徙，她的爸爸特意做了一架木质飞机，可是大雁不跟着爸爸飞，只跟着小女孩。

爸爸决定让小女孩来驾驶飞机，于是重新制作了一架飞机，耐心教小女孩学会驾驶。最后，小女孩驾驶着飞机，一群大雁跟在后面，非常抢眼，他们飞过了很多地方，就连军人也向小女孩敬礼。

这件事成就了小女孩，让她逐渐从脆弱走向坚强。最后的镜头也特别感人。其实，小女孩有一段时间是不跟她爸爸讲话的，但当大雁终于到达南方，父女两个人拥抱在一起时，则就诠释了真正的爱。

这位父亲用爱陪伴小女孩成长，包容她所有看似荒唐的行为，允许她犯错。这是一个非常难得的例子，因为很少有父母可以做到如此。这部电影也给家长带来了育儿启示：或许我们可以允许孩子养宠物，让宠物陪伴他长大。

然而，数据显示，只有6.5%的家长关注孩子的身心健康、道德成长和心理状况，而高达79.8%的家长只盯着孩子的学习成绩，孩子年级越高，这种趋势越明显。大多数父母更关注的是孩子的学习情况，这就是现实，既残酷又令人悲哀。在关注成绩的过程中，父母往往不允许孩子犯错，他们期望孩子门门功课都能考满分。

家长能否成为伟大的父母，关键在于你对教育的本质理解有多深。如果你知道孩子心理健康比外在表现更加重要，并且牢记你在孩子出生时许下的愿望——“孩子健康、快乐就好”，那么你就能像电影里的爸爸一样，成为孩子坚强的后盾，允许他们犯错，并且陪他们一起犯错，你就是非常了不起的父母。

孩子越能依靠父母，越能放开探索和好奇

如果你有一个很容易悲观的孩子，事事不敢迎难而上，让你忧心忡忡，你该如何做？我给大家分享一套“四步疗

法”，助力孩子挣脱悲观的枷锁。那么，究竟是怎样的四步疗法能让孩子走出阴霾，拥抱阳光呢？

第一，先从自己培养

身为家长，不妨先静下心来问问自己：我是个悲观的人，还是乐观的人呢？我来讲一个故事，有一位爸爸，他把昂贵的高档手表放到洗手池旁边，妻子看到后，担心手表进水，好心将其挪到了餐桌上。结果，儿子到餐桌上拿面包，不小心把爸爸的高档手表碰到地上，摔碎了。

爸爸听到声音，出来之后发现高档手表被儿子摔碎了，就一巴掌扇到了儿子的脸上，接着又把妻子骂了一顿，说：“我这手表是防水的，谁让你管那么多事儿！”随后，爸爸气呼呼地出门了。儿子今天本来有比赛，也没什么心情参加了；妻子被骂了一顿，上班也迟到了；而这位爸爸到公司后发现自己的包没带，包里面放着开会需要的 U 盘。今天他主持开会，只能飞奔回家去拿包。爸爸上班迟到，被领导训了一顿。

这就是一个鸡飞狗跳的早晨。

你看，这位爸爸在处理事情的时候，用的是乐观情绪还是悲观情绪？很显然，是悲观情绪。手表摔碎了，大家都不高兴，只顾着宣泄情绪并不能解决问题，还让一家人一整天心情都不好。

其实，家庭里类似的事情屡见不鲜。孩子早上穿鞋磨磨蹭蹭，有些家长马上就开始指责，抱怨孩子拖拉，导致上学迟到，自己的心情也随之跌入谷底。这时，你是一直陷在这糟糕的情绪里郁闷不已，还是出门后能很快调整过来，这就表示你是悲观的人还是乐观的人。家长的情绪状态在慢慢地影响着孩子，只有我们先成为乐观的人，才能为孩子营造积极的家庭氛围。

第二，认知疗法，学会解释和反驳

这一步涉及孩子的早期养育。中国科学院的一个博士生亲自做了一个实验，同样的两只小老鼠出生之后，将一个小老鼠放在有沙粒的笼子里，另一个放在绵软的棉花房间里。在棉花堆里长大的老鼠很温和，而在沙粒中长大的老鼠，遇到任何人都爱咬两口。

这个实验告诉我们，如果对孩子从幼时起就温柔以待，给予孩子早期的关爱，就会塑造他温和的行为模式和情绪表达。

人有七情，喜、怒、哀、乐、惊、恐、思，有情绪是完全正常的。因为人长了耳朵、眼睛、鼻子，家长要允许孩子的各种情绪存在。要清楚，情绪是人的生理特征，当我们陷入情绪低谷时，允许自己难过一会儿，但别让它过度影响生活。

在情商课里，有一个很重要的知识点，就是把情绪分为冷情绪和热情绪。比如说，“生气”这种情绪，弱一点的“生气”表现为心里有些烦闷，随着“情绪温度”升高，“烦闷”可能就会发展为愤怒、狂怒、大怒，甚至怒发冲冠。所以，情绪可以根据激烈程度不同，分为热情绪和冷情绪。

其实，我们的坏情绪并非一无是处，它更像一种警报系统。举个例子，如果我们正在听课，突然一只老虎出现，出于自我保护，撒腿就跑是很正常的。焦虑、恐惧和愤怒在一定程度上都是为了保障我们的生命安全。但是，你如果一直让自己陷入大怒、狂怒、沮丧、自暴自弃等坏情绪中，就坏事了。我们可以有烦恼、有小难过、有轻微的挫折感，但我们在这些情绪里停留的时间越短，就越接近乐观的状态。

怎样才能让自己更乐观呢？这里有个 ABC 教养法（理性情绪行为疗法）。心理学领域有一个著名的学者叫阿尔伯特·埃利斯，他提出：“当人类受到外物刺激的时候，会产生一种认知，进而引发某种行为或情绪。其中，A（Activating Event）代表碰到的原发事件，B（Belief）代表固有认知，C

（Consequence）代表产生的情绪。”

举个例子，有一天，我带一个小朋友坐电梯，他说要到负一楼去看看，我同意了。结果我们那趟电梯有人带了大件的东西，到了一楼我们挡住了出电梯的通道，必须先从电梯里出来，才能让其他人把东西搬出电梯。为了公共安全的考虑，我强制性地把小朋友拉了出来。结果他就在那里大哭，并且是那种示威性的哭，哭喊着要去负一楼。其实这个时候，就是他受到了阻碍，大人不让他去，他生气了，他想去负一楼的好奇心驱使他哭了。

我面对小朋友大哭这件事，身为老师，内心也会想孩子在公共场合这样哭闹，多丢人啊，我该如何处理呢？我会生气，但与此同时，我也会有另一种认知：因为我确实没满足他的想法，所以他哭是正常的。当我在心里这样思考后，我就会允许他哭了。

这就是一个触发事件，会引发人不同的情绪，这中间一定要经过人的认知系统。后来，我问这个小朋友：“是不是因为我不让你去负一楼，所以你生气了？”他说“是的”。我再问他：“你是现在去，还是一会儿去？”小朋友说：“等那个人走了，我们就可以去了。”你看，问题就这么解决了。要是当时我暴躁起来，觉得小朋友丢人和烦人，认为他触碰了我的底线，那就会没办法得到此刻的结果。而我是否狂躁，完全取决于我对这个事件的认知。

《活出生命的意义》这本书里有一句很经典的话："你无法控制生命中发生什么，但是你可以控制面对这些事情的时候，你自己的情绪和行为。"当陷入情绪困境时，我们如何应对非常关键，而正确的认知既能帮助我们更好地管理情绪，也能为孩子树立良好的榜样。

第三，幸福的秘诀，让孩子学会和人相处

我曾经给家长出过一道题：在我们的人生中，究竟是什么能保障我们的健康和幸福呢？是有钱、有名、有地位、人缘好，还是工作好？哪个因素能让我们终身受益呢？答案是人缘好。

这个答案来自哈佛大学一项对幸福人生研究的研究结果，这个实验历时 75 年追踪了 724 人，最终得到结论："良好的人际关系，尤其是亲子、夫妻、亲密朋友等关键人际关系的融洽，才是人生是否幸福最重要的影响因素。"

我们一定要清楚，亲子关系是决定我们人生幸福度的一个重要指标。

什么叫建立良好的人际关系呢？人际关系好，或者说人

缘好，具体指的是什么呢？第一，是善于和别人建立关系；第二，是维持良好人际关系的能力。不妨想一想，在你的生活中，是否有这样一个人，哪怕是在凌晨四点，你也能放心地打电话过去向他倾诉烦恼？如果有，那你一定要向他表达感谢。因为，向他人倾诉是提升人幸福感的重要方式。

前面我们讲到的孩子雨水，他在家待了几天后还是不愿去上学，爸爸妈妈怎么劝说都无济于事。最后还是老师出面，他才愿意去学校，因为他觉得老师信任他。人在生活当中必须有一两个值得感恩、值得拜访的人。当你陷入困境时，他们的一通电话也许就能把你从情绪的深渊中拉出来。即便你们平时很少见面，但在你孤独、处于人生低潮时，他们就是你最可靠的解药。

所以，当发现孩子在学校交不到朋友时，家长一定要高度重视。良好的人际关系能让孩子感受到爱与支持，这是他们幸福成长的基石，也是孩子在探索世界过程中内心力量的重要来源。只有孩子在人际关系中获得足够的滋养，他们才能更有底气地去大胆探索周围的一切。

第四，知行合一，乐观可以习得

每天引导孩子回顾三件事，让孩子去发现自己哪些地方做得好。当孩子不断被肯定的时候，就会形成一个良性循环。比如，带孩子去捡石子，孩子沉浸在捡石子的乐趣中，这就是一种知行合一的体现。孩子信守承诺，没有赖着不走，也是知行合一的表现。又如，孩子想要在比赛中获奖，定下目标后通过努力最终得到肯定，也会让孩子变得乐观。坚持让孩子记录每天的三件好事，对于养成孩子乐观的心态非常有效。

通过以上四个方法，父母也可以逐渐养成乐观的心态。当父母成为乐观的人，就能成为孩子坚实可靠的后盾。孩子在这样的家庭环境中成长，会更有安全感，从而更有勇气放开手脚去探索周遭的事物，激发好奇心。而且，在不断探索的过程中，孩子会不断获得成就感，自然而然也会变得越来越乐观。

“一流生活非富有，而是觉知。”父母若像根系扎实、枝叶繁茂的大树，孩子自会于树荫下茁壮成长。

原则五 行为引导——家长要少用权力，多用规则

父母给孩子顶级的教育，是以身作则当榜样。自身发光、
心有静气，家庭自然和美，棘手难题也能轻松化解。

坚守行为的规则：咬住底线，放大自由的空间

我偶然刷到的一个短视频，像一颗投入我心湖的小石子，引发了我的一些感想。

视频里，两位妈妈正在公园边惬意地聊天，一位妈妈带着儿子，另一位则带着女儿。聊天的过程中，生了男孩的妈妈总是中断聊天，跑去训斥孩子，一会儿说："你怎么爬树了"，一会儿说："你怎么把衣服弄破了"，一会儿又大声斥责："不许乱弄东西"。而那位生了女孩的妈妈，则全程一脸淡定，女儿做任何事都没有受到斥责。最后，男孩妈妈一脸羡慕地说："你女儿真乖。"

评论区里掀起了一番反驳的热潮，大家纷纷质疑视频所投射出的"男孩天生比女孩调皮"这样的说法。身为老师，我也实在难以认同这样的说法。但是我从这个视频里，看到的是孩子行为的背后是家长教育的影子。那些充斥着指责的句子就像孩子头上的紧箍咒，孩子迫于家长的权威，无奈又无力。

不知道家长有没有发现，同样年龄的孩子，行为表现却千差万别。有的孩子一遇到问题就哇哇大哭，有的孩子小小年纪就会做饭，有的孩子半夜玩手机打游戏，而有的孩子从小就早睡早起……这不禁让人深思，是我们的孩子天生就不乖巧，还是身为父母的我们，在教育的航道上有些偏离方向了呢？

当我们陷在情绪里的时候，我们的行为往往是和我们的目标背道而驰的。我们期待孩子变好，但说出来的话往往把他们推向不好。当家长领悟到这个道理时，就会明白，培养孩子良好行为习惯，往往靠的不是“说”，而是“做”。

这里的“做”可以有两层含义：其一，我们要以身作则，成为孩子的榜样，用自身的行动潜移默化地影响他们。其二，给孩子机会，让他参与做事，若期待孩子从小帮忙做家务，就不要怕他弄脏了衣服，把扫帚递给他，教他扫地，把碗递给他，教他洗碗，出去玩弄脏的衣服也可以交给他，让他自己洗。在确保安全的底线上，充分给予孩子“折腾”的空间。久而久之，孩子良好的行为习惯就能自然养成，父母也可以少操心，这岂不是一举两得的美事？反之，如果担心孩子做得不好而剥夺他们做事的机会，孩子自然就有可能沉迷于打游戏等不良行为了。

一、认识孩子都有哪些行为？

在之前的内容中我曾谈到，孩子的行为习惯，一部分源于基因遗传，另一部分来自父母潜移默化的影响。无论哪种，都和我们家长息息相关。所以，开头短视频中“男孩天生比女孩调皮”的说法是毫无科学依据的。

在大多数家长眼中，孩子的行为不外乎两大类：好行为与坏行为。这种概括虽有一定道理，但稍显笼统。依据我多年教学和教育经验，其实我们可以把孩子的行为细致地分为四大类：

第一类是烦人却不严重的行为。比如坐无坐相。

第二类是值得鼓励的行为。比如认真刷牙。

第三类是无法接受的行为。比如写作业磨蹭。

第四类是大问题。这类行为我们家长要格外关注，因为它极有可能会威胁孩子的安全，比如玩火、玩电插销等。

家长想要知道孩子的行为习惯从何而来，并对不良行为进行更有效的教育引导，就需要花时间去观察并记录孩子的行为。首先准备两张表格，一张记录家长自己的行为，另一张记录孩子的行为。通过这样的表格对比，我们就能清晰地看出，孩子的行为是遗传所致，还是受家长的影响而形成的，进而有针对性地给出有效的解决方案。

二、孩子的行为取决于他们所处的发展阶段

每个家长都盼望着孩子能成长为自己期待的模样，想要实现这一目标，深入了解孩子是必不可少的。孩子的能力（行为）和他们所处的发展阶段息息相关。孩子大脑发育的速度在不同年龄段是不同的，所以我们的学制也是按此划分的。孩子在一岁之前主要是家庭养育，一到三岁之间可以托育，到三岁之后上幼儿园，六到十二岁上小学，之后是中学、大学。

一岁的孩子可以通过声音来表达自己的意愿，通过哭声来影响家人对他的态度，甚至这个阶段的孩子还能敏锐地察觉他用不同的哭声可以影响谁对他的关注。五岁的孩子就更厉害了，他们开始有了强烈的自我意识，懂得保护自己的东西。比如，他们自己手里的吃的或玩具，想要让他分享给别人，他有可能会理直气壮地说："不，这是我的东西。"

有些家长不明白，会觉得孩子不懂事，还在心里犯嘀咕："为什么这孩子不懂得分享呢？怎么这么自私呢？"其实不是，只是这个阶段的孩子以自我为中心，还不具备分享意识。

孩子到了九岁，就有了公平的概念。这一阶段的孩子有个显著的特征就是爱告状。谁推了自己一下，谁说自己的坏话，都会第一时间告诉老师。而且这时候他有了公平意识，会用道德标准审视家长的行为。比如，爸爸接他放学，随手往路上扔了烟头；妈妈带他过马路时不小心闯了红灯……当这些行为和他学到的道德意识相违背时，他就会认为你的道德低下。这表明孩子的规则意识非常强，观点开始内化为行为。

到了十二岁左右，孩子差不多上初中。此时他们开始懂得换位思考，开始变得懂事，理解父母的不容易；但还有一种可能，就是会变得叛逆。

孩子此时是懂事还是叛逆，其实完全取决于父母之前给孩子的自由度。如果父母了解孩子那些看似招人烦的行为背后的原因，懂得换位思考，理解孩子，正向引导孩子，孩子就会变得懂事。反之，如果父母只是一味认为孩子不懂事，事事都要自己操心，总是包办代替，孩子很可能就会走向叛逆。

基于此，我们会发现，父母对孩子行为习惯的干预是连贯的。孩子并非突然在十二岁时才变得叛逆，而是在成长过程中，不知不觉受到了各种因素的影响。

三、坚持行为准则：咬住底线，放大自由的空间

我们说，教育者必须深入了解教育对象。谈及坚持行为

准则，家长所面临的挑战其实比老师更大。即便家长了解孩子的行为表现及背后原因，在实际生活中可能依然会感到迷茫。

因为，相较于家长，老师进行的是群体教育。群体之间的相互影响，能让孩子更容易接受教育。而且学校有固定教材、系统课程、明确评价，虽然以考高分为主的评价方式可能稍显单一，但至少有清晰的方向。此外，老师从事的是重复性的阶段性教育。一位教小学或初中的老师，可能几十年都在重复教授同一个学段，对于一些问题，一两年或许不太明白，经过一二十年的积累，自然就容易理解和应对了。

但是对于家长，是没有教材的，更像摸着石头过河，教育孩子缺乏一套明确的行为准则。那么我们到底该怎么办呢？

首先，家长要树立终身学习的理念。

从心理结构层面，我们要明白让孩子勤快起来的重要性。勤快能帮助孩子对抗自卑，建立自信，这是人的心理需求。在孩子小学阶段，家长应该尽可能让孩子多参与家务，比如擦桌子、擦玻璃、给家人盛饭、饭后收拾碗筷等，还可以带孩子走进大自然，让他们去锻炼、去感受、去体验。家长如果能提前了解孩子在不同的年龄段有什么样的心理和行为，就可以提前准备应对策略。反之，如果不提前学习，了解自己的教育对象，那么家长在养育孩子的道路上的进度必然会滞后。你越了解自己、了解孩子，就越能教育出符合你期待的孩子。所以，想要孩子茁壮成长，我们就要做负责任的家长，不停学习，总结、反思、复盘。

虽然我不认同本章开头的故事里传达的“男孩天生比女孩调皮”的观点，但从生理结构层面而言，男孩和女孩确实存在差异。都说结构决定功能，人类左右脑之间是通过胼胝体连接的，女孩的比较松散，男孩的比较紧密。

当面对同一件事情时，同样是表达“生气”这个情绪，女孩一般会通过语言来表达，而男孩则更倾向于用动作来表现。所以，当家长看到孩子的这些表现后，我们首先要充分意识到男孩和女孩的不同，并结合孩子性别和年龄的特点，做出更科学的干预。

其次，针对孩子的行为，会用平和应对的策略——“三选模型”。

这套模型是专门针对孩子的行为而设计的。我们之前把孩子的行为分为烦人不严重的、值得鼓励的和不可接受的。面对这三种行为，家长如何调整策略，核心在于你想成为一个怎么样的人。如果你想成为身心健康、情绪平和、具有幸福感的人，那么就要做到正气内存、从容淡定，客观地看待他人的问题，接纳那些我们无法干预的事情。

比如，对于孩子烦人不严重的行为，我们可以选择刻意忽略，别给自己徒增情绪负担；再比如，当孩子出现你不能接受的行为时，你可以释放信号，比如瞪一眼孩子，跟他讲道理等。而面对值得鼓励的行为，要及时做出情绪引导，一个微笑、一个拥抱，都是在传递喜悦的情绪，孩子开心，你也会收获快乐。

最后，还有一个大问题即如何面对不可接受的行为，是家长要重点关注的，因为这个涉及教育底线。

当孩子的行为演变为大问题时，惩罚就成为必要手段。国有国法，家有家规，当威胁生命安全的行为出现时，一定要有所惩罚。不过，惩罚要根据孩子年龄区别对待。比如五岁的孩子，最喜欢自由玩耍，那么惩罚的手段就是剥夺玩耍。这里要强调一点，不建议打骂孩子，因为这并非真正的惩罚，而是家长在宣泄情绪，还会给孩子做出暴力引导。最好的处理方式是隔离反省。

举个例子，如果我在工作，有个小孩子突然过来按我的键盘干扰我，我就会明确告诉他，我忙完可以给他玩。但如果他不听，那我就会数“1、2、3”，数完让他面壁思过，当他一动不能动的时候，就是对他最大的惩罚。一般我建议五岁孩子站五分钟，九岁孩子站九分钟，十三岁孩子站十三分钟。孩子上了初中之后家长更加要去制定规则，孩子犯错后要进行惩罚，培养孩子的规则意识，同时也约束自己的行为。

以上，就是父母面对孩子的不同行为，可以做到的一些干预策略。就像《大学》中所说“物有本末，事有终始，知所先后，则近道矣”。一切问题都有根本性问题和末梢性问题之分。面对孩子的行为，家长要抓主要矛盾，明确在孩子不同的成长阶段该重点关注什么。

都说母静则子安，子安则家和，家和万事兴。一个家庭里，每个人都有自己的想法，家长让孩子做家务，爷爷奶奶怕累着……这样只会增加矛盾，我们要避免在问题上再制造问题。可以让妈妈做主心骨，做家庭“CEO”，其他人配合执行，如此一来，一家人齐心协力解决孩子的问题，提升一个家庭的幸福指数，孩子也会茁壮成长。

摆脱控制权之争：从“针锋相对”到“联手解决问题”

你是否也有过这样的经历：孩子遇到难题，身为家长的你心急如焚，自认为给出了最佳的解决方案，孩子却并不领情，双方各执一词，最终陷入激烈的争执，亲子关系瞬间剑拔弩张。

有一天，一位高二男孩的父亲满脸愁容地找到我。他说孩子语文成绩欠佳，特意请了课外老师辅导，效果却不尽如人意。这次期中考试，孩子语文成绩依旧刚过及格线，孩子便萌生了不再跟随这位老师学习的想法。

我好奇地问："您是希望我帮忙找其他老师，还是劝孩子继续跟着原来的老师补习呢？"

他说："两者都想。一方面，我不希望孩子放弃语文，想帮他补齐这块短板；另一方面，我觉得孩子不该停下补习的脚步，等找到更合适的老师再换也不迟。但孩子想在期中考试后先暂停补习，自己学习一段时间，不需要老师介入。"

我们把问题梳理了之后，会发现问题特别简单。但是为什么父子俩会起剧烈的冲突呢？就是因为家长与孩子之间，陷入了"控制权之争"。在孩子的成长过程中，家长往往习惯动用权力，觉得自己是一家之主，孩子理应言听计从。一旦孩子不配合，家长便会产生强烈的挫败感，以至于不管面对什么问题，首要任务都变成了先说服孩子。

但在孩子面前，权力这招却常常失效。因为孩子是独立的个体，他有自己的想法，所以在问题发生时，家长跟孩子的意见相左时，我们不应“针锋相对”，而是要跟孩子“联手”去解决问题。

一、从情绪里面走出来，辨别具体的问题是什么

在我的咨询经历中，许多家长都深陷亲子沟通的情绪泥沼。这种情绪是怎么产生的呢？绝大多数都不是因为问题本身，而是家长给出解决办法后，孩子却提出截然不同的意见。起初，家长还试图说服孩子，可经过几轮沟通，耐心耗尽，瞬间怒火中烧：“你为什么就不能听我的？怎么这么不听话！”就这样，家长和孩子陷入了深深的对抗，渐渐忘却了原本需要共同面对的问题。

就好像前文当中提到的父亲，我接连抛出几个问题：“现在孩子面临的问题是什么？你的问题是什么，你们父子之间需要共同解决的问题是什么？”他深思了许久，却无法给出答案。因为他意识到了，在与孩子的争执当中，已经忘记了他们还有共同目标和愿景，仅仅执着于谁能说服谁。

正因如此，我经常建议家长，当与孩子意见不合、事情棘手时，一定要先让自己慢下来，摆脱情绪的束缚。只有这样，才能看清自己和孩子真正需要面对的问题，从根本上解决问题并创造可能性。

二、学会摄取不同的观点，从孩子的角度去看问题

我们都知道，事物具有多面性，不同的人看待问题的方向是完全不一样的。家长往往站在成人的视角，看似会比孩子更清晰地洞察问题，更容易给出解决问题的方案。但别忘了，孩子是成长的主体，是很多学习问题、亲子问题的第一责任人。

以上文中提到的高二男孩为例，若将提升语文成绩比作翻越语文这座高山，男孩才是去爬山、需要去登顶的挑战者，父母只是路上的同行者，或者只是孩子人生路上的配角。在男孩攀登高山时，父母应该更多地为孩子提供物质保障、信息资源或心理疏导等。但无论如何辅助，都无法替孩子完成攀登。

所以，作为父母，要明确自己的界限，清楚哪些是我们能做的，哪些是我们做不了的。明确界限后，要更多地倾听孩子的想法，了解他对事情的理解，探究他为何会提出那样的意见。只有我们充分理解了，才有可能去接纳他的想法，去跟孩子达成共识，避免一沟通就冲突不断。毕竟，你希望孩子理解你、听从你，孩子也希望你能理解他，尊重他的想法。

三、与孩子明确共同的目标，列出所有可能达成的路径

完成前两步后，我们就该和孩子明确共同目标。仍以前

述案例分析，从父亲的角度来看，父亲希望孩子不放弃语文，想办法去补齐短板；同时希望孩子能抓紧一切时间去补习，即使当前的补习老师不够理想，也可再寻觅，就是不想让孩子停下学习的脚步。从孩子的角度而言，他希望期中考试后暂停补习，先自学一段时间，暂时不需要任何老师的帮忙。

其实，不管是从父亲的角度，还是从孩子的角度，都没有放弃对语文的学习，而且他们的共同目标，也是提升语文成绩。这一点是非常好的，家长跟孩子的共同目标是一致的。

此时，我们就可以试着跟孩子一起，罗列出能够达成这个共同目标的方案，比如 A 方案、B 方案、C 方案……尽可能地都罗列出来。就好像我们要抵达一个目的地，得先打开地图，搜索所有可行路径，决定哪条路可以作为主要路线，哪些路可以作为备选路线，即便备选路线也许会有些绕，但我们心里是有底的，知道最终都会抵达目的地。

四、列出每一条路径的长处与短处各是什么，然后选择最适合的路径

在成长的过程中，人无完人，解决问题的路径也一样，各有利弊。在罗列各种解决路径时，一定要写明具体的长处与短处。如同地图上的显示，A 路线可能红灯少，但是距离

长、有高速费；B 路线距离短，但是红灯多，可能会堵车……综合评估后，选出最适合自己和孩子的路线。

在选择的过程当中，家长可能会与孩子产生分歧，比如家长想选 A 路线，孩子却想选 B 路线。就如同案例中的父亲，希望孩子一直坚持学习，但是孩子希望能够暂时停下来。这时就要深思：到底是解决问题重要，还是培养孩子重要？是孩子听从自己重要，还是孩子锻炼解决问题的能力重要？要时刻牢记，孩子是主角，家长是配角。

对于有些年幼孩子的家长来说，当得知孩子在幼儿园与同学发生了争执时，会马上冲去替孩子理论。确实，可能因为家长的能言善辩，可以帮孩子解决问题，但是孩子在这个过程当中有成长吗？我们务必清楚，要培养的是孩子解决问题的能力，而非家长代劳的能力。

五、定期检测，之前的选择是否行之有效，如果无效，需要及时调整方案，直至产生最优结果

家长与孩子“联手”去解决问题，不是说联合起来发现并确定解决问题的路径就可以了。最终还是要看结果，看是否解决了实际问题，看是否实现了家长与孩子的共同愿景。

还是以高二男孩为例，孩子希望放慢脚步，进入理性的

思考当中，即便父母觉得时间宝贵，也应尊重他的方案。因为孩子是攀登的主力，走到半山腰想休息再前进，家长作为陪伴的配角也只能放慢脚步。要坚信，家长和孩子是一个团队，要共同登顶。

家长先要尊重孩子，给他充分的信任和选择的空间。但这种尊重不代表不干预，可以跟孩子约定一定的时间，比如到了某个时间点，如果还没有见到效果，再去请更好的老师帮忙。

在生活中，家长和孩子意见不同的情况比比皆是。家长能做的，先是安抚自己的情绪，不要因为孩子说“不”，就觉得自己的“权威”受到了挑战，便忘了需要面对的问题是什么，与孩子站在对立面。

好的家庭教育，一定是能够跳出事件本身去思考的。

我们和孩子的共同目标是什么？此刻出现的真实问题是什么？作为孩子的辅助者、队友，我们要如何分工协作、完美配合，才能与孩子一起共渡难关？在作战过程当中，还要时刻反省，家长和孩子是否变得更有责任感，亲子关系是否更和谐，彼此是否更懂得倾听，价值观是否更加一致。当明确了自己的位置，与孩子保持步调一致时，就没有什么难题是无法攻克的。

行为本身不是问题，而是发现问题的线索

在孩子的成长过程中，他们的每一个行为都像神秘书籍中的一页，承载着独特的故事。著名学者德雷克斯在《孩子：挑战》中，为我们揭开了儿童不良行为背后的奥秘，提出“挫败的级别”这一概念。他指出，儿童所有不良行为的根源可归结为四个方面：对关注的期盼、对权力的渴望、对报复的欲望，以及对怯懦的展示。

值得注意的是，德雷克斯还强调，父母对孩子不良行为的反应，极有可能成为孩子再次出现不良行为的诱因。这意味着，同样的不良行为，可能源于不同的动机，需要家长仔细甄别。

无独有偶，伊丽莎白·克拉里在《与打骂和溺爱说拜拜》中也提道：“父母对孩子行为的反应，会成为孩子下一次行为的诱因。”这一观点让我们不得不深入思考：当孩子出现不良行为时，家长除了关注孩子的问题，更应该审视自身存在的不足，反思自己的教育方式和行为反应，是否在无意间推动

了孩子不良行为的持续发生。

在家长与孩子这场育儿“拉锯战”里，常常会有当局者迷的现象发生。家长在看待别人的问题时，或许能做到课题分离，客观分析。但是，一旦面对自己孩子的问题，情绪往往瞬间战胜理智，致使我们难以看清孩子行为背后的真实需求以及从表象所投射出的深层问题。有时候，明明心里期待让孩子变得更好，却用了背道而驰的方式，让问题演变得更加糟糕。诚如德雷克斯所说，行为本身不是问题，而是引领我们发现问题的宝贵线索。

一、避免权力压制，陷入情绪陷阱

此前我们讨论过“控权之争”，也知道孩子成长到一定的年龄，会萌生对权力的渴望。我曾建议家长尝试和孩子携手解决问题，不知家长是否深入思考过这背后的逻辑。

在一些父母非常强势的家庭里，孩子会非常渴望快快长大，独立自主，然后搬离这个家，逃离原生家庭的束缚。究其本质，是父母牢牢掌控着家里的权力，对孩子的行为进行着强制性约束，无情地剥夺了孩子的掌控感和自我实现的机会。

比如，一个十二岁的孩子不小心爬树摔伤了，孩子自认为身为男子汉，这点小伤不算什么。但是一些父母站在自己的视角，妈妈会唠叨他怎么不小心，爸爸会责骂他就是调皮不听话，甚至可能动手打孩子一顿。

在这个案例里，父母的行为背后更多的是情绪宣泄，是对自己拥有教育、管教孩子权力的一种彰显。也许并不是孩子犯的错有多么不可饶恕，需要受到严厉惩罚；还有可能是爸爸职场不顺，被人刁难，升职加薪不顺利；也可能是妈妈最近被爸爸的情绪干扰，内心烦躁不安；于是两人借孩子的事情寻找一个情绪宣泄的出口。

所以，作为家长，在洞悉孩子行为背后的问题时，一定要觉察自己行为背后的问题，避免陷入权力主义的误区，掉进情绪的陷阱。

二、从“你怎么不听我的”到“我支持你”

孩子的行为背后，往往隐藏着诸多需要我们去探究的问题。家长采用“三选策略”，通常能应对大部分情况。倘若问题较为严重，在规则的框架内，家长可以给予孩子一定的惩罚，界定好行为边界。

然而，如果家长长期用外在的行为来展示内在的情绪，以“你怎么不听我的”这样的教养方式来宣泄自己的情绪；或者以悲观的态度，对孩子的选择表现出不开心，那就真该反思并调整自己的教育方式了。毕竟在育儿这个课题上，我们完全可以和孩子一起成长，实现从“你怎么不听我的”到“我支持你”的转变。

曾有一位妈妈，她女儿的学习成绩不是很好，女儿找妈妈商量，希望凭借唱歌特长走艺考路线，觉得这样上大学更容易，压力也小些。但是妈妈认为艺考没什么前途，女儿还是应该正常考大学，还总念叨女儿不听话。最终在女儿的软磨硬泡下，妈妈勉强答应了，但心里十分不开心。以前还经常和朋友出去聚会，现在觉得丢脸，门也不出了。妈妈的情绪让女儿也觉得不舒服，觉得妈妈在以某种方式逼自己。

幸好爸爸察觉到了问题的严重性，便两边开始做工作，让妈妈不要给即将高考的女儿压力；同时又对女儿说，妈妈的初衷是好的，终于说服妈妈和女儿，母女俩又一起快乐地逛街。后来，女儿高考发挥不错，考去了一所不错的艺术院校，业余时间做自媒体，大学期间就经济独立，妈妈非常骄傲。后来女儿做很多决定，她都表示支持。

在教育孩子这件事上，家长都是初次为人父母，有很多需要和孩子共同进步的地方。当孩子面临一些人生重大抉择时，我们的认知可能跟不上社会的发展趋势，这时可以提建议，但更多是尊重和支持，避免情绪化。站在第三方视角客观对待问题，与孩子携手共同面对，朝着目标奋进，达到双赢局面。对于孩子而言，家长的“我支持你”是相当重要的。

三、孩子自我实现之前，家长更应该自我实现

在一个家庭中，我们鼓励孩子培养良好行为，去追求自由、掌控感和自我实现。但是我发现，孩子的幸福指数，往往和家长紧密相连。如果父母能够实现自我价值，内心充实富足，那么在生活中就会减少许多怒火中烧的时刻，这无疑更有利于培养出独立自主的优秀孩子。

我曾有位学生，在做家访时我才知道，他的妈妈的家庭地位很低，常常被爸爸大声呵斥，这让这位妈妈非常内耗。她也渴望出去工作挣钱，提高自己的家庭地位，无奈一双儿女拖住了她，只能做个全职家庭主妇。她过得很是卑微，不敢在教育孩子这件事上多嘴，只能和孩子一起忍受丈夫的冷言冷语。

后来机缘巧合下，妈妈自学视频剪辑，运营短视频账号，有时候赚得比老公还多。丈夫渐渐看到妻子的价值，不再对她冷嘲热讽，反而多了很多关爱。这位妈妈越来越自信，并用这份自信影响了孩子，让孩子明白，只有自己有价值，才能赢得他人的尊重。

孩子看着自信从容的妈妈，深受鼓舞，也开始发奋学习，成绩名列前茅。爸爸也一改从前的态度，周末还会陪孩子打

球，陪妻子逛街，一家人其乐融融。

我们常说，父母对孩子最好的教育，就是以身作则，成为他们的榜样，父母闪闪发光，家庭和睦，彼此都不情绪化，自然就会“妻贤夫祸少，子孝父心宽”。父母修得一身静气，家里自然一片和美，许多看似复杂棘手的问题，也都会迎刃而解。

约束孩子的行为，不如满足孩子行为背后的情感需求

你是否曾在孩子说出刺耳话语、做出恼人举动时，陷入两难的抉择？是不假思索地大声斥责，还是静下心来尝试去观察、倾听他们，探寻那些行为背后潜藏的情感需求呢？《非暴力沟通》一书中有这样一段话：“非暴力沟通帮助我们与他人建立连结[1]，使我们得以流露与生俱来的慈悲之心。它指引我们通过将注意力聚焦在观察、感受、需要和请求这四个要素，来重新构建表达和聆听的方式。”当我读到这段话时，如沐春风，因为它在育儿领域同样适用，为我们照亮了与孩子沟通的新路径。作为一名老师，同时也是一位妈妈，我常常

1 连结的优选词应该是联结，因是原文引用，故用连结。

感觉父母和孩子之间的关系，就像一根弹簧。当父母能保持冷静，不歇斯底里地大吼大叫时，孩子也会相对平静，弹簧便能维持在一个稳定的状态。

然而，现实里频繁上演的场景是：当孩子的行为令父母烦躁时，家长就会用很大的力压缩弹簧，企图用这种强制约束，让孩子保持听话。但别忘了，孩子也是有血有肉、有情绪的个体。当他们内心渴望的关注、权力、空间等情感需求得不到满足时，就会用更大的力量反弹弹簧，最终导致弹簧受力变形，亲子关系受到伤害，落得两败俱伤的局面。

我知道，父母的初衷也是期待有一个优秀的孩子。跳脱出来看，我们与其强制约束孩子，不如满足孩子行为背后的情感需求。让他感受到的是爱，是空间，是自由，而不是压制、逼迫和窒息。

我看过这样一个视频：

一对兄妹在给母亲擀饺子皮，哥哥一次可以擀七个，妹妹一次可以擀六个，动作非常娴熟，一看就是经常做。记者采访他们的时候，问他们帮妈妈擀饺子皮，不用做作业吗？妹妹说："作业都是提前做完了，觉得妈妈非常辛苦，能给妈妈分担非常开心。"哥哥也说："妈妈非常辛苦，自己要好好读书，拥有更多人生选择权。"记者又问他们累不累，两个孩子都说："不累，觉得非常充实"，一边干活，一边脸上洋溢着满足的笑容，非常感染人。

当记者问妈妈："会不会觉得孩子很辛苦？"妈妈的答案真的很惊艳，她说："不觉得苦，我们80后、90后都是这么成长过来的，更何况让孩子小时候吃一点苦，对他的成长来说，是非常宝贵的经历。"

我注意到，这位妈妈觉得很欣慰，两个孩子很懂事。这是一个母慈子孝的温馨场面。

在这个视频的评论区，满是网友的羡慕之声，大家纷纷感慨优秀、懂事的孩子总是别人家的。我理解网友的羡慕，但更希望家长能静下心来思考一下：当你做生意的时候，会不会放心把顾客的面皮给孩子擀呢？会不会担心他弄得乱七八糟，影响生意呢？又或者你在家包饺子的时候，孩子哭着想要拿一块来玩，你是大方给他，还是拒绝说"别弄脏衣服，一边玩去"呢？我见过太多家长羡慕别人家孩子的场景，可我们更应该深入探究这些优秀孩子家长背后的育儿逻辑。

像视频里两个被采访的孩子，正是因为妈妈给予了他们充分的空间去尝试，让他们在做家务里寻找到充实的价值感，他们能够体谅到父母的不容易，愿意更加勤奋读书，努力追求更好的未来。

这个视频给我们带来的思考是：爱是相互的。我们总说，教育孩子就是在养花，你用心呵护，它自然就会开出美丽的花朵，回馈你一整个春天。然而也有家长，不仅做不到呵护，甚至还像往种子上浇热水一样，无情地浇灭孩子内心的热情。

我曾经听其他老师讲过一个案例，有一位学生是家里的独生子，也是留守儿童，父母从来不要求他做别的，就是要求他成绩好。中学的时候，为了让他上好初中，父母让他借住到了离学校近的姨妈家。姨妈待他很好，每天都给他准备好饭菜，也从不要求他做家务。

有一次放假，他妈妈回来看他，他以为很久没见，妈妈肯定会更疼爱他，不会拒绝他，便提出想要一百元请朋友吃饭，原因是这位朋友之前请了他。但是这位妈妈不由分说，劈头盖脸地说："你拿钱干什么？你看你考的那点分数，你也交不到什么好人，还一百元，之后我让你姨妈把零花钱给你断了！"这个孩子当时瞪了他妈妈一眼，从此经常逃学，后来没多久就去打工了。现在他性格很怪，逢年过节给姨妈寄特产，就是不理他亲妈。

其实，我们现在回看，孩子当时的诉求并不过分。他也是出于朋友情谊想要回馈，没想到妈妈完全不去理解他的诉求，还把他的零花钱断了，才导致他以逃课来对抗。

通过这两个案例，也许可以给家长们一点启发：

第一，学会倾听孩子，理解孩子的诉求。哪怕孩子的诉求不太合理，也不要急于发脾气、斥责，尝试用讲道理的方式，心平气和地与他们沟通。这样至少能避免亲子关系像弹簧一样因过度受力而变形。

第二，你期待有一个什么样的孩子，就要用什么样的沟通方式。如果你希望孩子长大后情绪稳定，家长不要自乱阵脚，一言不合就炸毛，态度比语言本身更重要，好好说话，用心聆听，满足孩子的合理需求。

第三，学会放权。自我实现是孩子成长的需求，对于孩子力所能及的事情，不妨放手让他们去做，而不是家长不辞辛劳地大包大揽。特别是进入青春期的孩子，更要放权给他，让他能够实现自我价值。

第四，给予关注和认可。孩子的行为本身就透露着他们的需求，当孩子取得进步时，父母一定要及时关注到并给予认可和表扬，增强他们的成就感。父母的忽略会成为孩子心里的刺，让他觉得不被爱，长大后可能还需要花费大量时间去填补内心的空缺。

总而言之，在了解孩子的行为，掌握沟通策略之后，家长的成长必修课，要更多地指向理解和包容，而不是斥责和谩骂。父母的权力是用来培育孩子的，而不是用来压制孩子、控制孩子的。当我们抛开情绪，以第三方的视角在与孩子平静地沟通时，会发现亲子之间不再有因压力而产生的变形，心与心的距离反而更近了。你说，是不是这个道理？

生活是最好的课堂。你保持自律、勇敢、坚毅，
无须刻意，“身教”自会让孩子潜移默化，
与你同频成长。

原则六

亲子沟通——从亲密感入手，让孩子与你的心更近

父母权力为培育孩子，并非压制、控制。抛却情绪，以第三方视角在“沟通弹簧”两端平和交流，亲子不再因冲突变形，心与心反而贴得更近。

沟通的本质是合作，合作的前提是亲密感

一项始于 1957 年由威斯康星大学麦迪逊分校主导，持续超过六十年的研究显示：家庭互动模式（如与父母、子女的关系质量）直接影响个体成年后的心理健康和生活满意度。由此可见，人际关系不仅是幸福的源泉，更是抵御生活逆境的关键资源。人生的幸福，本质上是人与人之间联结的总和。

在这些关键的人际关系中，亲子关系是重中之重。

父母营造的家庭环境，对孩子的幸福和前途有着深远影响。所以，不管我们对孩子怀着怎样的期待，都应该先反思：作为父母，我们给予了孩子什么？是否为孩子创造了实现这些期望的环境？

前面提到，幸福生活涵盖积极情绪、主动投入、良好人际关系、人生意义和目标以及成就感这五个方面。如果把幸福人生比喻成一栋房子，那么良好的人际关系就是支撑这栋房子的核心支柱，一旦人际关系崩塌，房子也会变得摇摇欲坠。

家长可以从自己的期待出发，进行一番反思：自己是如何长大的；期望孩子长成什么样子；孩子怎样才能满足你的期待？这是一个双向的思考过程。

倘若幸福是你对孩子的终极期待，那么此刻，和孩子保持良好沟通，就是你最好的发力点。

当然，亲子沟通的本质是合作，合作的前提是亲密感。让我们从了解孩子和自己开始，努力营造良好的沟通氛围。

一、了解亲子沟通现状

大量的调查数据显示，大多数的孩子是渴望关注和沟通的。我们曾对四年级和八年级的孩子做过亲子沟通调查，结果表明，超过 50% 的孩子都是渴望和家长沟通的。那么在沟通中，孩子希望家长关注哪些方面呢？是兴趣、爱好、特长、身心健康，还是那些他们喜欢或者擅长的事情？

然而现实中，家长们与孩子沟通的重点则是：考了多少分、测验有没有进步、在班上排多少名……这就导致沟通完全不在一个频道上，自然就很难有效沟通。

此外，有三分之一的家长几乎从来不和孩子讨论电影或者电视节目。电影和电视节目是一种精神文化生活，和孩子一起探讨，有助于引导孩子树立正确的价值观。但家长可能担心看电视会影响孩子学习成绩，便选择对此避而不谈，这其实是一种精神上的逃避。还有四分之一的家长从来不关心孩子在学校的经历，从来不和孩子谈心。家长对孩子心里在想什么，在学校是否受委屈等情况全然不知，与孩子的校园生活完全脱节，自然就无话可说。

从调查数据不难看出，中国大多数的家长和孩子之间的亲子关系是存在问题的。要么家长对孩子缺乏关心和关注；要么双方沟通不在一个频道上，导致无法正常交流。作为家长，若想解决这个问题，走进孩子的内心，了解他们的世界，经营好亲子关系，首先就要打破信息壁垒，深入了解沟通的含义。

在这里，我想借助英文单词的解释和《说文解字》一书中对“沟通”的定义，帮助家长理解。首先，沟通的前提是合作。合作的前提是要有共识，要建立亲密感，不能孩子在A频道，家长在B频道，这样沟通就会陷入对牛弹琴的僵局。

“沟通”的英文单词是Communicate，用常见的词根词缀法可拆分为三部分，“com”表示“共同”；“muni”引申为“交流载体”；后缀是“-ate”表示动词。翻译过来就是共同交换信息，交换思想，交换感情。沟通不只是语言上的，还有眼神、表情和动作也能进行沟通。只有沟通双方都确定对方真正理解了沟通内容，才算是达到了沟通的目的。

再看“沟通”的中文含义。从汉字的篆书来看，“沟”字左边是河流的形状，右边像两条小鱼头碰头。这个字形十分形象地展示出，两条小鱼需在同一条河流中，且距离足够近，才能交换信息。而“通”字，就像一条畅通无阻的甬道。所以，沟通的前提是双方身处同一条河流，能够彼此交换信息，敞开心扉，相互靠近。

也就是说，如果沟通的双方，一方在水里，另一方在岸上，那就无法实现有效沟通，一切交流都将变得徒劳无功。

二、为什么要有效沟通?

沟通，本质上是一把双刃剑，若两个人不在同一条“河流”里，这场沟通就会要么伤人，要么伤己，要么两败俱伤。

河南卫视曾播出过一档节目，其中有这样的场景：一位妈妈在辅导孩子做作业的过程中，有个作业要求不用任何其他测量工具，测量教室的长宽，请问用手量还是用脚量？这位孩子说用手测量的时候，妈妈非常生气，一直用反问的方式问孩子：“是这样吗？我看你就没听昨天的课程，为什么是这样？你用手怎么量？”孩子当场就被问得不知所措，从一开始还能完整地回答问题，到后来面对妈妈一连串质问的态度和语气，只能勉强挤出几个词，场面让人看着十分难受。连旁边的主持人也忍不住直摇头。此时，在沟通这条“河流”中，孩子这条小鱼和妈妈就完全不在一个频道上，孩子只想赶紧逃离。

结合这个案例分析，会发现有效沟通、好好说话是如此重要。

情绪会伤己。实际上，在这个案例中，孩子的答案并非完全不合理，用手量只不过比用脚量花费的时间更长一些。妈妈之所以如此生气，只是因为孩子的答案和她预设的不一样而已。这时候我们可以发现，妈妈更多的指责、抱怨和生气，是带着强烈情绪的。人一旦被情绪左右，往往很难客观地分析问题，聚焦在解决问题上。

在这场沟通中，孩子为什么越来越沉默寡言？是因为和妈妈的沟通已经完全不在一个频道上了。同时，这种情绪对妈妈自己的伤害也不容小觑。

之前我就强调过，人的情绪与生理结构、血液循环都有着密切联系。芬兰阿尔托大学曾做过一个关于情绪的实验。他们将一个人放在核磁扫描仪中，让其躺下，在他头顶上播放各种电影，有的会让他哈哈大笑，有的会让他伤心流泪，有的把他吓得心惊胆战，有的让他怒发冲冠。当他看到这些不同的画面时，便会产生不同的情绪。这时研究人员对其全身血液进行扫描，结果发现，人只有在快乐的时候，血液循环才是最为均匀的。

正常情况下，血液因红细胞的存在而呈现红色。当人哈哈大笑时，由于血液循环通畅，心肺功能活跃，面部表情丰富，此时血液聚集，扫描图会呈现黄色。而当人生气时，血液大多数会流向上半身。比如，我们和另一半吵架，气得恨不得扇对方一巴掌时，就是血液聚集在上半身，这会导致某些部位缺血，循环不畅。

人体的血液占身体体重的7%～8%，若血液分布均匀，全身都是暖乎乎的；如果只分配到上半身，腹部就会能量堆积，下半身就冷得哆嗦起来。血液的重要作用是为全身输送营养和氧气，如果五脏六腑过量聚集能量，其他地方能量就少了，能量分布不均衡，人就容易生病。尤其是女性，当你生气、害怕、伤心的时候，子宫和卵巢就容易生病。

因此，想要和他人好好沟通，首先要管理好自己的情绪，重视自己的身体，实现与自己的五脏六腑良好“合作”，和自己和解。

语言暴力会伤人。在这个案例中，妈妈与孩子沟通时，存在语言暴力攻击。当我们对孩子大吼大叫时，其实就是一种语言虐待，而语言虐待同样属于暴力行为，会给孩子带来很大的心理创伤。

哈佛大学的研究表明，语言虐待可能比其他形式的虐待具有更持久的影响，因为它往往更隐蔽、更持续。密西根大学的研究也指出，当人在受到语言暴力攻击的时候，大脑的神经系统中情绪疼痛的反应区域与身体疼痛的反应区域极为相似，神经系统感受到的疼痛级别几乎相同。在上述案例中的妈妈，也许她觉得自己在辅导作业，是为了孩子好；但是孩子生出了不好的感受。妈妈的一连串反问，就像沟通中的隐性攻击，会给孩子留下心理阴影。其实，语言的攻击力，有时候比身体伤害更具威力。

所以说，沟通的本质是合作，合作的前提是亲密感，若想要达到良好沟通，就要带着不伤人伤己的原则，和对方踏入同一条“河流”，彼此靠近，好好说话。当你想生气的时候，时刻记住爱自己，爱自己的心肝脾肺肾；当你想要语言攻击对方的时候，不断提醒自己要爱别人，别用语言伤害孩子。请永远相信，爱，才是沟通的最好状态。

好的沟通，应该是让父母和孩子都能看见彼此

最近我读到一个故事，忍不住想分享给各位家长。一位妈妈和女儿一起吃饭，妈妈问女儿：“欣欣，吃完饭是去公园

还是逛商场啊？”女儿脱口而出，反问妈妈：“这么冷的天，谁会去公园啊？”听了这话，妈妈有点不太舒服，非常直接地对女儿说：“你说话的方式让妈妈很不舒服。”女儿没有意识到问题所在，问：“这种方式是哪种方式？”于是，妈妈让女儿问自己一个问题。女儿说：“妈，我作业本呢？”妈妈立刻来了三个灵魂反问：“你不会自己找啊？我又不是万能的？我哪知道在哪儿？”然后，女儿表示：“好吧，我知道了。”妈妈继续说:“现在才知道吗？早干嘛去了？”

妈妈告诉女儿：“你看，这种习惯性反问是不是特别讨厌？有时候你爸也是这样，明明一个简单的答案我们就能结束对话，却非要用反问句来噎对方，看似给了答案，实际上表达的却是不耐烦和轻视，让对方瞬间失去沟通的欲望。我们不要低估语言的杀伤力，再深的感情也经不起这种一次次的隐性攻击。”

看到这里，我忍不住为这位智慧妈妈的教育方式点赞。确实，家人之间看似不经意的语言攻击，虽说每次都不算严重，却如同悄无声息的蛀虫，一点点啃噬着我们与家人之间那根珍贵的情感支柱。

这个故事传递的精神内核，也令我不禁陷入反思。真正优质的沟通，应该是让父母和孩子都能在交流中看见彼此。

就像这位智慧的妈妈，在和孩子沟通的过程中，既能大胆展示自己，让女儿看见她的想法，又巧妙地引导女儿，使其意识到自身在沟通中存在的问题。

但现实中，不是所有沟通都能像这位妈妈一样智慧而顺畅。不过别担心，只要掌握了沟通的底层逻辑和底层密码，人人都能进行好好的沟通。

我总结了亲子沟通的五个密码：一是确定亲子现状；二是能站在对方的角度看问题；三是能正确理解对方的情绪；四是愿意倾听并尊重对方的感受；五是有效地自我表达。我们将用这五个沟通密码，来攻克亲子沟通的本质难题。

确认亲子现状是亲子沟通的首要前提，这也是我们接下来要重点探讨的内容。在此之前，得先深入认识关系。我们可以把亲密感和沟通依据亲疏程度划分为三种关系、五个层次。亲密感的划分是以自己为中心，由内到外，分别是亲密关系、一般关系和疏远关系。而沟通的五个层次则依次为：打招呼、说事实、聊看法、谈感受和敞开心扉。

疏远关系，基本就停留在打招呼这个层面。比如看到一个人，顺便寒暄几句“吃了吗”“今天真冷啊”“你在忙啥呢”，这类对话通常发生在初次相识的人之间。一般关系包含说事实和聊看法。比如，一起讨论某个明星离婚了，双十一买啥，同事、普通朋友之间常聊这类话题。亲密关系则在此基础上上升了一个维度，包含谈感受和敞开心扉，亲子关系和夫妻关系就属于亲密关系的范畴。

我们讨论的亲子沟通，正是亲密关系中的一环。比如，我受了委屈，不开心，无助了，可以打电话给女儿倾诉。她的爸爸爱喝酒，我劝不了，心里又气又失落，就会找女儿倒苦水，女儿也会安慰我。

当我们无助、没有安全感的时候，需要寻求一个温暖的港湾，作为我们的精神栖息地。这时候和谁说话最安心？无疑是身边亲密的人。有了足够的安全感，人就更愿意敞开心扉，把心底的话一股脑儿地说给亲密的人听。这种沟通本质上包含倾诉者对倾听者的信赖和信任，所以作为倾听者，一定要用心“看见”对方，才能不伤害对方。

举个例子，当孩子在学校受了一些委屈，物理考试考了98分。回到家，他跟你诉说不开心，考试考了98分。此时你是表扬他，还是泼冷水呢？是说：“宝贝真棒，比上次进步了6分哇，太厉害了！”还是说：“为什么不考100分，那2分是不是因为粗心？”乍一看，好像表扬的答案不错，但其实这两个答案都没戳中孩子的心坎。因为你只看到成绩，而没有看到他的情绪。此刻，我们应该是抱抱委屈的他，询问他受了什么委屈，关心的是他的伤心难过，而非成绩本身。只盯着成绩，就如同和孩子不在同一条“情绪之河”，根本无法实现有效沟通，更别提解决本质问题了。

从一开始，我就反复强调，为人父母这件事，没有现成的教材可供学习，而且一旦“上岗”，就是一辈子的责任，无法中途“下岗”。所以，不光孩子要成长，父母也要不断成长。在沟通中，最大的成长源自反思。或许一开始，我们和孩子不在一个沟通频道，但是随着不断反思、学习，终将有一天，家长能和孩子踏入同一条“沟通之河”，真切地看见彼此的诉求与需要。

从前我和我爱人的沟通也总是不在一个频道，我性格比较理性、干脆，他则是比较感性。他有个爱好是写诗，我们结婚三十多年，他每天早上四、五点就会爬起来写诗。

起初，我不太理解他，总觉得他这习惯有些“折腾”。但随着时间推移，我渐渐发现，因为热爱写诗，他对生活的观察细致入微。天上下雨，他会静静地站在窗前，聆听雨声，捕捉灵感；我们出去旅游，他能在一棵树前驻足许久，感受生命的年轮。过去，他沉浸在这些事里时，我总是无情地打断他，催他赶紧一起做家务，或者去忙其他正事。他也总无奈地说：“咱俩不在一个频道。”

随着婚姻生活的推进，我不断成长，我渐渐理解他，走进他丰富的精神世界，才发现我爱人非常有才华。现在我也开始学着互相理解，换位思考。偶尔周末在家，我们还能聊聊诗歌。他也渐渐看到我的不容易，积极参与家务，把日子过得和和美美。

这，就是“被看见”的价值。当彼此在沟通中“被看见”时，就如同两块带有磁场的磁铁，只要同处一个磁场，自然而然就能相互吸引、靠近。在亲子关系中，孩子和我们的年龄差距、认知差距比较大，作为父母就更加需要时刻警醒：我是怎样的一个人，在怎样的原生家庭长大，对孩子有什么样的期待？只有对自己有一个客观、中肯的认识，才能真正看见自己，进而看见孩子，也让孩子能够清晰地看见我们。

面对孩子的不听话：先拉近关系，再提要求

当我们解锁了亲子沟通的五个密码中的第一个密码时，会惊觉在亲子沟通的旅程中，问题并不只出在父母一方，孩子也会给沟通带来挑战。也许父母愿意好好与孩子沟通，但是因为遗传、教育等因素，孩子可能表现出不听父母话，不

愿意沟通，该怎么办呢？既然是沟通，关键就在于要和孩子处在同一条“情感与交流的河流”之中，巧妙引导，让孩子这条“小鱼”不再扭头就跑，而是慢慢朝着我们游来，这时再提出要求，才更有可能被接受。

接下来，我们就围绕着“如何让这条小鱼游向我们”这个问题，一一解锁亲子沟通接下来的三个核心密码，一起探寻亲子沟通的艺术。

一、用三个沟通密码，拉近你和孩子的关系

1. 能站在对方的角度看问题

有个很有趣的小游戏，能一下子揭示出我们人类常常自以为是的小秘密。这个游戏就是“人字游戏”。找个人和你一组，两人都伸出双手食指，比画出一个“人”字。这是一个心理学实验，我们自己看到是“人”，别人看到是“入”的概率高达 85%。

这说明了什么呢？弗洛伊德的潜意识分析显示，我们的思维习惯都是以自我为中心的。也正因如此，我们在做事、思考的时候，很容易掉进思维陷阱，和他人产生矛盾。能站在对方角度考虑问题，是培养同理心的基础和前提。

既然人的潜意识里是以自我为中心的，能站在别人的角

度看问题，必定是后天修炼出来的。而且修炼过程既漫长，又得随时随地刻意训练。所以，一开始我们站在自己的角度看问题，这是正常的，是人的本心驱使，不必怀疑自己。毕竟人要先考虑自己，才能更好地生存，这是生物进化的正常现象。这么看来，自私是常态，而利他这种高尚品质，则需要我们用心去修炼。

具体该如何修炼呢？不妨多做一些多维视角的观察和思考训练。比如，找一幅从不同视角可以看到不同图像的画，从不同角度认真观察，并记录下自己看到了什么，想到了什么。或者经常带孩子一起看画展、看电影，看完后和孩子交流，彼此分享自己都看到了什么，有怎样的感受。只要反复训练，刻意练习，渐渐地，看事物时视角切换就会成为我们的一种习惯。

站在对方的角度看问题，本身是很难的一件事，如果对方的想法跟“我”不一样，也是需要接纳的。通过视角切换观察、思考，不仅可以解决亲子沟通问题，还能帮我们攻克生活中更高维度的难题呢，因为这其实是一个认识自己、理解他人、洞察世界的宝贵过程。

2. 正确理解对方的情绪

正确理解他人情绪是非常难的，往往明心才能见性。《庄子·秋水》中提道："子非鱼，安知鱼之乐。"很多时候，情绪产生的原因，只有当事人自己才知道。

通过语言准确判断情绪。举例来说：小东的成绩一直比较优秀，但他最近有点消沉，放学后，小东和妈妈聊天。

【情境一】小东说："我用了整整一周时间复习，但这次数学成绩真头疼，出的什么破题！"小东的意思是什么呢？

很显然，是在抱怨。这时候妈妈该怎么做呢？认同孩子，和他一起抱怨，拉近和他的关系，要避免脱口而出说："拿卷子过来我给你看看！"这样，妈妈与孩子就不同频了。由此可见，准确判断情绪非常重要。

【情境二】小东说："唉！我用了整整一周的时间复习，也不知道怎么搞的，数学成绩还是没有提高，唉！"小东又是什么意思呢？

这时候的情绪就是无奈。家长可以不说话，让他自我消化，不需要去安慰。

【情境三】小东说："说来也奇怪，我用了一周时间来复习，可成绩还是不高。"小东的意思又是什么呢？

这就是想要征求建议了，低落的情绪不多。作为家长就可以给一些中肯的建议。

所以，根据孩子的语言和语气准确判断他的情绪，是家长经营良好亲子关系的必修功课。

3. 愿意倾听并尊重对方的感受

这一点在亲子沟通中也是重中之重。仔细阅读下面的案例，如果是你，你会如何说？

早上突然下雨，十岁的儿子刚要出门。妈妈说：“带上雨伞啊，要不然又感冒了。”儿子回答：“没事，我一下子就跑到啦，拿个伞麻烦死了。”接下来，如果你是妈妈，你会怎么说呢？

我相信，有的妈妈会关心则乱，苦口婆心劝孩子，“你还是带上吧！”或者“要不你换成雨衣？”实际上，妈妈这样的关心就是没有倾听并尊重孩子的感受。孩子觉得麻烦，不想带雨具，妈妈既然听到了，就要尊重他的选择。正所谓，“人教人，教不会，事教人，一次就会”。这次淋湿了，感冒了，自己打针吃苦头了，下次大人不提醒他，他也会主动带雨具。

之前提到“操控权”的问题，我们要给孩子自主做选择的权利。既然家长听到了孩子的感受，就选择尊重孩子。毕竟，真正能让人成长的，往往不是他人的劝诫，而是自己碰壁后的切身体会。

比如，孩子去学校忘了带作业，妈妈要时刻牢记——“我们是妈妈，不是保姆”，不要着急给他送作业。实际上，一天不交作业不会怎么样，孩子顶多会被老师批评或略施惩戒，这样的经历会让他长记性。小时候犯错的成本很小、收获很大，会让他受益终身。我们想要做好父母，只要愿意倾听并尊重孩子感受即可。

解锁以上三个沟通密码，我们就能慢慢拉近和孩子之间的关系与距离，让亲子沟通变得更加顺畅。

二、如何恰如其分地提出要求和期待

我曾经看过一个视频，视频里的那位妈妈，简直就是我心中的榜样，我多希望自己也能成为她那样的妈妈。她让我领略到了什么是“人性时刻”，那就是全神贯注地关注孩子，在非言语方面与孩子保持同步，始终传递积极乐观的情绪。

这位妈妈有一个儿子，在一次足球比赛中，儿子摔倒了，所在的球队也输了。妈妈反问自己：“我是最差劲的妈妈吗？”比赛结束后，她找到教练，询问儿子表现如何。教练说：“不错，他看起来很有决心，但是基础不是太好，头球技术基本为零。”

到家以后，妈妈在厨房忙碌，看到儿子很沮丧，她调整好状态，用微笑的神情和积极的态度，告诉儿子，自己和教练沟通过了，教练说："你一直很努力，在这之前，你都完全不会用头顶球呢？但是你现在都时不时做到了呢。"儿子听到妈妈的话，看着妈妈的微笑，也不自觉舒展了眉头，开始微笑。她告诉儿子，只需要努力一点点就够了。不一会儿，儿子不见了，他竟然主动练起顶球。

又是一次训练，儿子在足球场再次摔倒，鞋带都散了，训练结束后，他跑向妈妈，妈妈看着他磨破的膝盖，心疼地问他："疼吗？"儿子说："我追不上其他人。"妈妈低下头温柔地给儿子系鞋带，并告诉他："没关系，你只要努力超过你前面那个人就好了。"接下来的时光，儿子拼命奔跑，努力练习球技，为下一次比赛做准备。

第三次参加比赛时，儿子又摔倒了，但是迅速地爬起来，在妈妈鼓励的动作和眼神中，他赢得了最后一个球，球队胜利了。这位妈妈说："我并不是要我的孩子拿第一，而是希望他每天超越自己一点点。"

我们每一位家长，都可以向这位妈妈学习。当我们和孩子沟通的时候，要全神贯注，语音、语调、手势也要做到和孩子保持同步，更重要的是，我们的内心要足够安宁、平和和乐观。作为家长，我们就是孩子成长的周围环境，只要我们保持积极乐观，就能潜移默化地影响孩子，让他们也变得积极乐观。

在向孩子提出期待这件事上，不妨秉持“降低预期，都是惊喜”的原则。我们保持着平和的态度，只期望孩子每天进步一点点，降低孩子努力的难度，也许会收获意想不到的巨大惊喜呢。

不要惧怕亲子冲突，重心在于冲突后的积极修复

在家庭生活的舞台上，亲子冲突就像一场不期而至的暴风雨，常常搅得家中氛围紧张压抑。比如父母和孩子常常在某些时刻突然“开火”，脾气如脱缰野马，话语似利箭，互不相让。从心理学角度来讲，这其实是双方的自我表达在激烈碰撞。当家长面临亲子冲突时，也不必战战兢兢，而应将目光聚焦在冲突后的积极修复上。接下来，我们可以继续解锁亲子沟通的五个密码中的最后一个密码：有效地自我表达，探寻化解亲子冲突的良方。

在沟通这场微妙的博弈里，细节起着举足轻重的作用，

恰似精密仪器中的关键零件，少了它们，沟通的顺畅运转便会大打折扣。一般来说，有三点细节我们务必留意：其一，怎么说比说什么更为重要。想象一下，若总是用错误的沟通方式，却还满心期待收获良好的沟通效果，就如同缘木求鱼，注定徒劳无功。其二，效果比道理更具价值，我们可以否定事情的结果，但别否定孩子的态度。其三，表扬和鼓励的力量远胜于批评指责，常把“你别着急”“我能理解”这类温暖的话语挂在嘴边，就像冬日暖阳照亮孩子的心房。

细节往往决定成败，这些细节值得重视。

我曾担任过语文老师，因此十分清楚学好语文对孩子的深远影响。每次在认识一批新的孩子时，我都会送他们这样一句话：“拳头可以打断一个人的骨头，语言可以穿透一个人的灵魂。”

当我们和孩子沟通时，一定要意识到，即将说出口的这句话，究竟是如春风般温暖的良言，还是似寒霜般冰冷的恶语；是充满力量的鼓励，还是令人沮丧的打击。无论是口头之言，还是书面之语，它们都宛如一把双刃剑，拥有穿透灵魂的强大力量。

语言作为主要的沟通工具，具备三个关键特性：一致性、接受性和坚定直率。用通俗易懂的话来讲，良好的沟通就是：

不要告诉我，你不是谁，或者你反对什么；只要告诉我，你是谁，你的立场是什么。“良言一句三冬暖，恶语伤人六月寒。”我们要学会积口德，多留善业。

在家庭关系中，我们不难看到这样的场景：父母一旦脾气上头，嘴里蹦出的话语仿佛带着熊熊火焰，每一句都似锋利的刀刃，能将他人的灵魂无情撕碎。

语言的一致性、接受性和坚定直率看似是学术术语，但是可以照进现实。比如，踢足球小男孩的妈妈就是亲子沟通的优秀典范，她的沟通方式是教科书级别的。面对教练说孩子基础差，她没有否认孩子，而是温柔地说：“你之前不会，但是现在会一点点了。”整个沟通过程，她的手势、眼神与微笑相互配合，此刻从她口中说出的话语，就像黑夜里的明灯，为孩子照亮努力的方向。这种语言与非语言动作的完美统一，便是语言一致性的生动体现。

而语言的可接受性，在她身上也展现得淋漓尽致。她并不要求孩子拿第一，只要超越前面那个人就足以，没有不切实际的贪心和背离现实的期待。当孩子摔倒的时候，她没有立刻冲过去抱孩子，而是鼓励他站起来，坚持向目标冲刺。

与之形成鲜明对比的，是河南卫视节目中那位辅导孩子时怒气冲冲的妈妈。她没有对孩子表达爱和善意，无论是语言还是动作，都满是厌烦、不信任与嫌弃，孩子自然感受不到被认同，就如同逃离冰冷河流的鱼儿，对她的沟通选择拒绝，远远游离。

想要实现良好沟通，我们要认识一下“55、38、7”原则。就是在语言的沟通中，55% 是肢体语言，38% 是语气语调，真正说出来的话仅仅占比 7%。这就提醒我们，良好的沟通需要建立在你是一个生动立体的人的基础之上。所以，我们一定要学会好好爱自己，管理好自己的情绪，呵护自己的心肝脾胃肾，始终保持安宁平和的表达态度。

良好沟通的影响因素，一是肢体语言，二是语气语调。

语言伤人往往悄无声息，一个不对的语气语调，便能如重磅炸弹般击溃他人的灵魂。有个学生曾跟我讲过这样一件事。有一次，他们一家三口在小超市门口等人，听到另外一家三口的聊天，小男孩蹦蹦跳跳，他的爸爸怕他踩到水坑(前一天下雨了有积水)，说：“能不能安分点儿走路？”态度非常凶。男孩妈妈不高兴了，说爸爸：“你说话不要这么凶！”爸爸更急了，“你平时怎么教育孩子的？走路都不好好走！”然后两人就大吵起来。

通过这个案例，我们能清晰地看到：首先，当我们说话习惯用“你”作为主语时，话语里常常不自觉地带着指责和埋怨的味道。其次，下意识地使用反问口吻，就像隐藏在暗处的暗器，极易给对方造成隐形攻击。

如何解决这方面的沟通困扰呢？不妨采取“我”式表达。当有情绪时，可以用“我感到/我觉得（情绪词汇）……”“因为（事情的经过和结果）这让我（描述对自己产生的影响——情绪、行为）……”等。

比如，“我感到生气，因为你当着我朋友的面说我被禁足了，这让我很难堪，我再也不想带朋友来家里了”。这种表达方式，既能清楚地表达自己的情绪，又能表明态度。把话拉长了说，就像给情绪的野马套上缰绳，能有效控制情绪，避免冲突爆发。

显而易见，用“我”是表达自我，用“你”是指责他人。在沟通中，我们可以合理表达情绪，但千万不要肆意发泄情绪，唯有如此，才能做到不伤人不伤己，这是沟通的原则。

我们再次强调：你的语言决定了你的影响力。在日常生活中说话，我们要时刻思考语言背后的目的是什么。是让家庭生活和和美美，还是要搞得家中鸡飞狗跳？一定要先明确目标，确定好后再考虑说话的形式，是该急着说，还是慢慢讲。

除了语言表达，非语言表达同样不可忽视。人的肢体语言有着至关重要的作用，它是沟通中不可或缺的一部分。国外有一个典型的实验。以四个人为试验对象，其中两个人自信大方地站着，两个人随意地坐着，大约两分钟后，从他们的嘴里提取出一部分唾液，送到实验室作为化验对象。之后把他们四个人送去赌场，还是两人坐着，两个人站着。你猜是站着的容易赢钱，还是坐着的容易赢钱呢。答案是站着的。之后，实验室对唾液进行化验，发现站着的人实际上睾丸酮分泌偏高。

睾丸酮是什么？它是一种激素，支配荷尔蒙，睾丸酮分泌之后我们就会觉得全身有力量。睾丸酮上升的时候会伴随着另外一种激素下降，它叫可的松，也叫压力荷尔蒙。而坐着的人容易状态不佳，正是因为压力荷尔蒙的上升所致。这其实就是哈佛商学院的副教授埃米·卡迪（Amy Cuddy）所做的一个非常有影响力的研究，这项研究的结论就是“Power Pose”理论。

“Power Pose”，中文意思就是有力量和有能量的姿势。这个实验的结论就是，身体会改变心理。如果你昂首挺胸走路，就会越来越自信，因为此刻你的支配荷尔蒙分泌增加；如果你总是垂头丧气地坐着，会让你的压力荷尔蒙分泌增加，让你越来越沮丧。接着，心理就会改变行为，行为自然会改变结果。这一结论意义深远，意味着父母的行为比父母本身更为重要。

当孩子很小的时候，家长就要引导他有一个正确的体态，并不是为了虚荣心，而是为了让孩子自信从容，修炼气场。大人也要以身作则，走路要抬头挺胸。在学校里，霸凌和被霸凌都是令人很头疼的问题。父母想要未雨绸缪，避免孩子遭遇此类问题，从小就要注重培养孩子的内在气场，别让孩子表现得像个受气包，不散发弱者磁场。在这种潜移默化中，孩子自然会逐渐变得强大。

从心理学层面，要保持人格的完整与和谐，做到不伤人不伤己，维持良好的人际关系，孩子需要学会适度地表达和控制情绪。家长都希望孩子能成为理性与感性完美结合的人，那么家长自身首先要做到既能好好说话，又能用正当行动为自己说过的话负责。正如古人所言：“父爱则母敬，母敬则子安，子安则家和，家和万事兴。”这就是幸福该有的模样。

对孩子少些预设，收获的全是惊喜。

原则七

生活处处皆教育——生活里的点滴，就是亲子教育最好的教材

明确教育中的位置与出发点，思索想奔赴的生活及爱孩子的方式。如此，爱才是孩子的力量源泉，而非痛苦枷锁。

好的家长，只会“影响”，不会“说教”

在家庭生活的小剧场里，每天都可能上演这样的“剧目”：孩子做事像蜗牛般磨磨蹭蹭，本该充满活力的童年，却早早被手机勾住了魂，一发脾气就对着门“大打出手”……家长一边头疼，一边唠唠叨叨：“你赶紧呀，再不快点就来不及了；不要玩手机了，小心眼睛近视；生气就生气，你干嘛砸门……”

当我们把目光从这些日常片段移开，切换到生活全景时，就会发现一些惊人的真相。磨蹭的孩子背后，要么有磨蹭的父母，要么有包办一切的爷爷奶奶。对手机有依赖的孩子背后，可能是父母下班回家吃完饭后，就在沙发上一人抱着一个手机刷视频。孩子生气砸门，则往往是父母吵架后，父母其中一方也是如此操作。因为有了父母的“榜样”在前，才让孩子如法炮制，复制操作。家长自己的行为习惯不佳，缺乏自我约束，却只对孩子唠唠叨叨，这样的教育方式，就像对着空气打拳，收效甚微。

教育，绝非一场高高在上的命令式指导，而是一场润物无声的滋养。正如陶行知先生所言："生活即教育"，父母的一言一行、一颦一笑，都是孩子眼中最生动的教材。若父母企图单纯依靠说教来改变孩子，往往事倍功半；而以身作则，用行动传递价值观，孩子则会像照镜子一样，自然而然地跟着学习。这种潜移默化的影响力，才是教育的核心奥秘。所以，在着手教育孩子之前，父母更应先审视自己，明确自己想要成为怎样的人，秉持怎样的人生信念，如此才能真正地践行"影响"式教育，而非空洞的"说教"。

一、镜像神经元：孩子是天生的模仿者，父母要成为好范本

还记得去亲戚家探望刚满月宝宝的情景，小家伙在我怀里甜甜地笑着，我朝他吐舌头，小宝贝虽然还吐不了，但那"蠢蠢欲动"的嫩嘟嘟的嘴唇，仿佛在一次次地告诉我，"我也会吐舌头哦"。那一刻，我真切感受到了孩子与生俱来的模仿本能。

1988 年意大利科学家贾科莫·里佐拉蒂（Giacomo Rizzolatti）团队在研究恒河猴前运动皮层时发现，当猴子执行抓握动作（如拿食物）时，某些神经元会被激活；更意外的是，当猴子观察实验员或其他猴子执行相同动作时，同一批神经元也会被激活。这些神经元被命名为"镜像神经元"，

这个研究揭示了动作观察与执行的神经关联。

人类大脑中的“镜像神经元”决定了我们天生具备模仿能力。孩子从出生起，便能通过观察父母的言行来构建自己的行为模式。可以说，模仿是孩子天生的能力。

当我们觉察到孩子有极强的模仿能力时，就会明白，教育孩子这一人生课题，不再是单方面对孩子提要求，而是要对自己提出更高的标准，因为我们就是孩子成长路上的“参照物”。我们要思考：我们为什么活着？想成为怎样的一个人？想拥有怎样的家庭？想培养哪些好习惯，改掉哪些毛病？我们在厨房做饭时，是抱怨油烟味太浓，还是哼着歌曲享受烹饪的乐趣？和另一半吵架后，是怒气冲冲离家出走，还是冷静下来共同解决问题？

一切生活化的场景，不再仅仅是日常琐事的简单选择，而是一面面“教育照妖镜”，清晰地映照出我们的行为对孩子的影响。它们时刻提醒着家长：生活处处皆教育，我们看待世界的眼光，决定了孩子眼中世界的模样。

当然，为人父母，没有人能做到十全十美。想要成为孩子心中的优质榜样，我们需要借助反省的力量，一步步修正自己。

曾子曰：“吾日三省吾身：为人谋而不忠乎？与朋友交而

不信乎？传不习乎？”从家庭幸福的角度来说，人生就是一场修行。当我们觉察到做得不好的时候，不妨学习曾子，每日反思自己的行为。

古往今来，无数圣贤以身为范，为后世留下了宝贵的教育范例。“晚清四大名臣”之一的曾国藩，出身平平，科举之路也异常艰难，考了七次才中，然而就是这样一个看似愚笨之人，却利用自身的智慧，每日勤勉自省，成为晚清重臣，并用一千多封家信，让曾家十代出了两百多个人才，无一个败家子。由此可见，父母以身作则、行为端正，子孙自然更容易走上正道。

二、统一战线：家庭是价值观的“共生土壤”

有一位妈妈曾向我倾诉她的育儿烦恼。在育儿这件事上，老公家人总是扯后腿，孩子不爱吃饭，她想让女儿自由发挥，结果爷爷奶奶一会儿怕弄脏小孙女的漂亮衣服，一会儿担心她自己吃不了，饭全洒了，会饿肚子……于是奶奶就拿出手机，一边哄一边喂。作为儿媳，她很多次都想和孩子的爷爷奶奶沟通，但是话到嘴边，又咽了下去。她自己和老公工作都很忙，平时爷爷奶奶带孩子的时间多，生怕一个不小心，哪句话说错了，爷爷奶奶撂挑子。看着女儿被惯出一身毛病，自己却无力干涉，她满心痛苦与无奈。

其实，不只是爷爷奶奶和儿媳之间，甚至夫妻双方，都有可能存在不同的育儿理念。这时候，就非常考验我们妈妈的智慧了。教育绝不是单打独斗，而是需要全家人达成共识。此刻你要怎么做，才能让家庭成员统一战线，用同一种价值观教育孩子，是非常需要智慧的。

此前，我讲到沟通要同频的问题，除了家长和孩子的沟通要同频，家长和上一辈之间、夫妻双方之间的沟通，也需要同频。只有处在同一个“频道”，才能实现良好的沟通。

那么，具体该怎么做呢？在教育女儿的路上，我几乎没有拦路虎，这得益于我巧妙运用了女性的智慧。为了让婆婆安心，我每天都毫不吝啬对她厨艺的夸赞，耐心倾听她的唠叨，甚至主动将工资交给她打理。婆婆的价值感得到极大满足，对我做的很多事情都非常支持，和我统一战线。当我说要带女儿跑步时，她没有说：“孩子太小，怕累着，怕摔伤了。”而是表示大力支持。在我们全家合力之下，我的育儿之路轻松了许多。

我想给天下的妈妈一些建议，如果有些事情实在难以沟通，千万不要引起冲突。可以一边给公公婆婆送礼物，给到情绪价值，一边找丈夫作为中间人，从中斡旋。沟通没问题后，可以分三步走：首先，家里可以定期召开家庭会议，不同的辈分做好本职工作，不越界干涉。其次，重要的事情，可以让每个家庭成员参与，共同决策，进行规则制定，奖惩制度设立。最后，必要时可以借助第三方权威，比如德高望重的亲戚、孩子的老师，让长辈信服。

一位妈妈曾借鉴了我的方法，通过家庭会议决定让孩子参与家务。如今，孩子不仅能独立炒菜，还可以拖地洗碗。看着越来越有责任感的儿子，她感慨地说："教育不是控制，而是用行动证明责任的意义。"

三、成为管理型家庭，践行温柔而坚定的教养之道

想要成为影响型父母，我们就要在坚定信念、统一战线、目标一致的基础上，构建管理型家庭。一个孩子来到一个家庭，我们一方面要对他进行管教，给他定规矩、立原则，告诉他什么能做、什么不能做，这是要求性，即支配程度；另一方面，我们又要爱他、哄他、冲着他笑，这是反应性，即温情程度。

基于此，美国心理学家戴安娜·鲍姆林德（Diana Baumrind）1978年的研究将家庭教养方式分为四类：权威型（民主型）、专制型（控制型）、放任型（溺爱型）、忽视型（冷漠型）。其中"权威型家庭"以"高温情+高规则"为特征，被证明最能培养出独立、友善的孩子。

基于这个概念，我们就知道“放任型家庭”就是低规则、高温情。孩子磨磨蹭蹭没有准时睡觉，父母还是笑脸相迎。“忽视型家庭”就是低规则、低温情。家长对孩子没有规则要求，同时也不会投注太多关心，最典型的例子就是“丧偶式育儿”，孩子一周见不到爸爸几次，爸爸也不关心孩子。“专制型家庭”就是高规则、低温情。父母什么都要管，什么都要插手，规则很高，缺乏基本的关心，令孩子觉得压抑。

优秀的父母，是既能制定合理的规则约束孩子的行为，又能给予孩子真挚的爱。诚如《正面管教》描述的那样——温柔而坚定。

根据社会学、心理学、教育学等诸多学科的长期研究，权威型的家庭培养出来的孩子成绩好、负责任、友善且自立自强，各学科的研究结论惊人地一致。所以作为父母不能单纯地去教育孩子，而要通过自身的影响力，为孩子点亮成长的明灯。

教育，不是把孩子雕琢成千篇一律的模样，而是点燃他们内心的火焰，激发他们的潜能。若父母活成一棵根系扎实、枝叶繁茂的大树，孩子自然会在树荫下茁壮成长。一流的生活不是富有，而是觉知。唯有带着这份觉知生活，才能让孩子在生活的点滴中，看见生命的熠熠光辉，向着美好的未来大步前行。

利用“角色扮演”，让孩子掌握处理事情的方法

亲爱的家长，当我们还在为如何向孩子传授生活的道理而绞尽脑汁时，不妨转换一下思路。大人常常喜欢在游戏世界里放松身心、寻找快乐，其实孩子也一样，他们对游戏式的学习情有独钟。下次，当你又打算给孩子苦口婆心讲大道理的时候，不妨试着和孩子来一场别开生面的角色扮演。让孩子在这充满趣味、如同游戏般的体验中，深入生活、积极互动，自己去发现问题，主动探索解决问题的方法。相信我，这种方式往往比单纯的说教要管用得多。

一、角色扮演对认知的提升

我曾有过一段特别有趣的经历，跟着上大学的女儿参加了一场保险公司举办的游戏。当时女儿刚好在这家公司实习，心血来潮带家人一起体验了一场“财富人生游戏”。

游戏是这样的，先假定 22 岁大学毕业后，我们的人生目标就是找工作、结婚、生育、买车、买房、教育子女、退休

这几件大事。分好角色后，负责人会给每个人分发一千元游戏生存金。随着音乐声响起，在很短的时间里，就可以迅速体验到工作、结婚生子、买车买房、直到退休的一生。

这是一场根据自己的人生节奏前进的游戏，非常具有真实感：

我生活的年代和今天很多年轻家长的年代相比，可能有点不一样。我大学毕业时，工作是包分配的。毕业后不用自己投简历找工作，也不用买车买房，单位会分房，上班走路就能到，这导致我刚工作那几年，丝毫没有理财意识，也没有攒什么钱。到了三十多岁，我面临换工作的同时，又要去读研，其间还遇到同学的妈妈生病，我又把积蓄借给了对方，这时候才突然意识到，赚钱和健康的重要性。可是，这时候游戏系统提醒我，年龄比较大，身体健康不允许，不让我继续上班赚钱。

如果大家去保险公司买过保险，就知道，销售人员一般都会给我们讲人生规划，用一句话阐释人生就是“挣钱一阵子，花钱一辈子”，花钱多的时候，往往是没有能力挣钱的时候。就像我，刚工作那会儿没有财富管理观念，结果等到着急用钱时，却发现没有钱了。

这场游戏给了我深刻的启示：当我们赚了钱之后，一定要合理分配，除了满足基本的生活开销，还得拿出一部分存起来。同时也要珍爱健康，没有健康，就算有再多的钱，也什么都做不了。年轻的时候，要趁早学会去规划人生，要在精力充沛的时间里，努力为自己创造最大的价值，才能在退休后拥有比较健康幸福的生活。

这场游戏让我陷入了深深的反思：到现在为止，我们有明确的人生目标吗？这些目标是世俗既定的，还是我自己主动选择的呢？如果人生就是一场投资，我们是主动地去规划，还是被动地等待呢？

不只是我，参与游戏的每个人，都从这场“沉浸式”体验的虚拟游戏中走出来，思考自己现实中的状态，认真考虑自己之后的工作和生活走向。原本在大学期间一门心思只读圣贤书的女儿，在游戏结束后，对于人生这类大话题的认知有了升级，开始规划自己的学业、工作和家庭的蓝图。

我认为，这种角色扮演对于家庭培养是一件好事，它可以让一家人进入同一个场景，同一个圈子，领悟不一样的人生，从而增加对于人生的理解和思考，颇有“实践出真知”的感觉。

二、家庭成员实践的重要性

不知道你有没有读过《小狗钱钱》这本书，书里把人生的重心分为：个人健康、学习成长、家庭生活、工作事业和社会交往几个方面。在我看来，个人健康在人生中绝对是占据首位的，它既是生活的基础，也是生存的保障，既关乎身体，也涉及心理。没有健康，我们根本做不了别的事情。所以，基于这个认知，我们要不停切换角色，从不同角度去看待人生这个宏大的问题。

我特别喜欢的家庭状态是：家人闲坐，灯火可亲。

我记得，女儿上大学后，有一次离开家之前，突然提出邀请我和她爸爸去看电影。电影结束后，她主动挎着我的手，我又挎着她爸爸的手，我们一家三口亲密地走在马路上，快乐地聊天。我知道，女儿能和我们如此亲近，离不开我们和她小时候经常玩的游戏——角色互换。

在女儿上一年级的时候，她认识的字不算多，某天放学，我在家里给学生批改试卷，她刚好拿着作业来找我签名。我说："妈妈忙着批改作业，没有空。"她却像个小大人似的，说她帮我批改作业，我给她的作业签名。

刚开始我担心她做不了，但是觉得尝试一下也不错，就让她试试，没想到居然做得有模有样。当然，她批改后的试卷，我还要重新复核。

后来，我女儿就爱上了当小老师的感觉，帮我批过很多年卷子。在这个过程中，她有很强的自我实现，和我的亲近度自然就增加了。

还有一件事值得一说，女儿日常的睡眠问题，也成了我们家庭亲子关系密切的因由。

一般来说，孩子睡前有八件套：穿睡衣、上厕所、洗手、刷牙、喝水、讲故事、躺床上、睡觉。这实际上是常规性的动作，应该是安静的、简短的、可预期的，让孩子期待的。然而在现实里，有不少父母为孩子睡觉头疼不已。在我们家，孩子能够轻松完成这些事，这里面爸爸功不可没。因为他会在睡前给孩子编一些小故事，和牙刷、牙膏、穿衣、睡觉等主题词相关的故事，让孩子自然而然地就爱上了这些行为，渐渐地养成好习惯。

在女儿的童年里，爸爸负责讲故事，妈妈负责带她锻炼。所以当女儿上学后，历史之类的学科学得非常轻松，这么多年身体也很健康，让我们很少操心。这些年，我们从没有唠唠叨叨给她讲大道理，生活的很多细节就是通过日常聊天渗透给她，对她的未来产生了潜移默化的影响。

三、做园丁而不是做木匠

从哲学的层面，教育可以分为能力训练和人格养成。我对女儿一直没有高期待，可她却在能力和人格上都成长得非常不错，让我们倍感欣慰。这就如同我们种下一颗种子，原本只是随意地放养，没想到它却绽放出了美丽的花朵，给我们带来了无比的惊喜。从女儿身上，我意识到家长在育儿理念上，要做园丁，而不是木匠，需要呵护孩子，而不是雕刻孩子。

当我们秉持这种培养意识，接纳每个孩子都是独一独二的，不再拿自己的孩子和别的孩子盲目比较时，会发现孩子也有闪光点，也是非常优秀的。我们要自觉地尊重孩子的天性，不管孩子是专注、负责任，是急性子或是慢性子，是乐观或是悲观，我们都要毫无保留地接纳，从不同的维度去影响，而不是总拿绿萝和仙人掌比较，徒增彼此的烦恼。

尊重孩子的天性，本质上就是尊重孩子的创造性，教育是浇灌不同的种子。让它们各自长成美丽的花朵，而不是拿着刻刀，把不同的孩子都修饰得千篇一律。不要像祥林嫂一样，走进一个死胡同，怎么都走不出来。

角色互换对孩子是很友好的，它可以让我们的孩子，小小年纪就体味百态人生，可以让家长和孩子都有参与感，从而对彼此产生积极影响。其实，家长都知道，真正的教育从来不在教室里，而在广阔的天地间。空间越广阔，影响元素越多，影响效果也越好。这种潜移默化、润物无声的影响，才是一个正向的循环，能让孩子在成长的道路上越走越稳，越走越远。

教育孩子，没有将来，只有此时此刻

德国作家埃克哈特·托利在《当下的力量》中提道："我们总是忘不掉过去，更担心未来，成为自己'强迫性思维'的受害者。但实际上，我们只能活在当下，活在此时此刻，过去和未来只是无意义的时间概念。我们内心真正的力量，就是当下的力量。"深以为然，人生最好的状态，便是活在当下，不沉湎于过往，不畏惧将来。

将目光聚焦到教育孩子这件事上，同样不存在遥远的未来一说，教育就在此时此刻。现实中，很多家长对孩子的生长发育知识不了解，遗憾地错过了孩子发育的黄金阶段，甚至致使孩子误入歧途，追悔莫及。

养育孩子宛如培育一颗种子，你得依据一年四季的更迭规律，投入时间与精力，用心呵护、悉心浇灌、适时施肥，它才有可能茁壮成长，最终成为参天大树。如果它不小心长歪了，而你没有及时干预、纠正，之后就很难再调整了。

教育孩子，从来不存在所谓“最好的时机”，它从孩子呱呱坠地的那一刻起，便在生活的点滴中随时随地、潜移默化地展开了。

一、生命都遵循自然发展规律

我曾开设过一门名为“家庭健康学”的课程，其中提到，人的生命具有连续性，成长发育皆遵循一定规律。人类在二十岁以前的成长发育规律，主要聚焦在大脑、身体和生殖器三方面。美国国家儿童健康与人类发展研究所（NICHD）研究表明，六岁前大脑完成约 90% 的体积增长。这期间神经元连接（突触）以每秒约七百个的速度增长，语言、运动和情感中枢初步建立，大脑对环境刺激高度敏感。因此早期教育对于认知发展起着至关重要的作用。

身体的发育排第二位，基于其发展规律，幼儿园设置的课程，就不应该是文化课，而应该是体育课、劳动课，让他多锻炼身体。

生殖器的发育则位列第三，大多聚焦在 12 ～ 18 岁，也就是家长们经常说的青春期，对这一阶段了解得越透彻，教育孩子才能越得心应手。

所以，教育的成效并非取决于未来，而是取决于孩子两岁时你做了什么，四岁时你做了什么，六岁时你又做了什么。只要你做对了，孩子自然就能健康成长。当父母了解生命的自然发展规律并遵循它时，就能知道在什么时间该做什么事。

《儿童发展心理学》对孩子做了敏感期和关键期的划分。基于这个关键期，我们会发现，孩子情绪控制能力的最佳发展期在三岁以前；而掌握语言学习能力，从出生开始就至关重要，几乎贯穿孩子 0 ～ 20 岁的成长全过程。

曾有这样一个真实案例：一个小孩很小的时候被狼抓走了，救回来的时候已经十四岁了，人们发现他根本不会说话，只能说一个词、两个词，没办法连续。因为口语发育在十一岁之前最快，一旦错过这个关键期，就很难再弥补。学习方面也是如此，孩子学习数学，六岁是启蒙期，如果此时不加以启发，等他上学就容易跟不上进度。

可以说，孩子在数学、运动、音乐、美术等方面的发展，都存在关键期。以音乐为例，学习钢琴、小提琴等动手乐器，需要孩子手上长肌肉，4 ～ 6 岁是比较适合的年龄段。

网上有两个小女孩，她们在这个年龄段合作演唱《射雕英雄传》的主题曲《铁血丹心》，视频一经发布便在网络上疯狂转发。人们都评价，努力在天赋面前一文不值，无论是弹奏的力量，还是演唱的音准，都惊为天人，超越很多成年人。这个视频是一家音乐培训机构发出来的，很显然，正是父母精准把握了孩子音乐学习的关键期，将她们送去学习，才让她们的天赋得以发挥，取得了比成年人更出色的成绩。

因此，遵循孩子各个阶段的发育规律很重要。

马斯洛的“人本主义理论”，根据人的三属性（真实性、接纳性和同感性）来判断，幼年时期孩子一定要学习独立融入大自然，在天地间奔跑，观察生物万象，锻炼自己的精力、体力、想象力与灵性，这些能力是小孩先天就具备的。随着孩子身体逐渐强壮，他们对社会属性和精神属性的需求也日益增大，于是会广交朋友，游历世界，学会生产和创造，学会表达和介绍自己，合理分配自己的时间和精力。不同阶段有不同的成长任务。

家长只有积极探索生命的生长发育规律，才能在正确的时间做正确的事，助力孩子健康成长。

二、父母的行为比父母本身更重要

有家长给我反映过这样一种现象：当家里突然生了二胎时，哥哥姐姐就异常敏感，他们甚至会感受到，自己的爱仿佛被分走了。有位妈妈说，因为生了二胎带不了两个孩子，就把姐姐送去奶奶家带，结果孩子哭着问她：“妈妈，你不爱我了吗？你不要我了吗？”把这位妈妈搞得非常难受。

倘若我是这位妈妈，我会在当时告诉孩子“我爱她”，同时也会照顾她的情绪，思考解决方案，立马行动。但是这位妈妈没有，她是在分开几周后才发现，孩子变得不爱说话、爱生气，每次和她分开就大哭，甚至在电话里一遍遍问她：“妈妈，你不爱我了吗？”此时，她才意识到孩子情绪的敏感，于是选择搬去和奶奶一起住，或者把二宝交给奶奶带。但此时想要重新和大宝建立安全感，需要花费更多的时间和精力。

孩子敏感的情绪、与生俱来的模仿能力，给父母提出了更高的要求，它提醒我们，父母的行为比父母本身更重要。

著名的“静脸实验”（Still Face Experiment）[美国发展心理学家爱德华·特罗尼克（Edward Tronick）及其团队在20世纪70年代设计的经典心理学实验]，充分说明了父母行为的重要性。实验表明，面对还不会说话的孩子，如果妈妈欢乐地冲他笑，他也会开心地朝着妈妈笑；但如果妈妈的脸保持静态，就像一副扑克牌，看不到任何情绪时，孩子也会变得不敢交流，哪怕这个孩子还非常小，不足一岁，他也能察觉到妈妈脸上的表情。

所以，亲子教育从来没有“最好的时刻”，它是即时发生且动态变化的。父母不要寄希望于自己不教育，孩子将来能够主动变好。倘若我们把生活当作一个大课堂，好的教育就是从生活出发的教育。在这种教育模式下，孩子在父母的影响和带动中，沉浸在真实的生活、自然和社会中，去观察、感受、发现与创造。我们就会在此时此刻，享受孩子带来的快乐。

遵循孩子的成长轨迹，和他一起学习、锻炼，面对生活的难题，和他坐下来讨论他的兴趣爱好，这种陪伴参与式的教育，远比那些斥责、说教有用得多。

真正的教育要从生活的点滴里面寻找

真正的教育秘籍，就藏在我们生活的点点滴滴里。无论是家长还是孩子，若能围绕这些日常点滴，用心培养良好习惯；再以自身为榜样，陪伴孩子慢慢成长，你会惊喜地发现，育儿之路并非想象中那般艰难。

古人云：“修身，齐家，治国，平天下。”这看似宏大的理念，落实到个人身上，“修身”便是对自我行为习惯的严格约束。回归到一个小家庭，“修身”就体现在吃喝拉撒睡的日常习惯上。不只是孩子，包括我们大人，睡眠不足、吃得不健康、缺乏运动锻炼等，这些问题早已屡见不鲜。

《黄帝内经》说：“法于阴阳，和于术数，食饮有节，起居有常。”过去有句话说，教育孩子是没有教材的。但是认真观察，会发现生活原本不复杂，处处是教材，只要我们和孩子在这点滴小事上把习惯养好，教育孩子这件事就会变得简单，孩子也会因为习惯优良得以茁壮成长。

一、睡眠：健康成长的基石

先来说说睡眠。三岁的女孩小丽每天晚上都玩得很晚，晚上 12 点也不睡觉，时间长了，很可能导致她的生长激素分泌过少，影响长个子，家长要加以干预。睡眠是保障健康的最大因素，也许人可以三天不吃饭，但是不能三天不睡觉。类似小丽这样晚睡的孩子现在很多，当然原因也很多，有的是家长自己也睡得晚，导致孩子不睡；有的是孩子习惯没养好，没有养成早睡觉的生物钟，家长却放任不理。

如果你是这样的家长，务必要引起重视。因为睡眠不足带来的危害实在是太大了，不管是大人还是孩子，谁都无法幸免。对大人而言，可能会影响五脏六腑的正常运转；对孩子来说，情况更严重，不仅可能导致发育迟缓、个子长不高，大脑发育也会受到影响，甚至可能影响智力发展。

波士顿大学在美国学术期刊 *New Scientist* 上发布的研究成果显示，人在进入睡眠后，新鲜的脑脊液就会滚动流入睡眠的大脑中，脑脊液会带走大脑里的垃圾，相当于给大脑来一场清爽的“洗脑”。如果不保障充足的睡眠，这些垃圾就会堆积在大脑里，对大脑功能产生极大的负面影响。

因此，我们最好的睡眠时间是晚上 9 点到 11 点，在这个时间段，肝、肺、脾、胃、肠道等器官都开始进入休息状态，对身体健康极为有益。如果不准时睡觉，就会伤害人的五脏六腑。我们爱自己的最好方式，就是不伤害自己的五脏六腑，准时睡觉有助于防止老年痴呆，让我们身体更健康。当我们睡眠充足了，情绪也会更加稳定，生活中的糟心事也就变少了。自然，就不会动不动朝孩子发泄情绪。

另外，睡眠质量对孩子的生长激素分泌影响巨大，而生长激素可是决定孩子身高的关键因素。对于儿童来说，每天生长激素的分泌会有两次高峰，分别是晚上 8 点到 12 点、早上 5 点到 7 点。想要孩子长个子，就要让他在这个阶段去进入睡眠，一旦错过，孩子就可能与长高的机会擦肩而过，容易长不高。

所以，无论是对于大人还是孩子，保障充足的睡眠都是人生的必修课。

二、吃饭：培养健康饮食习惯

过去，很多人生病是因为吃不饱、吃不好；可如今，很多人生病却是因为吃得太饱、太好。不妨仔细想想，假设桌上有一份西式早餐：牛奶、鸡蛋、面包和生菜；还有一份中式早餐：豆浆、油条和咸菜。你起床后会优先选择哪一份呢？你觉得哪一份营养更充足，更有益于身体健康？

我在父母课堂上问过家长，很多妈妈都表示，明知道前一份营养更充足，但是会下意识地想要吃后面一份。所以说，今天很多人的饮食结构并不健康，肥胖、三高各种病症，很大程度上都是我们自己"吃"出来的。美食的诱惑实在太大，很多人都难以抵挡。

但时至今日，回顾我们关于"吃"的历程，应该要遵循这样一条科学路径：吃饱——吃好——吃得健康。的确，很多健康的食物都不怎么好吃，但是，想要自己和孩子保持健康，让孩子不贪恋零食，家长首先自己就得学会拒绝各类碳水炸弹，比如啤酒 + 炸鸡。

我曾经看过一个视频，一对父母深夜嘴馋，就忍不住点了一份烧烤，在客厅里大快朵颐。结果儿子半夜起来看到，直接加入阵营。从此，他总是半夜下意识地爬起来，看看客厅里父母有没有在吃烧烤。父母不能约束自己，孩子自然也难以自律，毕竟父母就是孩子模仿的对象。

孩子对于食品添加剂的渴望，往往是从父母给他买的第一包辣条开始。为什么孩子小小年纪就长蛀牙？为什么很多孩子明明饿了，却偏偏拒绝吃饭呢？为什么孩子的抵抗力越来越弱？背后的真相往往就是零食的诱惑。

我学过一点中医知识，发现很多孩子的病症都和脾胃有关。脾胃不好，消化不好，饮食自然也受影响，严重的还会影响大脑发育。建议妈妈给孩子挑选食物时，多关注营养元素，而不是只看重口感。

看到这里，相信很多家长都意识到早睡早起、饮食健康的重要性了，这不仅关乎我们自身，更是影响孩子一生的大事。美国儿科学会鼓励父母，首先一定要重视培养孩子的睡眠习惯，甚至建议让充足的睡眠成为家庭的首要任务；其次就是健康规律的饮食。早睡早起吃早饭，是养健康孩子的基础保障。

三、锻炼：学习效率的助推器

时至今日，仍有不少父母觉得孩子跑步、打篮球、踢足球这些运动是在浪费时间，会耽误学习。但事实真的如此吗？其实不然，如果让孩子在课前进行适当锻炼，他的学习效率反而会更高。

美国伊利诺伊州内珀维尔中央高中（Naperville Central High School）的学生每天7点至7点40分（即“零点”时段）进行有氧运动，如跑步、球类运动等，要求达到最大心率的70%～80%。运动后再上一天中最难的课程（如数学、科学）。课程设计注重培养健身习惯而非竞技技能，强调通过运动改善大脑功能。最终，参与运动的学生的阅读理解能力提高了17%，数学和科学成绩显著优于传统体育课学生，标准化测验成绩从低于州平均水平跃升至高于州平均水平17%～18%。同时学生肥胖率下降、肺活量提升，暴力事件减少，情绪管理能力增强。晨间运动后，学生课堂专注力和记忆力明显提升，学习效率更高。

现在，全球加入这个“零点计划”的已经有一千多所学校。这个计划背后的原理很简单，当我们运动的时候，身体血液循环加速，血液会大量涌入大脑，大脑的海马体被激活，就像给大脑注入了能量和养料，人自然能记住更多东西，学习效率也会相应提高。所以，健体的本质就是健脑。建议家长平日里可以多陪孩子参加运动，帮他们激活海马体。

由此可见，锻炼也是生活教育素材中不可或缺的一环。

最后，我想告诉亲爱的家长，要保持终身学习。有时候育儿感到无力，往往是因为无知，我们总是和他们的成长规律背道而驰。比如，当我们辛辛苦苦培养孩子一心二用、一心三用，以为这样能让孩子变得更聪明时，殊不知人的大脑根本无法同时进行两项认知活动。当孩子专注做作业的时候，妈妈不要时不时地敲门，问“要不要喝牛奶”“要不要吃坚果”，不要让他分心。普通人和聪明人的区别，往往就在于能否长时间保持专注力。

我们在生活中教育孩子，既是育儿，也是育己。想要孩子变得优秀，我们自己首先要足够好。这个“好”不一定是钱财富余，而是要有自我觉知。当我们意识到自身的不足时，会慢慢修正自己。这样不仅能让孩子独立自主、身心健康，同时也会把自己养成智慧的家长。因为我们能够从生活当中找到教材，从吃喝拉撒睡当中去找教材，这是我们的智慧，是我们育儿的本事，你越优秀，孩子也会跟着变得越来越好。

尊重孩子天性，就是尊重其创造性。教育是浇灌种子，让它们各成繁花，而非用刻刀把孩子雕琢得千篇一律。

原则八

重建自我——养孩子的过程，其实也是我们在重养自己

生命真相多元，人生难全圆满。与其说是养育孩子，不如说是借养娃重养自己。

当我们自己的能量足了，才能有效陪伴孩子

身为职场妈妈的你，是不是常常觉得自己像个被生活抽打的陀螺，根本停不下来？白天在公司忙得脚不沾地，好不容易下班了，又得风风火火去接娃，接着买菜、做饭，一套流程下来，身体像被抽干了能量，满心疲惫，哪还有精力陪伴孩子呢？不少职场妈妈都曾向我倒过这样的苦水，满心焦虑地问："到底该怎么办啊？"

其实，这个看似没有时间和能量不足的问题，根源在于我们对人生缺乏清晰的规划，活得有些混沌。我们静心想想，孩子真的需要我们时刻紧紧盯着吗？并不是！而我们之所以忙忙碌碌没有时间，很大程度上是因为对自己的人生缺乏系统的目标和规划，没有为自己绘制一张清晰的行动地图。这样一来，我们在生活中难以获得正向反馈，自然就会感觉能量匮乏。

常听人说，你怎么过一天，就怎么过一生。所以，想要找回自己生命的力量，关键在于要明确人生价值观，找到行动方向。当我们自己的能量足了、时间安排合理了，才能高

效陪伴自己的孩子。

我在本书开篇就强调，你得足够了解自己，才知道要培养一个什么样的孩子。你期待孩子成为什么样的人，就得用与之匹配的方式去教育他。要是你渴望拥有自律、健康、积极的人生，那每天这宝贵的二十四个小时，该如何划分、如何分配，就得围绕着你的人生价值观去做选择。只有把目标先确定清楚，知道自己要什么，才能不内耗、不迷茫。打个比方，你要培养一个身心健康的孩子，不是说孩子身心健康就够了，你自己更得身心健康，才能有足够的能量影响他。就像我和孩子一起跑步，跑着跑着她可能会打退堂鼓，这时我会跑到前面给她加油鼓劲，她可能就会重燃斗志。但如果我自己都跑不动，她是不是就很难坚持呢？

所以，无论是时间还是能量不足的问题，本质上都是自己价值观的问题。

美国米尔顿·罗克奇曾提出价值观重构的概念，他说人应该有一张价值观地图，为自己的人生导航。什么是价值观，就是你每天做出的各种决策和选择的指南。比如，我把健康视为重要的价值观，有了这个指引，我就会做出不熬夜、不吃垃圾食品、中午午休半小时这样的决策。瞧，生活就这样被价值观引领着。

要绘制出清晰的人生价值观地图，首先得找到自己的声音，其次是明确家庭共同价值观。这样我们才能够树立榜样，知行合一，合理安排自己的时间和注意力，进而教导他人。让自己的时间和能量够用的核心，就在于明确价值观。接下来我们来仔细探讨。

第一点，必须得找到自己内心的声音。让价值观指引你，用自己的话清晰表达，明确自己的价值观，激发承诺。比如说，如果“我”的价值观是追求健康，这个健康肯定不单指身体，还有心灵。那么为了保障“我”的身体健康，“我”至少要注重吃饭、睡觉和运动三件事情；为了保障“我”的心灵健康，“我”还需要读书、冥想、晒太阳等。这么一梳理，自己的计划和目标是不是就一目了然了？

当人能够规律地坚持做这件事时，就会变得自信和自律，影响孩子也自信和自律，不仅是找到了自己的声音，落实到了行动，激发了自己的承诺，而且这种力量完全可以延伸到整个家庭。

第二点，找到了自己的声音后，还要明确家庭共同价值观。价值观的一致性，需要来自家庭的沟通、理解，最后形成共识和承诺，但是注意不要强迫。比如说，“我”的价值观是自律、整齐，但是老公拿东西总是乱放。这时候他的价值观和“我”有了偏差，怎么办呢？实际上，教育是互相影响的，如果说，他跟“我”想象的不一样，这个时候就要选择和协调，如果他确实做不到，“我”也不强迫。这是一种磨合，也是一种修炼。很多时候，家庭的幸福不在于看到彼此的优点，而取决于是否能够接纳对方的缺点。

落回到教育孩子也是同样的道理，只要我们明确了大方向，就不必在小事情上处处约束。比如，孩子作业做完了，按时睡觉了，偶尔玩玩，就不要唠叨。有句经典的话说：“将军赶路，不追小兔。”明确了人生的目标，就不要为了鸡毛蒜皮的小事情内耗自己，不必在意别人的看法，专注地朝着目标前进，你的时间和能量就会回归。

这也提醒我们，作为父母，和孩子沟通时，要注意自己的说话方式，怎么说孩子更容易接受，就怎么说。三思而后行，也是一种内在的自我觉醒。家庭沟通的时候务必要坚守这一点，因为语言有着强大的力量，它能帮助人们构建对整个世界的看法，对思想和行为的塑造有着深远的影响。

当我们花心思找到家庭的共同价值观后，整个家庭就像一个齐心协力、共同前进的团队。我们内心有清晰的指引，能够表达想法、选择方向，在面对艰难决策时，凭借内在的自信果断行动，肩负起各自对人生的承诺，而不是盲目地模仿他人。

回到开头“没有时间、没有能量”的难题，作为一个团队，家庭成员就是共同托举，不要觉得自己是主宰者，非得独自承担带孩子的重任。公公婆婆可以带，老公也可以带，妈妈不是超人，不需要把时间花在每个人身上，而应该像公司的“CEO”一样，经营家庭，把工作细分下去，而不是自己独立承担。当有这么多人帮你带孩子时，你的时间和能量自然就回来了。

有时候，我们之所以觉得时间不够用、能量不足，是因为价值观不明确，格局不够大，没有找到行动方向，把自己的时间和精力消耗在那些鸡毛蒜皮的事里了。任何一个问题的解决方案，往往都在更高的维度。从今天起，坚定长远的目标，把精力聚焦在重要但不紧急的事情上，你会惊喜地发现，人生原来还有另一番广阔天地。

“爱”应当是支撑孩子的力量源泉，而非枷锁

在生活这场复杂的戏剧里，“爱”本应是最温暖的旋律，可有时候，它却悄然变调，化作了令人揪心的“痛苦”。就像

我曾看过的一个短片，故事里的母亲，在生下孩子后，怎么也不愿意剪断那根连接彼此的脐带。从此，只要孩子稍微远离母亲的视线，母亲就会把他拽回来，如果孩子反抗，母亲就会撒泼打滚，用各种方式威胁孩子。

久而久之，孩子习惯了这种紧密相连的生活，接受了与母亲相依为命的状态。哪怕有喜欢他的女孩子送来鲜花，母亲也会无情地将女孩赶走。就这样，孩子一直未能结婚成家。然而，当母亲离开人世后，一种无法言说的巨大孤独，如潮水般将他彻底淹没。

我们当然不能否认，短片里的母亲对孩子是有爱的。可她的这份爱，越过了合理的界限，让孩子更多地体会到无法独立的无奈、令人窒息的压抑，以及深深的痛苦。

平日里，当我们提起“爱”这个词时，脑海中浮现的往往是美好的画面。诚然，对于孩子来说，父母的陪伴、关心与疼爱，无疑是世间最珍贵的礼物。但作为老师，这么多年，我见到过太多类似短片里那样过犹不及的案例。我深知，绝大多数的父母对孩子的爱是真挚且深厚的，但我也期望，父母们学会真正地、适度地、理性地爱孩子，不要让“剪不断的脐带”，成为束缚孩子一生的沉重锁链。因为一旦爱的方式和程度出现偏差，“爱”就极有可能变成“痛苦”。

一、真正的爱是尊重，不尊重就会痛苦

在探讨如何正确地爱之前，我们得先弄懂，究竟什么才算是真正的爱。

弗洛姆在《爱的艺术》一书里说："真正的爱由关心、责任、尊重、了解四部分构成，只有在成熟的人身上才能找到这四者的交融形态。"以我多年身兼老师和妈妈这两个角色的经验来看，客观地说，大多数家长在关心、责任和了解方面都做得相当好，可唯独在尊重孩子这一点上，稍有欠缺。

在书里，弗洛姆对尊重做了很好的诠释，他说："我希望我所爱者，能够按自我的意愿，依其自我的方式生长和发展，而不是服务于我的目的。"简单来讲，就是要尊重孩子本来的样子，而非按照我们自己的意愿去塑造他们。也就是说，尊重是指一个人对另外一个人成长和发展的帮助，应该顺应自然规律和其自我意愿。

然而，很多父母的爱，最终演变成了一种带有压迫感的道德权威。这就是没有意识到，真正的爱应该以尊重为基础。就好比我之前常常提到的例子，孩子不愿意穿秋裤、不愿意打雨伞，父母完全可以尊重孩子的选择，但是偏偏要以"我都是为你好"的旗号来约束孩子。

真正的爱，应当是尊重与自由之间的完美平衡。我们和

孩子之间，不是强者对弱者的施压，应该是平等者之间的互相尊重。

二、爱孩子要遵循客观规律，否则就会痛苦

正所谓，大道至简。如果把养育孩子当作人生的一场修行，那么我们能够把孩子养育得很好，遵循孩子成长的规律，也就能明白怎样做才是真正地爱孩子。

从更高的维度来看，以道德的“德”字来说，它的本意是一只眼睛注视着木桩影子的运行轨迹。引申开来，就是要直视“所行之路”的方向，即顺应自然、社会和人类的客观规律去做事。所以，在养育孩子的修行之路上，父母也要按照客观规律去做事，才能培养出自己期待的孩子。

比如，孩子在妈妈肚子里，适宜进行胎教；0～3岁要重点关注孩子大脑的发育；青春期时父母要学会放手，避免与孩子产生过多的控制权之争，等等。这些都是孩子发育的自然规律，父母因时制宜、因地制宜，才能养育出优秀的孩子。

《道德经》中也提道：“生而不有，为而不恃，长而不宰，是谓玄德。”这是什么意思呢？生而不有，即父母生养子女却不应该将子女认为是属于自己的；为而不恃，是帮助他人后，不应将此当作居功自傲的资本；长而不宰，则是说，成就万物却不做他们的统治者。能做到以上三点的人，就是品德最高尚的人。

其实，这三点完全可以成为今天我们父母养育孩子的准则。很多时候，我们之所以以爱之名去控制孩子，不就是因为在面对以上三点时，没有遵循自然规律，而是反其道而行之嘛！

如果把爱孩子比喻成养花，我们来看看养花的过程。养花之前肯定要先准备土，然后在花盆里种上小苗，之后精心呵护。我们在花盆里养了一株花，但是可以说花一定属于花盆吗？其实不可以，因为土壤提供了养分，此外它还需要吸收阳光雨露，进行光合作用才可以茁壮成长。同样的道理，妈妈提供了孕育孩子的子宫，爸爸提供了生活费用，但我们不能因此就居高自傲地说："你看我们生育了你、养育了你，我们一切都是为了你好，所以你要听我们的。"我们不要利用这个去主宰和控制孩子，这根本不是真正的爱。真正的爱，是一种德行，也是对孩子的尊重。

三、爱想要不痛苦，那就提升自己生命的质量

当我们尊重孩子的成长，助力他们茁壮成长时，其实也是在提升自己的生命质量。我曾看过一个短片，每次观看，都不禁热泪盈眶。

短片中，有个被人称作"没用的废物"的街头混混，他早早辍学，被父母遗弃，从此开启了摆烂的人生。一天，他

被隔壁孩子不停的啼哭弄得很烦躁，推开门才发现孩子被母亲遗弃了。这个孩子大哭不止。看着可怜的孩子，他的眼神也从最初的凶神恶煞变得温柔。无奈之下，他把孩子抱回家哄睡了。当他发现孩子送人都没人要时，他决定自己照顾孩子。他开始学着哄孩子、逗孩子开心，给孩子唱儿歌，把所有的温柔都给了这个孩子。为了不让福利院以他没工作为由带走孩子，他还去找了工作。去上班那天，他自信而阳光地走在街上，对着自己说："人们都说，是我给了他更好的生活。事实上，是他让我的生命更有价值。"

这是一个根据真实故事改编的短片，我每次看，都深受触动。我们总以为，是我们在照顾孩子，我们在给他们提供物质基础。殊不知，为了肩负起为人父母的那份责任，他们也丰富了我们的精神状态和提升了我们的生命质量。可以说，养育孩子的过程，是父母对自我的一次重构，孩子的存在让我们柔软了，视野和格局也都得到了极大的拓展。

稻盛和夫有篇文章叫《人真正地发生改变，是从内心开始反省那一刻》，文中非常直白地说明了，改变要从自己开始。俗话说："三岁看大，七岁看老。"一个真正觉醒的家庭，父母首先是改变自己，其次是影响孩子。如果父母自己充实快乐，富有责任感，具备良好的情绪管理能力，孩子自然也会模仿父母的行为。教育从来不是要求，而是潜移默化的影响。尤其是对成年人的教育，更是只能被影响。教育的真谛无他，唯有爱与榜样。当我们把自己活成孩子的榜样时，自然而然就拥有了爱孩子的能力。

实际上，家庭对于个体而言，主要包含生物、安全、归宿和教育这四个方面。它既是生物遗传的载体，又是一个安全的港湾。这里的港湾，不仅是生理上的保障，不局限于身体健康、没病没灾，更是一种情感的寄托，是精神属性的归宿。这种情感和精神的安全感，来源于父母给我们的鼓励、安慰、激励、宽容、原谅、分担、共享。人老了之后，就会考虑从哪里来、到哪里去的问题。最后才是教育和教化。教化讲究的是德行为先，只有人品端正了，再来进行知识技能的学习。所以，追溯至家庭教育，父母以身为范，成为孩子的榜样，才是真正的“父母之爱子，则为之计深远”。

从这个视角，我们会发现，教育关注成绩，其实是本末倒置了。我们要深刻认识到，真正的教育存在于生活的点点滴滴之中。要明确自己在教育中的位置和出发点，思考自己想要奔赴怎样的生活，以及如何去爱孩子。只有这样，爱才能真正成为支撑孩子一生的力量源泉，而不是演变成让孩子痛苦的枷锁。

生命的真相不唯一，养孩子就是重养自己

有位企业家曾对我说，想要让员工有一百分的幸福度，就得助力他们成长为社会的中流砥柱。他的企业制定的价值标准是培养“利他又感恩、有使命、有激情、努力奋斗，因奋斗而生的成长，因成长而幸福的员工”。

坦诚来说，听闻他的理念，我打心底觉得这位老板格局宏大，使命感十足。交谈中，我由衷感慨：“未来那些即将步入社会的大学生，就应该送到你们这样的企业来，因为你们不只是在做企业，而是以企业作为抓手，在做社会大学的教育，对于孩子们的成长会非常有益。”所以说，真正的企业家与普通小老板的区别就在这里，他们站在更高维度，心怀天下，为社会发展贡献力量。

企业需要利他、感恩、有使命、有激情的人。

思索至此，我有种猛然惊醒的感觉，为什么今天有的学生毕业即失业，有的还会在家啃老好几年，很大程度上，是

因为我们的学校和家长缺乏“以终为始”的战略思维，没有朝着企业所需的方向，培养具备利他、感恩、有使命、有激情的栋梁之才。

有很长一段时间，我们甚至没有目标，只知道孩子要成绩好。单看现在的短视频，满屏都是在制造学习焦虑，诸如“一年级真的很重要”“三年级真的很重要”“小升初真的很重要”，等等。仿佛每个年级都能决定孩子的命运，这让家长陷入深深的焦虑，拼了命地“鸡娃”。一旦经济条件跟不上，父母还会自责，觉得是自己没有本事，没能给孩子提供良好的教育环境。其实，完全没有必要。

回归到底层逻辑，用“以终为始”的思维，我们应该思考，社会需要什么样的人才，家长就协助老师把孩子培养成为与时俱进的人才。如此一来，孩子在社会上不容易被淘汰，即便不算大富大贵，也能凭借自身能力养家糊口，不至于找不到工作，在家啃老。

想要孩子成长为栋梁之才，符合社会期待，家长首先要把自己当成家庭的“CEO”，先梳理自己的人生，才能更好地梳理孩子的人生。

一、生命的真相是什么？为什么不要怪自己？

之前的章节里，我们谈到教育的两大核心任务：人格完善和能力训练。人格完善是生命的认知，包含生存、生活、生命这样的人生三阶。人生三阶的方向；生存是基础，关乎物质，如同牢笼，是为了满足身体需求，求的是一条活路；生活是过程，注重感受，仿佛在轮回之中，是为了满足五蕴，寻求的是出路；生命则是方向，承载着责任，意味着升级，是为了众生，追求的是道路。

生命健康就是研究"气"的，人活一世，说白了就是"活一口气"，人的生死就是气的聚散。当父母领悟了这个真谛时，就会发现和孩子生气实在是大可不必。网上流传着这样的调侃，称"教孩子做作业会让人长结节"，虽然看似吐槽，但是话糙理不糙。如果我们经常发脾气，小气、戾气、浊气、怨气充斥着身体，确实容易生病。

为了避免这种自我消耗，家长需要自力更生，打造一个健康的家庭环境，这是父母的重要责任。当家庭充满阳光时，每个人都是"阳光之体"，没有负能量侵袭，孩子和大人自然也就不容易生病。

发怒是伤害肝脏的，想要爱惜自己，就不要轻易动怒，应该时刻保持养清气、去浊气。学会肯定孩子，夸夸他家务做得好，足球踢得棒……而不是打压、批评，说什么“其他做得好，成绩不好也没用！”从气场能量角度来讲，前者在释放温暖，后者在自我消耗。

真正的能量，源自自己。当你选择信任孩子，放手让孩子做饭、做家务时，你回家就没有那么疲惫；当你不再把孩子当成自己的附属品，不过度干涉他的生活，给他自由的空间时，你自然有时间和好朋友逛街消遣。有时候，我们感觉疲惫不堪，其实是自己给自己套上了枷锁，舍不得放手罢了。

所以，我总结了一个教育的八字秘籍：你行、不急、没事、好事。每当遇到事情的时候，请在心里默念这八个字，感受一下，是不是呼吸会变得平稳，内心也不再那么急躁了呢？

当我们回溯到生命的真相，看清人生这条道路时，就不会再轻易被生活中的琐事所困扰。

二、不责怪自己，是一场人生的修行

人生恰似一场漫漫修行，可究竟该修什么，又该如何修行，很多人都是迷茫的。

《大学》中提道：“大学之道，在明德，在亲民，在止于至善。”我们本身就是有高尚的智慧，内心纯真。修行，便是要擦掉身上的污垢，找回那份本真，然后去爱身边的人，多做善事。找到一条属于自己的道路，结识良师益友，同向同行，修出大的心量格局和志向。从平凡的“小人”修炼成品德高尚的君子，从普通的凡夫俗子修炼成圣贤之人，这便是生命的真相。

在做一些重大决定时，我们不妨问问自己几个哲学问题：我是谁？我从哪里来？我要到哪里去？我真的只是我自己吗？

我四十多岁的时候，其实有考虑过生二胎这个问题。那时我身体状况良好，担心女儿一个人会不会孤单。但深入思考后，我意识到女儿当时已经十七岁了，我就在想，这个孩子到底是给我生的，还是为女儿而生呢？女儿本就责任心强，要是再添个弟弟妹妹，等她长大，岂不是要承担过多的责任，从姐姐变成“老妈子”？而且，我也不想退休后还整日操劳，我也渴望拥有光鲜亮丽的退休生活。权衡再三，我最终放弃了生二胎的想法。

对这件事的思考，是我人生中一次深刻的修行。它让我清楚地明白自己想要什么，不想要什么。以前走在大街上，看到一家几口热热闹闹的场景，我总会心生羡慕，也会忍不住问自己，为什么不再生一个孩子呢？如今，想明白之后，我渐渐接纳了，当下即幸福。

波浪过着波浪的生活，与此同时也过着水的生活，因为有礁石的阻挡，它转瞬间就幻化成波浪；但是，随着水流的涌动，回归大海的一刹那，它又变回了水。这句话其实是在讲述生死的问题，生命无生无死，没有过去，也没有将来，只有此时此刻。我们真正的家便是此时此刻，如果此时我能够跟孩子美美地吃一顿饭，就是幸福的。享受当下即享受幸福。

生命的真相不唯一，人生也难以事事圆满，与其说我们在养育孩子，不如说养孩子的过程，就是把自己重养一遍。

修复与自己的关系，才能经营好亲子关系

有这样一本书叫《无声告白》，这本书是华裔作者伍绮诗写的，书中的故事如同一记重锤，狠狠敲打着为人父母者的心。

主人公玛利琳一直希望女儿莉迪亚成为医生，圆了自己曾经的医生梦，而父亲则希望她多参加社交活动。莉迪亚为了迎合父母的期待，拼命看医学书学习，假装很合群，频繁给朋友打电话。可她内心的痛苦，却无人知晓。她被迫戴上

厚厚的面具，无人关心、无人理解。终于，在十六岁那年，莉迪亚不堪忍受这样的生活，选择了以自杀结束自己年轻的生命。女儿离世之后，母亲陷入了无尽的痛苦之中，不断探寻孩子走向绝路的原因。

这本书蕴含着一个深刻的核心观点：我们终其一生就是要摆脱他人的期待，找到真正的自己。

书中的情节，不正是给众多父母敲响的警钟吗？这些年，我接触过太多的学生和家长，发现许多家庭中，父母都将自己的期望一股脑儿地寄托在孩子身上。从孩子读哪所学校、填报什么专业，到选择哪座城市发展，父母都要横加干涉。光是考大学填志愿，不知引发了多少家庭的激烈争吵。

以我的教学经验来看，每年我教的一百个毕业生中，能有四五个志愿明确的，就已经非常难得了。孩子们若有自己热爱且明确的方向，父母本应全力支持，让他们能够沿着热爱的道路坚定地走下去。毕竟，有太多的孩子根本不知道自己要做什么、能做什么。然而，现实却很残酷，即便孩子拥有这份难得的热爱，也常常被父母的期待无情破坏。

父母都渴望拥有和谐美满的亲子关系，可如果连与自己的关系都处理得一团糟，又怎能实现这一目标呢？我们不接纳自己，心有不甘，还缺乏边界感，以至于将许多自身未被满足的欲望，一股脑儿地投射到孩子身上。最终，孩子痛苦不堪，我们自己也并未从中获得多少满足，这又是何苦呢？

一、作为父母，我们需要被滋养

我曾听过这样一个令人惋惜的故事。一位妈妈年轻时非常漂亮，生了一个很漂亮的女儿。孩子小时候就展现出非常出色的舞蹈和音乐功底，但她的文化成绩并不拔尖。当她告诉妈妈她想学习跳舞的时候，被妈妈骂了一顿。

妈妈的期待是什么呢？妈妈小时候没有读太多书，长大后靠做点儿小生意谋生。所以在她看来，女儿应该好好读书，将来拥有一份体面的工作，为自己争口气。可是女儿偏偏学习不好，她每次生意不顺，就找借口骂女儿，说她没出息，不争气，都是一个老师教的，为什么别人家孩子成绩就很好。后来，这个漂亮的女孩没有学跳舞，原本光彩照人、讨人喜欢的她，因为妈妈的打压，变得很自卑。由于成绩不好，初中读完，打了几年工，就早早嫁人了。

其实，这位妈妈也很难，她丈夫不在身边，一个人拖着一双儿女，也有诸多不容易。但是她做得不合理的地方，是没有滋养自己，而是省吃俭用养孩子，以至于付出后想要向孩子索取回报，心理失衡，就打压女儿，但是女儿何其无辜。

《论语》里有一句话："古之学者为己，今之学者为人。"所谓今之学者为人，是因为他学习就是为了当官、考学，为了得到社会的认可；而真正的先贤们，学习都是为了修身养性。

我们的心灵花园和真实的土地一样，若不种庄稼，就会长满野草。如果不能够找到很好的精神肥料滋养自己，就容易随波逐流。就像前面提到的那位妈妈，其实就是被环境带偏了。所谓的滋养，不一定是要读多少书，而是你有了丰富的人生经历后，摒弃向外的攀比心，回归向内求。倘若你希望拥有一个健康、积极、向上的女儿，就应支持她的爱好，呵护她的梦想。这个过程，也是一场自我的大修行。

修行和读多少书没有直接关系，诚如"菜场作家"陈辉，她在菜市场摆摊，却出版了好几本书，她欣然接纳自己的生活。有时候，滋养自己就是富养自己。

二、修复与自己的关系，要学会接纳

我们为什么不甘心，为什么看到别人在某些方面比自己强就心生不悦？究其本质，是因为我们没有学会接纳自己的不足。

我的父母课堂上，有一些学员是学财务的，我真的很羡慕他们，因为我在这方面尤其不擅长。现实生活中，我的工资都是交给婆婆管，但是我不会因此责怪自己，觉得别人做得那么好，怎么就我不行。我接纳每个人都有不同的优势，她们有她们擅长的，我有我擅长的，我们不应该互相嫉妒，而应该互补。

接纳自己并不是一件容易的事情，在生活中，你总会发现有些人不管工作做得如何，就是对自己不满意，挑剔自己，以至于他们会把这种不接纳投射到孩子身上，希望以他们的优秀来填补自己的不足。

当父母有这种期待时，往往就是亲子关系走向破裂的开端。

现在的父母，干涉的不仅仅是孩子的学习，甚至连谈恋爱、结婚、生孩子都要管。我听说过一个“985”的博士生，以前和父母的关系很融洽，因为他是家里的骄傲。可是他博士毕业后，结了婚一直不生孩子，父母看着周围比他年龄小的，孩子都两个了，觉得面子上过不去，就各种催生。可他就是不为所动，父亲为此大失所望，还和他大吵一架。

为什么为人父母，一生都需要修行呢？因为环境和时代在不断变化，而我们若墨守成规，始终一成不变，就难以接纳孩子不符合自己期待的行为，我们觉得自己都是这么过来的，他们也该如此。

然而，世间没有什么是“应该”的，孩子不是我们实现愿望的工具，他们有他们的想法，我们要学会接纳自己的不足和他们的不同。

三、自洽的人生，才会幸福

《中华人民共和国家庭教育促进法》指出：“家庭教育是指父母或者其他监护人为促进未成年人全面健康成长，对其实施道德品质、身体素质、生活技能、文化修养、行为习惯等方面的培育、引导和影响。”其中没有哪一个方向是指向辅导孩子做作业。

我们之所以忍不住“鸡娃”，实际上是我们不够自洽，并非孩子不好，而是我们担心他们落后于人。

回顾我的前半生，之所以幸福感满满，本质上是因为我足够自洽，我没有违背教育的本质。比如，我渴望健康，期待养出一个健康的孩子，于是我就和女儿一起跑步；我的父母离开了我，我没有抱怨生活的不公，而是把孝心给了公公婆婆，一家人其乐融融；职业发展中途，我被校长安排去带一个班的语文课，我没有对抗，而是铆足了劲儿好好上课；再如，我从未对女儿有过不切实际的期望，渴望她弥补我的不足，结果她反而超出了我的想象。

今时今日，有人夸赞我厉害，把女儿教育得如此优秀；也有人说女儿本身就很出色，父母没怎么管就考上了清华大学。但只有我知道，母慈女孝、公婆和睦的家庭，都是我经营出来的，只是我不是在经营别人，而是在经营我自己。

当我做到足够自洽，拥有了幸福感，也就拥有了源源不断的能量。作为家庭的“CEO”，我通过自我修行，撑起了整个家庭的幸福。所以，越是渴望拥有幸福的家庭，就越要从目标出发，接纳一切，做到自洽从容。

客观、中肯地认识自己，才能看清自己，
进而看见孩子，也让孩子看清我们。

后记 生命长河中的温暖相遇

——谨以此书献给所有在教育长河中互为灯塔的我们

当我轻轻合上电脑，窗外玉兰花悄然飘落，花瓣簌簌，仿若为这凌晨一点的静谧，编织着温柔的梦境。昏黄台灯散发着暖光，在书房这方小天地里，第27版书稿的最后一个句号稳稳落下，这也意味着，我长达一年零两个月的写作马拉松，终于抵达终点。

在开始创作之前，我希望本书能为家长驱散教育焦虑的阴霾。可谁能料到，在一次次推翻重来之中，我竟先完成了一场深刻的自我救赎。稿件需要反复打磨，而每一回文稿被打回，都像一记重锤敲打着我，我扪心自问：本书能为读者提供什么？我又能在字里行间塑造何种价值？但无论历经多少轮修改，我始终坚守初心，让文字传递“善”的力量。我期盼每一位家长，都能将“善的教育”融入孩子成长的日常点滴。

书稿完成之际，我才真正领会，写作的核心，并非生硬地传授方法，而是在作者与读者之间，架起一座灵魂沟通的桥梁。所以，当你在育儿途中翻阅本书，看到我育儿的经验与故事时，我很希望这些文字能带给你灵魂上的共鸣与触动。

一本书的问世，离不开太多人的助力。首先，我要向策划人李娜及其团队，献上最诚挚的感激。她们凭借专业与敏锐，一眼看穿“善的教育”背后的深远价值。从策划、访谈，到深度挖掘我多年积累的教育理念体系，一步步为本书的诞生铺就道路。同时，也要衷心感谢电子工业出版社的编辑老师，她们以十足的耐心与专业素养，逐字逐句雕琢文稿，不放过任何一处细节。在他们的精心打磨下，本书褪去青涩，以最完美的姿态呈现在读者面前。编辑时，她们更是以十二分的耐心，雕琢每一处文字，褪去其青涩，让书以最温润、成熟的姿态，呈现在读者眼前。她们对教育理想的坚守，闪烁着出版人最美的光芒。

还有育儿路上携手同行的家长，你们分享的深夜困惑、顿悟瞬间，以及那些饱含心酸与成长的故事，都是本书最鲜活的素材，赋予其蓬勃的生命力。犹记得在一次线上课程里，一位母亲感慨：“不是我在教孩子，而是孩子在度我成长。”这句质朴话语，如洪钟般让我对教育本质有了更深的理解。正因有你们的参与，“善的教育”这个理念才得以不断丰富、升华。

在生命纵横交错的坐标系里，家人之间的相遇，无疑是最珍贵的存在。

我要深深感激我的先生陈昌东。他不仅是我严谨细致的校对者，逐字逐句为文稿把关，更是我在教育理念上同频共振的共鸣者。每当我在写作瓶颈期陷入自我怀疑的泥沼、内心满是迷茫与挣扎时，他总能凭借理性的思考，为我拨开眼前厚重的迷雾，引领我重新找到前行的方向，让我坚定地在这条探索之路上走下去。

也要由衷地感谢我的女儿陈末。她的成长历程，宛如一本生动的教科书，给予我无尽的启发，让我有了更多的勇气与动力，去重新感悟为人父母这一“职业”的深刻内涵。同时，还要感谢她为本书精心创作的插画。那些灵动的画作仿佛在诉说：教育理应如同画画一般自由无拘，像浩瀚星空一样，满溢着无尽的想象空间，让人的思维得以肆意翱翔。

两个公益团队的全力支持，为本书赋予了更为厚重、深沉的生命底色。“新知读书”的书友们，秉持着十年如一日的共读精神，坚持不懈地深入探讨家庭教育相关话题，为家庭教育研究营造出一片肥沃的土壤，使其得以茁壮成长。“2R亲子跑”的家庭们，他们在晨光中一同奔跑的矫健身影，充满了活力与朝气，让我真切地看到教育原本该有的轻松愉悦氛围，那是一种积极向上、充满生命力的状态。尤其要向“高情商父母修习营”线上课的学员们致以崇高的敬意。你们跨越万水千山，带着专注与热忱奔赴而来，作业本上密密麻麻写满的深刻感悟，直播课上闪烁着求知光芒的明亮目光，都在时刻提醒着我：这绝不是我个人孤独的理念宣讲，而是千千万万个家庭共同迈向觉醒的伟大征程。

最后，我也想对那个在电脑前无数次推翻重来、执着坚持的自己道一声感谢。整个写作过程，就像一场深度的自我修行，让我重新审视教育的真相。写作与养育孩子何其相似，初稿往往存在诸多瑕疵，漏洞百出，但真正难能可贵的，恰恰是在一遍又一遍反复修改、精心雕琢中，孕育而生的那个“不完美却鲜活”的灵魂。教育亦是如此，当我们不再以“全知全能的权威者”的姿态自居，而是选择放下身段，成为与孩子并肩同行、一起在错误中摸索前行的“同行者”时，爱的温暖光芒才能真正穿透那些成长中的裂缝，照亮每一个角落。这份在写作中获得的深刻领悟，或许比书中所阐述的任何方法论都更具价值、更为重要。

此刻，带着油墨清香的书页，正满怀期待与祝福，迈向千家万户。我知道它无法解答所有育儿难题，但我希望它能成为一颗火种。当你在深夜翻开它时，愿这些饱含深情与思考的文字，瞬间化作温暖心灯，照亮你与孩子相遇的每一条路，陪伴你们走过成长的每一段旅程。

生命的奇妙就在于，我们永远不知道，会在哪个转角，邂逅改变人生的美好。感谢这场奇妙的相遇，让我们在教育的长河中，成为彼此的星光，相互照亮、携手前行。最后，借一句话作为收尾：“教育的真谛，并非修剪生命的枝丫，而是留出一片广袤旷野，让孩子自由长成属于自己的独特形状。”愿你我都能将这句话镌刻心间，在漫漫教育之路上，永葆探索的热忱，不断成长，奔赴更辽阔的教育天地。

书　　名	ISBN	定　价
服务的细节116：会聊天就是生产力：丽思卡尔顿的“说话课”	978-7-5207-2690-0	58元
服务的细节117：有信赖才有价值：丽思卡尔顿的“信赖课”	978-7-5207-2691-7	58元
服务的细节118：一切只与烤肉有关	978-7-5207-2838-6	48元
服务的细节119：店铺因顾客而存在	978-7-5207-2839-3	58元
服务的细节120：餐饮开店做好4件事就够	978-7-5207-2840-9	58元
服务的细节121：永旺的人事原则	978-7-5207-3013-6	59.80元
服务的细节122：自动创造价值的流程	978-7-5207-3022-8	59.80元
服务的细节123：物流改善推进法	978-7-5207-2805-8	68元
服务的细节124：顾客主义：唐吉诃德的零售设计	978-7-5207-3400-4	59.80元
服务的细节125：零售工程改造老化店铺	978-7-5207-3401-1	59.90元

图解服务的细节
128

ホテルオークラ<橋本流>大人のマナー

"笨服务员"解决术3

服务礼仪，就这样做、这么想

[日] 桥本保雄 著
张文慧 译

人民东方出版传媒
People's Oriental Publishing & Media
東方出版社
The Oriental Press

图字：01-2021-6202 号

图书在版编目（CIP）数据

“笨服务员”解决术. 3，服务礼仪，就这样做、这么想 /（日）桥本保雄 著；张文慧 译. —北京：东方出版社，2023. 8
(服务的细节；128)
ISBN 978-7-5207-3561-2

Ⅰ. ①笨…　Ⅱ. ①桥… ②张…　Ⅲ. ①饭店—商业服务　Ⅳ. ①F719. 2

中国国家版本馆 CIP 数据核字（2023）第 125358 号

服务的细节 128：“笨服务员”解决术 3：服务礼仪，就这样做、这么想
(FUWU DE XIJIE 128："BEN FUWUYUAN" JIEJUESHU 3：FUWU LIYI, JIU ZHEYANG ZUO、ZHEME XIANG)

作　　者：[日] 桥本保雄
译　　者：张文慧
责任编辑：崔雁行　高琛倩
出　　版：东方出版社
发　　行：人民东方出版传媒有限公司
地　　址：北京市东城区朝阳门内大街 166 号
邮　　编：100010
印　　刷：北京明恒达印务有限公司
版　　次：2023 年 8 月第 1 版
印　　次：2023 年 8 月第 1 次印刷
开　　本：880 毫米×1230 毫米　1/32
印　　张：6. 375
字　　数：120 千字
书　　号：ISBN 978-7-5207-3561-2
定　　价：58. 00 元
发行电话：(010) 85924663　85924644　85924641

前　言

PREFACE

礼仪从笑容中展现

近年来，我变得不怎么喜欢坐电车。

因为电车里总有让人忍不住皱眉的场面，有年轻男性毫无顾忌地在电车里打电话，声音滔滔不绝；有两三名女学生坐在地板上；还有张开大腿占座的中年上班族；抱着一堆行李的中年女性。他们似是连检点的意识都丢失了般。

可能是因为这样的情况越来越多了，写着“遵守礼仪”的海报和警告牌也多了起来。但我并不认为靠警示语就能改变这种状况……而且他们所谓的“礼仪”，本身到底指什么，也不太能让人明白。

关于“礼仪”一词，可能大多数人会联想到就餐方式，或是生活中的行为举止。

事实上，市面上所谓的“礼仪书籍”，也多是从这一认识上加以解说，传授一些小技巧。

然而，礼仪并不是什么小聪明、小技巧。

礼仪是与有关“如何活下去”的哲学紧密连结的心理表现；是显现于温柔笑颜里的内心表情。

这就是礼仪。

其原点是“共生”思想。

这不仅是指人类共生，还要从与在这地球之上的所有生命，包括动植物、环境等的自然和谐共生的这一角度出发，去思考共生。

然而，现实很残酷。被称为日本自然象征的富士山上，满是登山者们随意丢弃的垃圾，山色美景遭到了严重破坏。世界最高峰——珠穆朗玛峰也是如此，脏得足以让有心的登山者们忍不住上山捡垃圾。

河流、海洋、森林也同样如此。人类一边宣扬着与自然共生的必要性，实际上却做着相反的事情，如此言行不一，着实可怜又可悲。

问题的根源在于人们丧失了“感谢”“体贴”“温柔”的情感。如果人类不会去感谢、温柔地关注养育我们的大自然，那么“共生”之论也不过是画饼充饥罢了。

反之，如果人们带有感恩、体贴和温柔的心，那么不特意去找寻共生之道，人类也能实现和谐生活。

人际交往亦是如此。

即使不去思考如何才能让关系更加和谐，只要一直抱有感恩的心来待人，不以自我为中心，关怀他人，面带微笑，就能拥有良好的人际关系。

比起一些感谢的套话，自然的笑容不是更能打动人心吗?

掌握一些礼仪技术、技巧，只不过是临阵磨枪。

即使能熟练地使用刀叉就餐，也最好别认为“自己懂礼仪”。

为眼前的菜肴倾注心血的厨师；为了能让客人更好地享受美食，而提供周到服务的服务员们……如果对这些辛苦付出的人不抱感激之情，那么只会一些小技巧，并不能称为高级。

就像我在开头说过的那样，因为礼仪就是心理表现。

当然，这并不是说我们就不需要掌握一些技术和技巧。

一些言行举止，如果给他人带来不快，也是件麻烦事。

但是，仅做好这些表面功夫，还是远远不够的。只有发自内心地感谢、体谅他人，并温柔待人，礼仪才会变得真实。

本书以商务场景开篇，假设了各种生活中需要用到“成人礼仪”的场合。书中所述，都是我 40 多年来积累的经验，是确认过“这样做就好”“这样想就行”的内容。

阅读本书，可能让人觉得和一般的礼仪书籍在趣味上有很

大不同。书中所述的“桥本式礼仪”，我自负地认为，必定是超越常规，能帮助读者磨炼出成人礼仪的有益指导。如读者们能充分利用好本书，我将不胜荣幸。

桥本保雄

目　录

CONTENTS

第 1 章

“能人” 都在做的办公礼仪

第 2 章
掌握社交礼仪的运用能力

第 3 章

餐桌礼仪　扮演干练的大人

第 4 章
红白喜事上的礼仪传达着“心意”

第 1 章

“能人”都在做的办公礼仪

仪容仪表 晨间虽短，打造“品位”

◆ 让身心精神百倍的常规模式

常言道“男人脸，敲门砖”，但除了颜值，其实从头到脚都可以展示一个人的自我。全身上下散发出的气质，也会给人留下深刻印象。从此种意义上说，仪容仪表就变得相当重要。

男人提升仪容仪表的关键在早上。然而，有的人却在前一天晚上豪饮后回家瘫睡，等到上班快要迟到了，才匆匆洗把脸，然后飞奔出家门。梳头不用梳子，只用手简单捋捋。胡子呢？脑子里想的是“到公司再刮吧”。这样的男人，就完全没有做好进入男人的“战场”——职场的心理准备。

刮脸、理发以及检查手指甲是否干净是整理仪容的基础。这是男士们每天早上必做的功课。

而且，既然都站在镜子前了，顺带**练习一下“眼技”**也

好。表情在表达喜怒哀乐等自我情感中，是不可或缺的部分。神采飞扬的眼神可以令人感到自信与进取，反之，呆滞无神的眼睛无法让人感受到生机，也会给观者带来不快。

不同的感情，要怎样表现，要用什么样的眼神才能达到效果，这就需要我们到镜子前好好检验一番了。检验的时候，还可以一并观察自己的嘴部动作和打招呼的方式等。

我每天早上都少不了这一步，为了能以好的心情开始新的每一天，我都会做一个简单的“仪式”——那就是拜祖。

先把佛龛上的水换成新的，然后烧香，打开八音盒。曲子是贝多芬的《第九交响曲》。接着双手合十，心中默念父母、岳父、岳母的名字，小声说一句：“我会努力过好今天，还请爸爸妈妈多多保佑。”

我还会想到三个人。一位是我小学时遇到的恩师，他锻炼了我不屈不挠的精神；一位是山上酒店的社长吉田俊男，他引领我开启了酒店的职业生涯；还有一位是大仓酒店的野田岩次郎先生，他教会了我作为酒店人必须具备的各种知识。

仪式结束后，我会感觉身体与心灵都变得精神百倍，背部肌肉也自然地伸展开来。“来吧，新的一天开始了！”我的**精神面貌焕然一新**。

◆ “时尚”不仅靠西装和领带

虽然有些老生常谈，但让衣服保持“**整洁干净**”是首先要做的事。

要是衬衫的袖口和领子上有污渍，西装肩上有头皮屑，那就看起来太不像话了。即使穿上熨烫平整的衬衫，在人满为患的上下班电车上你推我搡之后，衣服也会变得皱皱巴巴，因此，最好在公司备好可以替换的衬衫。

如果把前天脱下的衬衫挂到衣架上，那么衣服上的褶皱，就会在第二天变平整。我出差的时候，都会脱掉衬衫，把它挂到衣架上，并放在浴室里。因为浴室里的热气有蒸汽效果，可以让起皱的衣服在第二天变回平整的模样。

领带是穿着的点睛之笔。因此，如果每天都戴着同样的领带，就会显得你不注重着装打扮。

这是很久之前的事了。我曾买了 50 多条单价 1000 日元的领带，然后发给大仓酒店的 30 名营业员。这是为了让 30 名员工能轮着使用这 50 多条领带。营业员们在这 50 天里，没有一天戴过同样的领带。

也有人会专用一条高价的名牌领带，虽说也不是什么坏事，但最好多备两三条换着用，有利于提升装扮的品位。

不管是阿玛尼还是范思哲之类的大牌，如果一直戴着一样的领带，都会让人觉得：“啊，怎么又是一样的领带呀！”而如果每天都换不同的领带，即使是非名牌的便宜货，也会让人感觉：“这人每次都戴不一样的领带，还挺时髦的，是个会在着装打扮上下功夫的人呀！”

脚上的装扮也很重要。

电影《沉默的羔羊》有这么一个片段。

在安东尼·霍普金斯和朱迪·福斯特所饰演的角色对峙的场面，看看他们脚上那破旧的鞋子，就能知道他们“出生贫穷”的背景。

无论穿着多么高级的西装，如果忽略脚部的时尚感，就会让人看出你的“底细”。

我每天**绝对不会穿同样的鞋子。**

但是，看的人却会感觉：“桥本先生总是穿着同样的鞋子呢！”

实际上，是因为我有好几双同样风格的鞋子可以换着穿，才让人有这样的感觉。这样做还可以减少鞋子的消耗，更为经济。

上述内容都是我从山上酒店的前社长吉田先生那儿“偷师学艺”过来的。吉田先生不仅备有多双鞋子，也拥有好几

套同样的西装和衬衫。可能周围的人看着，会感觉他是穿着同样的衣服，实际上，吉田先生每天都会换衣服。看到吉田先生做到这般程度，丹蒂主义[①]者们也会不由得脱帽致敬。

年轻人往往会向往吸引人眼球的时尚，但是希望各位心里明白，终极的时尚在于**“雅致”**。

① 丹蒂主义：一般是指男性的风度和审美意识。起源于英语，在 18 世纪末作为新词出现，19 世纪初到中叶广泛普及。

男性上班前的着装

西装
有折线的地方要清晰可见，西装上不能有褶皱、污渍

领带
要和前一天的不一样，并事先熨烫好

衬衫
袖子和衣领要保持洁白，
没有褶皱和污渍

鞋子
要和前一天的不一样，
并且要擦好鞋子

头发
花钱做好发型，要没有
头皮屑

指甲、牙齿
保持指甲干净。勤刷牙，
使口腔清新

预　约　有备无患

◆ 预约时不能自己想当然

不论远近，每当要去拜访客户时，都要做好预约。“未问先扰”不仅会给对方带来麻烦，也是极其失礼的行为。要知道不考虑他人情况就来叨扰别人，是商务场合的禁忌，这点需多加注意。

我也是，除非和对方特别熟，自己时间也非常充裕的时候（虽然实际上没有这样的情况……），否则我都会把他们拒之门外。遇到一些没有常识的后辈，如果不给出相应的冷淡态度，他们是不会反省的。

那么，预约要在什么时候为好呢？我建议最晚在访问日的**大约 1 周前**做好。因为 1 周的时间，无论对方多忙，也能调整好行程安排，像是资料等，也可以事先做好准备。

预约会面的时候，需要告诉对方一些信息。具体为**“访问时间”“访问地点”“访问目的”“访问人数”“希望和谁会**

面”等。

“我是某某公司销售部的铃木。某月某日想就某份合同跟您会面，不知您是否方便？”在电话里可以先这样询问。根据具体情况，为了方便对方的时间，“某月某日”当然也可以说成“这个月中旬左右……”等。

当对方了解了你提出的访问日期，并告知方便的时间后，这边当然就要配合对方了。

可以这么回复：“是某月某日的15点吧。谢谢，您看这个时间前往贵社可否？”

访问的地方可能是对方的公司，也可能是某家酒店的大堂。所以预约的时候别忘了确认具体地点。如果先入为主地认为“访问地=对方的公司”，就不能算是真正预约好了。

“我们这边有佐藤部长和我两个人一起过去拜访，当天贵方的销售部长中村先生能否一同出席呢？”

当接受预约的是负责人，如果想要让该负责人的上司也出席，就要在预约阶段事先说明。

不能由我们这边作出随意的决定，像是说：“因为要讨论合同的事，所以你们的部长也要一同出席”“就一定……”“就应该……”等，这类表达并不是判断，而是想当然。预约的时候**绝不可自己想当然**。

因为要考虑到对方，所以预约时，应当事先告知我方参加会面的人数，让对方可以做好各种准备。在日本的商务场合，每次交涉完后，经常会有“去小酌一杯”等情况。当确定好人数到了访问地时，如果出现“啊，中村部长也来啦……哎呀，您还特意过来”，像这样我方人数突然增加的情况，虽然对方负责人看似淡定自若地接待着，心里估计会十分慌乱，因为他得赶紧致电宴会场所，告知预约变更的情况：“不好意思，今晚的预定，能否把人数从 3 人增加到 4 人呢？”

所以，为了不让对方劳心劳力又费时，就需要预先明确告知我方人数。

◆ 要变更预约时，什么该说，什么不该说

跟对方预约之后，如果出现要更改会面时间和人数的情况，应该立即跟对方联系，这是常识中的常识。

“十分抱歉，原定某月某日前去拜访的，您看时间能否从 15 点改为 16 点呢？”

“实在抱歉，原定某月某日的预约，您看能否改为某日呢？”

遇到这种情况，首先要明白，由于是我方导致原定计划变动，所以要**道歉**，然后要告诉对方**变更的内容**，这是一种

礼貌。

如果同行的人行程或时间不方便，要说：“抱歉。当天中村部长有不得已的原因，只能由佐藤我一个人前去拜访贵社了。”

顺便说一下，这里把事情模糊化处理，说成不得已的原因会比较保险。“因为突然出差……”“当天有脱不开身的会议要参加……”等，这样告知详细原因的话语，会让对方觉得：“什么呀，是不是跟我们谈合同，您家部长就没必要出面呀？”

还有预约时间的时候，要用**24 小时时间制**来进行确认。因为像是上午 7 点、下午 7 点的说法，容易造成混淆。

访 问 “5分钟前才到”是没有常识的行为

◆ “+a”的时间会让你迟到

在商务场合，拜访客户是考验礼仪的时刻。在前台的一个小小行为，可能就会被人贴上“田中先生的公司看来没教育好员工”之类的标签。

当预约完，前去拜访的时候，仅是迟到，就会让对方对自己的公司的印象一落千丈。

比如约好14点拜访，如果你认为准时到对方公司就好，那就错了。到了对方公司，得先到前台交涉，还要坐电梯、走楼梯等去找对方，这个过程就会花好几分钟。约好14点见，结果却成了“14点+a（14点多）”见。要记住，约好的时间是和对方**直接见面的时间**。

此外也经常有“提前5分钟到”的说法，但不能一概而论。就像我刚刚说的例子，从到前台让人帮忙联系，再到见到对方，所需的时间并不都一样。这里，我建议把拜访各个客户

所需的时间，都事先记住。

◆ 接待与被接待时的行为礼仪

到了前台，要先报出自己所属的公司。

“打扰一下。我是大和商事营业部的田中。我想跟贵公司营业2科的佐藤先生见面，商谈交货事宜。您能帮忙联系一下吗?”

固定套话基本如上所述。

而要是想在套话中加上预约时间，就可以说:“之前预约了14点见面……”

如多次访问过对方公司，和前台工作人员都很熟了的情况下，就要注意加上“您好”“一直以来承蒙关照”等寒暄语。

如果是头一次拜访，在**说完一些“套话”后，拿出名片**给前台工作人员，那么前台的联系工作会更顺畅一些。要在对方还未说出“能否跟您拿一张名片”之前，就要把名片递给对方。

一些奇怪、罕见的名字就不必多说了，新听到的公司和部门名称，只听一遍是很难正确记住的。所以如果不递给对方名片，就容易出现“不好意思，您是大和商事的，还是台场商事的人呢……还有就是，您是山田先生吗?”类似这样的

情况。

这种情况下，其实只要递一张名片，就能省去这些为确认信息所花的不必要的时间。

在前台等待的时候，如果碰上了熟人，不要忘了说“你好”“一直以来承蒙关照”等寒暄的话语。也不用说得特别多，大概解释一下“今天是来拜访佐藤科长的”就可以了。

当接待人员带你去见对方，你最好与接待人员保持**两三步的距离**，跟在他的左后方。因为接待人员多半会靠右侧墙壁行走，这是一般人习惯走的方位。而如果接待人员靠左侧墙壁走，依此类推，我们就在后面，与他保持两三步的距离靠右走。

到了接待室，首先一个问题就是要坐哪里。有人会一进入室内，就环视四周，想着“上座是在哪里……”，但这样东张西望的样子看起来十分失礼。接待员就在这，直接问不就行了？

“请问我坐哪儿比较好？”

“请来这儿。因为佐藤会坐这儿……”

于是座位就确定下来了。

◆ 在接待室等待的时候可以做什么？

在对方来之前，一直老实等着也可以，但如果接待室里布

置有画作、书、壶、带有花纹的器皿等装饰品，也可以进行鉴赏。

接待室内可能会摆放室主的收藏品，在和对方会面并交换名片后，进入正题之前，这可以成为一个很好的话题。

“这是郁特里罗的画作吧，真有品位。”

“其实这是我们公司社长的收藏品。您也喜欢画吗？”

通过这样的交流，气氛就能缓和下来。但是，如果不懂装懂地进行夸奖就不好了。

“哇，真是幅好画。肯定是某位名人的作品……”

“没有没有，就是个不值钱的东西。惭愧惭愧……”

于是气氛就会变得尴尬了。虽然对方表现得很不好意思，但实际上，心里肯定会想：“不懂还装懂，是不是傻呀？这人真不靠谱！”

要想把装饰品当话题来谈论，也可以通过坦诚请教别人的方式来进行。一些墨迹和新书肯定是没读过的。这样的话，可以跟人请教：“那书讲什么的呢？”之后便能展开话题了。这样不失为一个好方法。

交换名片 “最初的王牌”可分高下

◆ 瞬间辨别谁是大人物的秘技

可以说，商务是从交换名片开始的。这种互相认识的场合，绝对要避免失礼。

虽然已经做过不少回交换名片的事情，但说不定这里面还存在一些意外的陷阱。所以希望各位能重新掌握正确递名片的完整礼仪。

交换名片的时候，“由下位者先开始”“在拜访地，需要由前去拜访的人先递名片”，这些都是递名片的原则。

比如，和下属一起第一次访问客户的情况下，首先要进行自我介绍，然后给对方地位最高的人递上名片。

当今的日本，已打破了过去按入职时间排辈论资的年功序列制[1]，难以从外貌和服装上判断他们的上下级关系。但是，

---

① 年功序列制：年功序列是日本企业的传统工资制度，特点是工资随着员工工龄的增长而增加。

交换名片的顺序

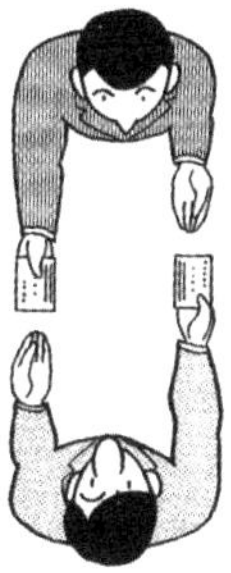

1
向对方递名片

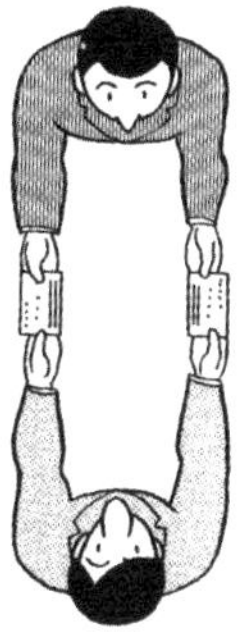

2
单手接过并拿好对方的名片

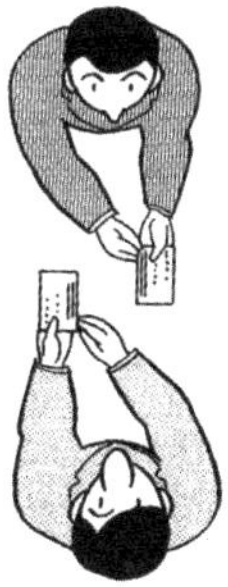

3
右手把名片拿到自己跟前

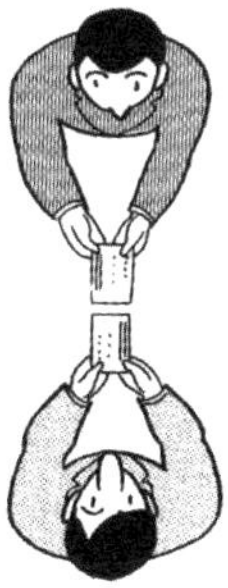

4
双手拿好名片，并往自己跟前挪

对方进入接待室的时候，我们就能大概看出他们的关系。一般来说，系长开门，首先是部长进来，接着是科长，然后系长再把门关上进来。

也就是说，**第一个进来的人是他们那群人里的“老大”**，按照这个规律一般不会错。

这时的套话是：“一直以来承蒙关照，我是营业科长江口。还请多多关照。”

同样，互换名片的时候，要从对方地位高的人开始，然后往下互换。之后介绍自己的下属：“这是我们公司的系长织田。”下属在这时要按同样的顺序和对方交换名片。

接对方名片的时候，首先要伸出右手，然后加上左手，一定要双手接名片。要把名片当作是对方人格的一部分来认真对待，这是交换名片时的铁律。如果单手接名片，则相当于对对方人格的蔑视。

对方入室之后才开始找名片，也是不明智的行为。我们需要提前准备已数好的名片，并放到内袋里。

◆ “好记性”决定你的第一印象

为了不弄错对方的职衔和名字，一般在面谈的时候，要把名片**按座位顺序摆放到桌子上**。

但是，除去对方人数众多的情况，如果只是两三人的情况下，记住这些人的头衔和名字，把名片收到袋子里会比较好。

如果连这么几个人的信息都不能立刻记住，那么会不利于商谈的推进。

假如有人的名字比较奇特，还可以把这当成一个话题。

比如说："副岛部长是九州人吗？我听说这名字在九州挺多的……"

这样往往能活跃谈话的气氛。名字里其实包含着许多信息。

判断出了对方出身的地方后，可以继续顺着话题聊聊这个地方，像是请对方简单说说故乡的逸事等，这样就能很快缓和双方初次见面时尴尬的局面。谁都会有一两个对自己故土感到骄傲的点，想与别人分享这些骄傲的地方，也是再正常不过的事。

◆ 让第一印象有阶段性升级的习惯

只要在面谈的时候，试着多说几次对方名片上所写的头衔和名字即可。

"副岛部长是怎么想的呢？"

"我想请教一下佐藤科长的意见。"

像上面这样，说出别人的名字既能增加亲近感，也能强化自己的记忆。如果只说头衔，日后就可能会出现名字和脸对不上号的情况。因此边看着对方的脸，边说出名字准没错。实际上，一些精明强干的营业员，一定会在谈话的时候加入对方的名字。

在桌子上排列放着名片的情况下，先把散放着的资料和文件收起来，最后再收名片。

在紧张状态下，商谈结束的一刻往往会让人整个放松下来，但正是这样的时候，更不能忘了作为人格一部分的名片。

如果把对方的名片和自己的名片一起放入名片夹，然后放进西装的侧兜里，会让对方不高兴。更不要说放到裤子屁兜里的做法了。放名片的时候，一定要把收到的名片认真地放入干净、专用的名片夹中，然后放在**胸口内侧**的袋子里。

第一印象会给之后的人际交往带来影响，而互换名片，可谓打造第一印象的重要瞬间。

正所谓好的开始是成功的一半。

社交 成功的关键在于随机应变

◆ 在对外交涉的场合，自己便是自家公司的门面

从事对外工作，一般先会和一线负责人进行沟通。之后如果交涉进入僵持阶段，也可能会被介绍去和拥有决定权的科长、部长等人交涉。在这样的场合，哪怕是一个小兵般的角色，和其他公司的人进行面谈时，也会代表着自家公司，所以采用什么应对方式，关乎自家公司的门面。这点需多加注意。

“贵公司经常出新产品吧。不知现在贵公司有多少种类的新品呢？”

对方的部长这样询问时，如果不能立刻回答就不好了。因为打算销售自家公司产品的人，连自家产品信息都不了解，也就没什么好谈下去的必要了。

“买这样的人介绍的商品，真的没问题吗？”

对方这么想也很正常。

虽然不至于要把每个商品的详细数据都牢牢掌握，但是可

以先把这些产品列出来，做到能够立刻说出这些产品的简单特征。

如果去问大仓酒店的营业员有关馆内餐厅的信息，他们会介绍：“餐厅内有中餐馆桃花林、法餐美好年代和铁板烧店茶梅，虽然名字记不太清，但餐厅内还有一家港式早点。”

这样回应，让听者也会想来这家酒店。

让馆内餐厅都记不清楚的营业员去跟客户交涉，那该酒店的质量可想而知。菜肴和服务都不会值得人们期待。

◆ 不懂问谁？

了解产品的同时，还要大概知道**自家公司的基础信息**。

因为我们并不知道对方会提出什么问题，所以当对方问出的问题超出了你所知道的范畴，如果对自己的公司并不了解，就容易陷入无法应对的困境。

“该产品的素材是贵公司开发的吧。应该费了不少劲吧？”

当对方问出这类问题时，“这个嘛，我是负责销售的，所以这方面我不太了解……”如果这样回答，是不是因为自己多少有些心虚呢？这时候，应该这么说：“这是研发部一位叫阿部的人带头开发的。具体情况我了解得不太多，待会儿我让阿部跟您联系，介绍具体情况。”

我有时也会联系一线的负责人，提出来自客户的询问。并且之后会继续跟进这件事。让负责人跟我报告是怎样向客户说明的，并与客户取得联系。

“刚才负责人伊东已经跟您说明了情况，您能理解吗？如果还有不清楚的地方，我会向伊东确认……”

到这里，首次应对就算完成了。

◆ 大仓酒店第一代社长野田岩次郎的演技

进行社交的时候，还需要考虑自己的立场和角色，已故大仓酒店的第一代社长野田岩次郎还在世的时候，发生过这么一件事。

野田先生一位熟人的女儿要举办婚礼，那位熟人就到他家拜访。野田先生看出熟人拜访的目的是想要享受费用打折，于是对我做出了指示。

野田先生让我仔细研究对方的报价，然后对可以打折的地方进行确认。再将报价单副本递给他，副本中用红字标出了“社长权限内可以提供的优惠”项目。

然后当天，迎接熟人的野田先生把我也叫来了。

“桥本，你看这几个项目能不能再优惠一些？”

野田先生就标有红字、表示可以优惠的地方询问我。

于是，我说：“那，这部分的价格就变成这样，您看？”

接着，野田先生说：“那这几个怎么样呢？”

“既然社长都说到这个份儿上了，那这价格就……”我这么回应。

其实什么都没变。我们却煞有介事地说着原本就可以给优惠的地方，演了一出好戏。于是对方心服地想：“不愧是野田先生，真了不起啊！”如果我最开始就表示“价格是这样或那样的”，那么社长的威严和面子就建立不起来了。

以前我时常会有这样的“配合演出”，并从中学会了不同人有不同人的立场和角色这个道理。

现在自己处在怎样的立场，应该扮演怎样的角色，在对外交涉的时候，我们应时常思考这个问题。

和海外的交涉

即使英语不好，也能有留下好印象的方法

◆ 和海外客户进行交流的方法

当今的商业世界，在不断全球化，中小企业进军海外已不是什么稀奇的事情了。因此，和海外客户进行电话联系的机会也不少。当对方是外国人的时候，就不能期待可以像和日本人客户一样，进行默契的交流了。这时更需要有好的礼仪。

这种情况下，首先要了解**“时差”**。在日本是上班时间，在其他一些地方可能早就是下班时间了，办公室里往往没有人，所以如果要和外国客户联系，就要确定和把握好当地时间，不然就会做许多徒劳的事情。

比如，日本和伦敦有 9 个小时的时差（夏至期间时差为 8 小时）。如果当地的上班时间为早上 9 点，那么日本就是下午 6 点。

多联系几次后，我想就不会有弄错时差的情况了，但意外的是，除了时差之外，我们往往还容易忽略掉海外客户所在地

的节假日时间。日本有建国纪念日、文化日等独自的节假日，其他国家也都有自己的**“法定假日”**。如果不了解这些节假日时间，并在这些日子不断打电话过去，就会一直无人接听。

这时就会有：“咦，奇怪，难道是有什么意外情况吗？”这样不必要的担心。

所以可以说，了解当地情况，是让海外事业顺利推进的一个要点。

打电话后，还需发送邮件和传真，跟对方进行汇报。

“某月某日某时，我们因某事与贵社进行了电话沟通，请多多指教。”

像上述这样，写出并发送简单明了的邮件（用当地语言）。即使对方当时不方便，事后也会回信，像“现在在开会”“现在出门在外……”等，这样不便处理事务的情况就得以解决了。

◆ 不懂英语！慌乱前可以做什么？

“Hello，this is ○○company.（你好，这里是某某公司。）”

突然，电话那头传来流利的英语，如果此时慌张失措，那就麻烦了。

这时候应该告诉对方自家公司名、所属部门、名字。

“自我介绍”已经是固定套话了，这种程度的英语还是需要事先记住。毕竟我们不是英语国家的人，所以不需过分纠结英语口语的流畅程度。要点是把英语说慢、说清。

“对英语完全没自信”的话，公司内部可以把一些**英语好的人培养成翻译**。与其让英语不太好的人与外国客户交流，让外国客户听得一头雾水，还不如让专业人士来翻译，这样也能显得更商务、更专业。

众所周知，日美两国首脑之间会有直通电话，日本首相和美国总统谈话的时候，日本外务省的口译人员会跟在旁边。即使日本首相精通英语，也会配有口译人员。连日美两国首脑都这样通话，在普通的商务场合，配上口译人员进行交流，更是理所当然。

“我叫上田，代桥本跟您电话联系。桥本的意向是……，因此……”

像这样的情况，需要事先和口译人员沟通好要说的内容、要求事项等。

当我们需要给对方说“好”或“不”的时候，需要事先想好，是说“好”还是“不”。

如果给出“好”和“不”之外暧昧不清的回答，则会妨碍商务事项的推进。

和日本进行日常商务合作的海外公司，会有许多懂日语的当地工作人员。这种情况下，只需在寒暄之后跟对方公司提出要求：“我想请能说日语的员工帮一下忙。”

“I would like to speak with Japanese-speaking staff.（我想和会说日语的工作人员沟通。）”一般英语这么说。

总之，交流是要让双方的意思能够准确传达。不懂装懂，就容易让别人心怀不满地想：“不懂英语（或其他外语）就不要不懂装懂。”“不懂就让懂的人（或请对方懂的人）在旁边帮忙。”作为重要的礼仪，大方展现自己的外语能力，不懂就说不懂，那么和外国客户的沟通就不会失败。

不过呢，成为海外贸易的负责人，多多少少还是得学习一下英语，因为这是一种商务礼仪。

处理投诉

用“心”应对难处理的问题

◆ 速度是最佳的“灭火”方式

在处理投诉电话的时候，最需要的是“迅速”。

如果客户所购的产品存在缺货、漏货，或是服务不周等问题。不管是什么理由，我们都需要理解对方想要**发泄**的“心情”。这时候说“请稍等一下”，然后让客户等很久，只会让客户更加生气，一般等 20 到 30 秒就是极限了。

如果需要让客户等超过这个时间，那么就要回复“真抱歉！负责人那边说需要 5 分钟后再跟您联系。不好意思，您方便留下电话号码吗？”像这样告知对方会回电话就好。

如果是要立即转线给负责人的情况，就要记下投诉的要点，并递交给负责人，或是跟负责人口头传达。这么做当然是为了**不让客户重复说同样的话**。

刚接电话，就算是已经了解了投诉内容，接线的负责人可能还是会习惯性地问：“请问有什么事？”

这样的话，对方就得再重复一遍，因此这是十分失礼的行为。如果对方是个急性子，就会说：“你是笨蛋吗，不要让我重复同样的话！”对方如此生气，其实并不奇怪。所以在这样的情况下，负责人应当跟投诉人更深入地了解投诉的详细情况。

“是某事的投诉吧。说是因为产品不齐，请问具体是哪些货品不齐呢？”要这样说。

◆ 关键是不要立即判定黑白

当然也有不能立刻处理投诉的情况。

有些投诉，就需要调查事情原委、产生问题的原因等，这是要花时间弄清楚的。

这种情况下，需要先简明地把情况说明给对方，然后跟对方确认：“请问是这样吗？”而不是给对方答复。因为我们需要做好调查，弄清楚原因后，再判断对方的投诉是否正当。如果这一过程中，对对方所说的话一味表示认同和接受，这类发言是很危险的。

此时应该这样说。

“待我们查明事情，再跟您汇报情况。”

这时还需要说清楚“什么时候”能给答复，从而让对方

接受。而像“后天跟您报告……”这样的答复，会让人想：“后天是什么时候？”如果有必要，需要前去跟对方说明情况。

◆ 绝对不能用办公机器的情况

如果明确是我方的失误造成的投诉，那么要跟对方道歉。首先要致电对方汇报情况。

“前些天您指出的问题，正如您所说的。实在抱歉！后面还请您允许我们登门致歉……”

正常来说，在了解了对方方便的时间后，要带上伴手礼前去拜访致歉。如果没到投诉的地步，对方也只是指出了一些问题和意见，打个电话说声“谢谢”，也没什么大碍。但是如果可以，之后在明信片或信纸上写上感谢的话语（进行情况跟进），是处理这一事件更高级、更礼貌的做法。

在跟对方致谢和道歉的时候，不能用电脑打字。感谢和道歉不是事务性联络，而是**传达“心意”的表现**，要坚持手写。就算书写得有些拙劣，也要严格遵守这个原则！

如果是我，就一点都不想读用电脑打印出来，再用传真送来的感谢信和道歉书。我会当场把那些东西扔到垃圾桶。便利的办公机器，如果用错了地方，只会惹对方不快，这点还请各位记住。虽然电子邮件可以实现文件的有效交换，但会欠缺向

对方传达“心意”的功能。

而且投诉的调查内容，说不定还有机密事项。

除此之外，还要禁止用电话汇报这件事的调查情况。虽然我想没有人会在电话里口若悬河地诉说机密，然而在现代商务场合，这种常识却逐渐变成非常识，以至领导们都需要苦口婆心地叮嘱下属。

“好”与“不” 产生信赖的“果断”表达方式

◆ 不说“不！”的传统

在商务场合，经常会有需要做出“决断的时刻”。

虽然这是必须表明自己态度的时候，先不论那些可以顺着对方的要求，快速给出承诺的情况，当必须要拒绝的时候，众所周知，日本人遇到这样的情况就会头疼。因为日本人的性格往往不会明说“不”。

这多半是受到了日本社会风气的影响。

像是察言观色、口是心非、沉默是金等，日本人有着即使不说，彼此也能揣度出对方意思的“传统”。

即使是一些拒绝的话，大阪人会说“这个嘛，我考虑考虑哈”，京都人会说“谢谢”“吾等回去再饮上一杯”等，如不是对当地文化有相当了解的人，恐怕难以判断是什么意思。大阪方言里的“ほな（hona）～”有“我拒绝”的含意，京都话里的“おおきに（ookini）”是（带有否定性质的）“多

谢”,“帰りに（kaerini）～”直译为“回去”，实则是说“您别再来了”。如果不是熟悉这些地方的人，还真不知道他们实际说的是什么意思。

◆ “好”里要加“内容”

先不论刚才说的这些问题，如果不能明确说出“好”和“不”，往往容易产生误会，也会给之后的人际交往带来阻碍。

当然，说“好”和“不”这里头，其实也是有技巧的。

比如，接受客户委托的情况下，基本上会说“我明白了”“好的，了解”，但只这样回答，是不能展现出十足的干劲和诚意的。

应该说:“我明白了。我会尽全力好好干的!”

“好的，了解。我会尽全力的。”要让客户感受到话里的**“内容”**。说“好”的同时，根据具体情况，加上一些带有感情色彩的词，是回答“好”时的要点。

◆ 说“NO”要懂得“圆滑”

下面，就是比较难回答的“不”了。

即使不能答应对方，也要考虑到对方的心情，在拒绝时，应当修饰一下自己的语言。但如果答复含糊不清，反而会让对

方觉得还有希望，使其一直不放弃。

“是呀。要是我这边能接受就好了……”

像这样答复，对方就会心里想：“难道还有机会?!”多少抱有一些期待。

实际上，根本就没有所谓的“难道”，这样含糊的回答，只会让对方感到困惑，期待越高，反而越失望。

像“抱歉，这个我们不能接受”这样果断的拒绝，其实也能让对方接受。

委托和要求的形式有很多。商务场合一般就要签合同进行交涉，这里会牵扯许多的关系。此外还有就业方面的关照、介绍人才等。

私人方面，从申请借款到委托保证人、提亲、约会、约喝酒等等，委托和要求的形式可谓无穷无尽。根据时间、地点、场合区分使用说“不”的话术是很难的。

比如，收到请求帮忙找工作或介绍人才的时候，像“这我办不到呀”这样直接拒绝，会让人觉得你有些不留情面。

对方是抱着“如果是他的话，或许能帮我……”的想法请求你的，所以也会希望你能有相应的回应。

“这件事，真不是我力所能及的。实在是爱莫能助，真是惭愧……”

如果这么说，是不是会好些呢？

表现出因帮不上忙而**不好意思的态度**，就不会让对方留有遗憾。

在签合同和交涉过程中，如果客户杀价，并提出严苛的条件时，又该怎么办呢？这要具体看与对方的关系如何了，如果不能答应，也只能说“不”。

“我们公司内部也对这个提议讨论了很多次，但还得按原来的价格，请您理解。”

这样的答复既明确又妥当。如果直接跟对方说“我无法答应您的要求”，这样听起来就显得比较生硬。

◆ “好”和“不”之外的“第3种”回复

对对方提出的委托和期望进行回复的方式，不仅只有“好”和“不”，还有**“留有余地”**的回复方式。

“这里有商量的余地。”

“现在还时机未到，也不是不能谈。”

“只要能满足几个条件，还是可以谈的”等，这类回答方式，就是第三种“留有余地”的回复方式。这种情况下，就要明确告知有什么不足、存在什么问题。

我在大仓酒店时，曾和一位叫仓田先生的经理共事，当我

们跟他提出委托和要求时，他只会用“好”“不”“等等”这三种回复方式。回复“等等”的同时，他还会提出一些问题，明确告知我们应该做些什么。

回复别人绝不仅仅是“好”和“不”中二选一。懂得这点，也能让你的心胸变得开阔。

商务会话 平衡和感性是通往“能人”之路

◆ 商务场合的“疏忽大意”会令人“大失所望”……

在商务场合，行事就必须得像个“大人”。要是说话方式还未脱学生稚气，那在被人质疑你个人工作能力之前，你就是一个不合格的商务人士。

要有成年人的行事作风，就需要一个重要的武器，那就是“敬语”。这个武器分类繁多，具体有尊敬语、叮咛语、谦让语……要掌握这些实属不易。

实际上，作为商务人士，即使是积累了多年职场经验的人，也常会有一些“疏忽大意”的时候，结果导致对方感到不快，使得商务合作不得已以失败告终。这样的“大意”其实并不少见。

比如去接客户的时候，“いつもお世話になっております（一直以来承蒙您的关照）”这样的话是少不了的。如果想要更郑重一些，却说成“いつもお世話様でございます（一直

以来承蒙先生您的关照)”是不可以的，因为这句话用到了日语里的敬称“様（先生/女士)”，还用到了“ございます(结尾词无具体含义)”。采用这种郑重的说话方式的人，恐怕是担心自己显得还不够尊敬。然而“お世話様（承蒙照顾)”其实是对地位比自己低的人表达谢意的说法。

所以出口之前需正确认识对方与自己的立场。

基本上就是要**“捧高对方”“降低自己”**。在需要委托对方，或是跟对方寻求意见的时候，可以这样说：

“您能……?”

“您觉得……如何?”

“关于……您的看法是什么呢?”

而如果对方提出委托和要求，可以说：

“好的。”

“好的，了解。”

“就……请允许我这么做。”

“我会认真思考的。”

类似这样的话。

应允的话语“明白了”不是成人的商务用语，至少在与客户的对话里是不能用的。

◆ 敬语不是一种束缚，而是一种“想法”的表达

可能跟客户介绍自己的上司等情况的时候，也会让你有些头疼。

“铃木部长，还请让我给您介绍一下。这位是我们公司的佐藤科长。”

虽然这么介绍没有什么违和感，但在日本商务场合有这么一个不成文的规定，那就是**“职务”是某种“尊称”**。跟客户介绍自己公司的人时，称“佐藤”为“佐藤科长”是很奇怪的。这里应该这样说：

“这位在我们公司担任科长一职，叫佐藤。”

“这是本公司的营业科长佐藤。”

在公司内，当然可以加上科长的尊称，但是在客户面前，即使是自家公司的社长，介绍的时候也得说是“我们公司的社长山田”，这无疑是商务场合的常识。

和对方面对面时，总会有许多情况发生。

能否敏锐地嗅出其中不对劲的地方，展现一些细节之处，是话术能人与不太会说话的人的不同之处。

比如，和对方初次见面，日语里有“初めてお目にかかります”“お初にお目もじいたします”等，都表示初次见面

的意思，这样的寒暄和突然自我介绍说“我是某某商事销售1课的佐藤”相比，给人留下的印象大有不同。

对方来访时，可以跟远道而来的客人说：“您特意远道而来……”

还可以考虑到炎热或寒冷的天气、气候说：“您严寒之中……”“您酷暑之中……”“在这因天气行动不便的日子，您还特意前来……”等，这样表达可以改变留给人的印象。

因为对方为了和自己见面，专门挤出时间前来，所以表达的时候，关键是表现出这种**“由衷的感谢之情”**。

◆ 根据时间、地点、场合改变说话方式

过于纠结敬语的使用，有时候也可能给自己挖坑。

“我听闻铃木部长先生的高尔夫球技了得。”

像这种敬语就有些使用过度了，一旦发现自己不太习惯用“敬语”，而又想多加使用的时候，就容易出现这样过度的状况。

在使用敬语的时候，也常会有“用过度不如不用”的情况。滥用敬语，与其说是感觉好坏的问题，不如说是表面恭维，实则内心傲慢的态度问题。

像是“听说铃木部长高尔夫球打得很好”，比上一句要让

『敬语』的种类

● 尊敬语

对对方及对方所持之物、动作表达敬意的言语

- 动作加上「**お**（**ご**）……**になる**」「**お**（**ご**）……**になさる**」
  例如：「**お**食**べになる**（吃）」「**ご**辛抱**なさる**（忍耐）」
- 加上「**れる**」「**られる**」
  例如：「行**かれる**（去）」「来**られる**（来）」
- 事物加上「**お**」「**ご**」
  例如：「**お**話（话）」「**ご**説明（说明）」「**お**位牌（牌位）」「**ご**承知（理解）」
- 带有「尊敬」意义的特定词汇的使用
  例如：「**お**越**しになる**（来）」「**いらっしゃる**（在）」「御覧**になる**（看）」

● 叮咛语

通过使用郑重的措辞，来表达对对方的敬意

- 词语末尾加上「**です**」「**ます**」
  例如：「今日**は**晴**れです**（今天是晴天）」「傘**を**持**っていきます**（带伞走）」

- 加上接头词「**お**」「**ご**」

  例如：「**お**言葉（话）」「**ご**伝言（传话）」「**お**名前（名字）」

- 使用特定的语言来表现郑重

  例如：「**こちら**（这）」「**あちら**（那）」「**いかが**（如何）」

● 谦让语

自降身份，相对地抬高对方以表达敬意

- 加上「**お**（**ご**）……**する**」「**お**（**ご**）……申**し**上**げる**」

  例如：「**お**伝**えする**（转告）」「**お**願**い**申**し**上**げる**（恳求）」

- 加上「**させていただく**」

  例如：「**ご**一緒**させてくただく**（请允许我也一同）」「変更**させえていただく**（请允许我变更）」

- 对方的动作加上「**お**（**ご**）……**いただく**」「**お**（**ご**）……**くださる**」

  例如：「**お**書**きいただく**（写）」「**お**食**べくださる**（吃）」

- 使用带有谦让意思的特定言语

  例如：「申**し**伝**える**（传达）」「拝見**する**（拜见）」

人好感度提升不少，语言上也更干净漂亮。所以把握好敬语的使用程度是相当重要的。

“前些日子提交的策划书，我觉得挺好的。”

对于客户表扬的话语，如果回答：“您过奖了，您能这么说是我的荣幸（不敢当不敢当）”，就容易让对方感觉你有些过于谦卑。

这时只要说“不好意思了”“谢谢”这样简单的话即可。

简而言之，使用敬语的关键在于懂得分场合，把握好说话的尺度。

第 2 章

掌握社交礼仪的运用能力

海外出差 “笑脸”是各国共通的护照

◆ 去国外出差是考验礼仪的“重要场合”

每个国家都有每个国家的个性，不同国家会因为地理、文化、习俗以及风土人情而不同。到国外出差，外国就成了考验我们礼仪的重要场合了。

前往国外，我们大多会住在酒店，酒店的工作人员都是服务行业的专业人士，对于客户提出的要求，一般他们都会尽量满足。

在酒店，服务员们会排成一列，这些人里有负责整理床铺、打扫屋子的清洁员；有迎送客人的门卫；有负责叫车以及帮忙搬运行李的行李员，以及负责帮忙订机票、预约剧场、餐厅等，有“万事通”之称的酒店迎宾员……要想在酒店过得舒适，关键在于懂得怎么利用这些人员。

这里就不具体说明利用这些人员的方法了，关键在于**“微**

笑”“寒暄”和“感谢”这 3 点。要配合笑容说“Good morning/afternoon.（早上好或下午好）”。如果这些服务人员为自己做了些什么，一定要加上“Thank you（谢谢）”。试着这样做，他们的心情会变得更好，也更愿意为你提供服务。

◆ 当清洁员都忍不住吐槽的时候

另一方面，住客在酒店也要遵守礼仪。虽说床铺和房间会有人为住客打扫，但是随意弄脏房间、东西乱放的行为，会有辱自己的国家。

床上的毛巾弄成一团扔在地上，烟灰缸满是烟灰。不知道用来做什么的纸巾，随意丢到垃圾桶旁。去浴室一看，浴巾、毛巾等满室乱扔，浴缸和洗脸台上的水槽到处都是头发。

即使酒店房间可以自由使用，这样做也太过分了。我想清洁员刚进门的时候，肯定也会说：“Oh my God！（我的天）”

所以我们外出住店，离开之前，应当把屋内明显的污渍和脏乱收拾好、弄干净。希望各位能养成这样的礼仪习惯。

在自己家里，谁都不会把浴室里的毛巾弄成一团扔在床上，或是把肥皂丢到浴室地板上。在酒店就可以为所欲为，这样的歪理其实就是一种自私。

打扫完房间后，可以把巧克力或糖果放到床上，给酒店方

一点心意，作为他们周到服务的回礼，在枕头下面留下一纸信息，也是一个聪明的做法。像是“Thank you for your kindness（感谢您的善意）”等，留下这样简单的语言，第二天清洁员看到，会对你的态度有些许变化。

◆ 容易弄错的小费

来说说到海外出差时，会遇到的最大问题吧，那就是小费。没有付小费习惯的日本人，可能会对这个问题深感困惑。“要给多少”“什么时候给”“怎样给”这些问题，都会让人烦恼不已。每次付小费的时候，日本人时常困扰得眉头紧蹙。

那为什么要收小费呢？因为这些小费是**工作人员的收入来源**。所以他们有权利埋怨不付小费的客人：“居然不给小费！”

付小费的技巧在于不羞涩、不困惑，要大大方方给工作人员付小费。在餐厅吃饭时，没有人会为付款结账而感到害羞。所以我们只要想着**“小费也是费用的一部分”，**即可“大方”且自然地付小费了。这一过程中，也需要用到“笑容”和“感谢”。

小费的金额标准，如在餐厅或打出租车，为费用的15%～20%。其他则以10%为宜。在出租车司机找回的零钱大概可抵小费的情况下，可以说：“Keep the change（留好小费）。”

有信用卡的情况下，可以在信用卡的费用明细上填入自己要支付的小费金额，然后签名支付。

客房服务时间结束后，如想在酒店喝苏格兰加冰威士忌，跟酒店说一下，会提供给你的。在接受类似这样的特殊服务时，小费以费用的 2～3 成为宜。虽然不同国家的具体情况会有所不同，但是出门在外，还是要多留心小费的问题。

在国外，有些餐厅会把服务费包含在费用里面。费用单上会写有“included（已含小费）”，表示已事先加入服务费，所以不需要再给小费。

◆ 是选择一流酒店的最低费用，还是二流酒店的最高费用

国外出差还有一点需要考虑，就是酒店的等级。

如果是到国外度假，选择自己喜欢的地方入住就好。问题是，因公出差等情况下，该如何抉择。

公司有规定相应的出差费用，所以选择酒店的时候，还是有一定的局限性的。尽管如此，这里面也是有选择的空间的。

一般来说，会有两种选择。要么选择住在高级酒店的便宜房间，要么就是星级较低的酒店里的好房间。

在一流酒店选择最廉价的房间，还是在二流酒店选择最高

价的房间，当两者之间在金额上并没有太大差别时，你该如何抉择呢？

当然要优先选择较高级的酒店了。

在和当地客户的交流中，我们常常会谈到这个话题。

“话说，你今晚住哪儿？”

这里是要回答一流酒店的名字，还是二流酒店的名字，不同的名字会让对方产生不同的想法。如果说的是一流酒店的名字，他就会想：“住的酒店真不错呀，和这样的人谈生意真有面子！”

即使他没有想到那份上，也会无形中提高自己公司的信用度。

而如果说出二流、三流酒店的名字，他难免会想：“住在那地方，也就比胶囊酒店好点而已。这公司没问题吧？”

如果是常年合作的客户，就没这方面的问题；而合作历史尚浅的客户，事实上我们所住酒店的等级，会影响他们对我们公司的信用程度。

前大仓酒店社长野田岩次郎，在第二次世界大战前，还是一名商社的员工。那时，他一定会选择住在国外最顶级酒店里最廉价的房间，在安静的酒店大厅进行商谈。虽然住的是阁楼房，但对方并不会在听到酒店名后，还穷追不舍地问：“你住

在什么房间?”

对方脑子里只会输入:“这人住在一流酒店。”

可以说这是一种商务策略。我认为即使经费不够，出差在外，也应该自己贴一些钱，住在高级酒店里。

海外旅行 一些在日本的常识，在国外并不适用

◆ 日本人的摄影喜好居然会成为麻烦的源头?!

到国外出差，工作之余，应该有自由玩耍的时间。这时可以悠闲地漫步于海外的街道上，或是到观光地打卡。无论是哪种方式，要是在难得的非工作时间，只待在酒店睡懒觉，那就真是浪费了。

无论是哪个国家，外国的一些习惯会和日本有很多不一样的地方。如果不加思考，仍按日本的方式去做，就容易招致外国人的反感，引起麻烦，因此出差前，最好事先学习到访国家的礼仪。

有不少欧美国家的教会、寺院是**严禁进行内部摄影**的。戴着眼镜，脖子上挂着摄像机，这样的装扮就容易让人觉得是日本人。因为这样的日本人太多了，以至外国人有这样的印象。有些日本人在国外喜欢疯狂拍照，喜欢拿着摄像机到处拍，这种行为在外国很容易引起纠纷。

寺院和教会是神圣的地方。摄像机的闪光灯在这样的地方不断闪烁，会被认为是在亵渎那里的神圣。美术馆也基本上禁止摄影，酒店大厅、餐厅，也是要小心的地点。

如果想着:“这酒店大厅格调真高，要不拍一张吧!”然后草率地拿起相机拍摄，可能就会有人因此脸色大变，投诉拍摄者。

欧美国家**特别讲究肖像权**。如果某个人偶然进入镜头里，拍摄人就有可能被告侵犯肖像权。

另外，有些国家会禁止在机场内进行拍摄，军事设施更是绝对禁拍的。

所以在摄影前，要留意周围环境，确认是否有“有危险的人事物”，希望各位出门在外多加注意。

◆ “购物”也有最低限度的注意事项

在国外出差，肯定少不了给家人和亲朋好友当“人肉代购”。

像是路易威登、普拉达、香奈儿……他们大多会让你去买名牌货。

日本被世界冠以“名牌消费国”之称。品牌店门外排长队的景象也屡见不鲜。然而在国外，我们要注意与在日本购物

的不同之处。

在日本，货柜上会排好包包、衣服，让客人自己来拿。而欧美国家的商店并不这样摆放。客人想要什么商品得跟店员讲，**让店员拿货**是海外购物的规则。

如果被店员询问："Can I help you?（需要帮忙吗?）"你可以回复："Could you show me this one，please?（能给我看看这个吗?）"然后指一下商品，让店员给你拿就好。如果不这样说，在商店里看似没有购买欲望的日本人就容易被店员冷眼相待。而如果随意伸手去拿商品，那必然会被工作人员皱眉嫌弃。

此外，在即将关店时冲进店里匆忙购物，要做这样的事之前，得好好考虑清楚，是否该这么做。因为当地员工严格按时上下班。

有这么个笑话，有人在英国某家商店快要关门前赶进去购物，包装的工作人员看着钟表，对顾客说："抱歉，今天要关门了，请您明天再来。"然后停止做到一半的包装工作。这个笑话可以说并不夸张。

在日本的话，稍微过了营业时间，日本工作人员也依然会招待顾客，但如果期待欧美国家的工作人员宽容一下，那只会让你失望。

◆ 在海外要自己负责危机管理

说完了海外购物的注意事项，这里再补充一点，那就是抱着好几个带有品牌店商标的购物袋，悠闲地走在街上的行为是“很危险”的。

在海外遭遇扒窃、抢夺等损失的日本人络绎不绝，这是由于人们的危机管理意识低下造成的。

在国外，自己（包括所持物品）保护自己是基本的规则。如果遇到偷盗抢劫，说被偷的一方不对，反而会被认为是常识。炫耀一般地提着名牌店的购物袋，就像是在吹嘘“我是有钱的日本人”，就很可能成为坏人的目标。

因此出门在外，建议各位要有危机管理能力。具体来说可以这样做，逛完品牌店后，先低调回酒店，把东西放到房间，然后再去吃饭、观光。

所有行动都要**对自己负责**，这是在海外出差要遵守的大原则。

交通工具 通过坐序表达敬意

◆ 车位是个学问，火车、飞机上的座位不可随意就座

出差会有和客户同行的时候。出行安排由我方负责的情况下，同行的时候我们需要牢记一些注意事项，否则会影响到公司的评价。

在需要乘车的场合，**坐在车内哪个位置**就成了个问题。

这里面其实是有讲究的。如果是出租车之类的车辆，驾驶座的后面一般是给地位最高的人坐的。其次是副驾后面的位置，然后是后座中央位置，最后是副驾的位置。

所以，如有 2 人同行，并存在上下属关系，车来了得先请客户方的上司坐上座，然后绕到反方向打开车门，让另一位坐到次座上。而自己则要坐在驾驶员旁边的座位，这是符合礼仪的就座方式。

列车和飞机一般以靠窗的一边为上座，但是具体要看个人喜好。

如果是我，就一定会选择靠走道的座位。因为如果靠窗坐，那么起身去洗手间的时候，会非常不方便。如果旁边的人睡着了，叫醒别人又不太好，就只能憋着等对方醒来。

就座时，要跟客户说“请”，然后试着让客户坐靠窗的座位。如果他表示想坐靠走道的座位，那就让他坐靠走道的座位。如想更加周到，还可以考虑座位能否看到窗外的风景。

比如在飞机上，右边窗户的风景和左边窗户的风景是不一样的。比如在空中，可能从右边窗户可以俯瞰到富士山，而左边的窗户只能看到一望无际的大海。

飞机航行途中，如能遇到“从上空俯瞰的绝美景色”，就应事先预订好可观景的座位。预订机票的同时，也可以订座，所以只需告诉工作人员：“请帮我订可以看到富士山的座位。”

虽然对方可能不会注意到这些细节，**但不经意地在某些地方为对方着想**，是一种高级礼仪。“哎呀，今天真是好好看了回富士山，太棒了！”客户的感叹，也能让自己心里生出一股成就感。

◆ 住宿地的选择是提升好感度的要点

在住宿的地方做好一些细节工作，能让客户的心情变得愉悦。

酒店的话，一般我方住在普通的单人房，客户则是双人房，或是上层的观景房。

如果是洋房和日式房间这两类酒店，此时就得询问客户："洋房和日式房间，您选哪个？"然后为客户准备好他喜欢的房间，这样做能让客户觉得："他们居然想得如此周到。"从而感到十分满足。

另外有一点要注意，房间要是超乎想象的好，有时会让人无法冷静。

很久之前，我第一次去美国的时候，来到一家叫伯克利的酒店，酒店房间一晚 50 美元。当时 1 美元相当于 360 日元，经过换算的话，就是 1.7 万日元~1.8 万日元。

那时我的工资是 3 万日元左右。因此对当时的我来说，这是非常高级的房间。

那已经不只是房间"宽大"了。房间被分割成 3 个空间，宽敞到让人不知道该站哪里的程度。

"开玩笑的吧，怎么会这么大？这么大的房间就我一个人住？我怎么睡得着呀！"

当时我的心里是这样一种心情。这是很久以前发生在我身上的一件趣事了。但从中可以得出一个道理，那就是房间的挑选得与住房者的身份相符，这样才能让人住得安心。

◆ 事前准备是否充分决定早餐环节能否顺利进行

回到正题。住酒店的话，一般第二天一早，要和客户在酒店大厅或是酒店里的咖啡厅会面。

虽然正常来说，要在前天晚上就确认好时间，但在见面当天，最好还是提前 10 分钟，到达约定的地方等待客户。“准时”不会失礼，但比起让人等，等待对方绝对能提升对方对你的好感。

如果约好一起去吃早饭，要提前确认酒店内的餐厅位置。无论客户是喜欢日本料理还是西餐，都要做好带路的工作，能为当天的商谈起个好头。

吸 烟 该吸，还是不该吸？

◆ 除了禁烟区，也有一些场合是不能吸烟的

飞机上彻底禁烟，新干线上大多数车厢也是不能吸烟的。在餐厅里也分吸烟区和禁烟区，企业办公室内为了禁烟，还分设出了吸烟区。

既然决定了规则，当然就要严格遵守。

在标明禁烟的场所就不能吸烟，这是我们要做到的。

但是，我认为，**在可以吸烟的地方，也最好不要吸烟**。这种忍耐，其实是一种高级礼仪。

比如在寿司店里。

轻轻捏起比目鱼的边缘，将整块寿司放入口中，咕嘟一声，再灌上一杯烈口的冷酒。虽然这一瞬间会让人觉得“生活真美好”，但这时如果店内烟雾弥漫、烟味扑鼻，会破坏掉鱼的鲜美风味。感受若隐若现的海岸清香，是享用寿司的最大乐趣，因此在寿司店内不要吸烟。

不仅是寿司店。在法餐、中餐里，**香味都占据着重要的地位**。如果破坏了细腻的酱汁香味，即使是最高级的菜肴，其质感也会下降许多。实际上，在欧美地区，餐厅基本上是全面禁烟的。

考虑到餐厅“想要以最高级的状态来服务最高级的食材”，控制吸烟也就没什么异议了。

另外如果环顾四周，发现附近有小孩时，也是不能吸烟的。说句题外话，曾经有新闻报道过，日本皇室秋筱宫文仁亲王在真子公主出生后，会到阳台上吸烟。

有人吸烟，周围的人也得跟着吸二手烟。我们希望**为孩子营造禁烟的环境**。虽然知道吸烟百害而无一利，但仍在吸烟的“明知故犯者”们，在这种情况下，还是应当自律。

高尔夫球场上打球的时候，也是被要求严禁吸烟的。对于这点，我个人有不同的看法。在这令人心旷神怡的草场上，吸烟爱好者们会想要抽烟放松，这无可厚非。

高尔夫球场方一般会以随意丢弃的烟头容易引起火灾，酿成大祸为理由禁烟。但其实现在也有便携式烟灰缸，如果能做好这方面的管理就不用非得禁烟了。而吸不吸烟，就是高尔夫球玩家们的道德问题了……当然，我去打高尔夫球时，肯定会带上便携式烟灰缸。

◆ 商务场合能否吸烟?

一般来说，在商务场合，**去拜访地是不能吸烟的**。但如果对方在吸烟，也可以事先征得对方同意后吸烟。当然，在明明没有烟灰缸的情况下，还问“有烟灰缸吗”这种做法就很没常识了。

在外抽烟，走路的时候往往要丢弃烟头。因此最好常备便携式烟灰缸，这样边走边吸烟也没关系。如果没有准备，那当然要忍耐了。

在日本的街角，我感觉烟灰缸摆放得太少了。在新加坡吸烟是有惩罚规定的，因此新加坡的地面是出了名地干净。在新加坡的主街、乌节路等地方，到处都摆放有烟灰缸。如果有就近的烟灰缸，想必谁都不会乱扔烟头了。“基础设施”的不完善，在某种程度上也为道德低下提供了“一臂之力”。

禁句　回避一触即发的危险吧

◆ 在国外，政治、宗教是危险的话题

语言里蕴含着感情。所以有时候自己说出来的话，会扰乱对方的心绪，让人暴怒。

“宗教”“政治”“职业棒球” 等话题，最好不要在外谈论。

尤其是前两个话题，在任何国家都要禁言。因为在有些国家，人们有明确的宗教信仰。

比如新教徒和天主教徒，连结婚都是不被允许的。恋爱中的两人会被强制拆散，“罗密欧与朱丽叶”的悲剧至今仍在延续。

不仅如此，**围绕着宗教的杀戮和战争**，如今不仍然没有灭绝吗？在外国，有不少像是一旦表明自己是虔诚的伊斯兰教徒，就会被对方挑衅的事件发生。

但是在日本，却不怎么会因为谈论宗教的话题，而令对方感到不愉快或愤怒。

在日本，婚礼可以在教堂举办，新年会去神社参拜，葬礼以佛教的形式举行。虽然也有一部分热血信徒，但当这些人说“道元果然是最棒的宗教家”的时候，并不用担心真言宗的信徒会怒言：“你别忘了！还有空海，别只说道元！找碴是吗，出来单挑呀！”

政治也是如此。比如在美国，共和党的支持者和民主党的支持者是完全对立的。狂热的总统大选中，没有人是保持中立的。

谈论政治话题容易划分出“同志”和“仇敌”，和睦的氛围会因此一下反转，变成**一触即发**的紧张气氛。

而围绕政治展开的激烈论战，在现代日本是不可能发生的。

◆ 提前做好信息收集，是构建良好人际关系的关键

职业棒球这个话题，多少有些不可谈论的禁忌。

不同的球队会有不同的狂热粉丝。跟他们打听情况，还会发现他们有自己喜欢聚集的酒吧。还会有一些酒吧专门写明：“拒绝巨人队粉丝以外的人士。”如果不知道这些情况的老虎队粉丝误入其中，就会十分郁闷了。

“哎呀，你看了昨晚阪神老虎和巨人的对战了吗？那场真

精彩呀！巨人队输得可狼狈了，真是活该！哎呀，今晚真高兴，万岁！”

如果老虎队的粉丝忘不了前天晚上的兴奋，对旁边的人说起这样的话，那之后会发生什么就不堪设想了。

即使没到那种程度，如果不知道客户是阪神老虎的球迷，站在偏袒巨人队的立场上谈论棒球的话，也是不太好的。即使不会直接对商务产生影响，也会成为人际交往的障碍。

◆ 信息准备不足，会让人想厉声斥责

不管怎样，在对方的兴趣、嗜好、感兴趣的对象……热衷的领域上，在实际情况还没有弄清楚之前，不要轻易把这些作为话题提出来比较好。

就商务场合来说，**信息准备工作没有做充分，可能会惹对方生气**。

比如，客户公司的概要、背景、会见人的信息等，事先做好这些信息的收集工作是一种礼仪。

跟新任部长打招呼，如果问："田中部长，您以前是在哪个部门工作的？”这样的行为是很失礼的。这种情况下，一般要说："田中部长，仙台的营业所和这里，感觉是不是有很大不同？”要像这样基于对方背景来问候寒暄，才能称作一名合

格的商务人士。

我在和负责人一同出门拜见客户的时候，会问负责人许多问题，目的是了解负责人对客户的信息掌握了多少。

信息准备不足的人，必定是只会做表面功夫的人。当然这一点对方也会感受到。

“你到底想不想跟我们谈生意！”没做好信息准备工作的人，迟早得受到这样的斥责。

谢辞　说“失礼了”就是失礼了

◆ “全民失礼”的时代？！

办公室也好，餐厅、咖啡店等提供服务的场所也好，各位知道在这些地方，出现最频繁的是什么话吗？

不用统计都知道，那就是**“失礼了”**。这句话看起来很方便、很郑重，但其实也很敷衍。

上司叫你到办公室，你进去的时候说“失礼了”；访问客户，要进接待室的时候说“失礼了”；在咖啡店拿咖啡的时候，也说“失礼了”……

已故日本作家大宅状一曾提出“全民白痴论”，而在现代日本，则变成了“全民失礼”。但在这世界上，“失礼”的场面多得数不胜数。

我每天要接触很多人，其中就有前来应聘的年轻人。因为是熟人、好友的介绍，所以我会尽可能抽出时间跟他们见面。但这些年轻人给我的印象，也都很喜欢说“失礼了”。

有人敲门，我说“请进”时，“失礼了，我叫大和太郎”。

100 个人里有 100 个人这样说。快餐店的手册也是如此，似乎这种说法已彻底印在了人们心里。

我听到这句话一般会暂时忍耐一下。

“请坐。”我说。

对方说：“失礼了。”

再次听到这句话时，我的忍耐就到了一个临界点。

“从头再来。”他们的表情呆愣，其中还夹杂着不可思议和不能理解的情绪。总之就是完全不知道怎么回事的状态。

但因为是我的命令，他们只能在茫然的状态下重新开始，结果还是一样。

于是我告诉他们：“你来这儿是为了失礼的吗？我可没拜托你做什么失礼的事，那你回去吧。”

当然，他们茫然的状态仍在持续。因为他们说“失礼了”，但没有做“失”了“礼”的事，也难怪他们不明白我想说什么了。

“我是来和你聊天的，我为了你腾出时间，所以你进来房间一点都不‘失礼’。当然坐沙发也是如此。如果你要进房间，应该说的是‘谢谢您给我时间’，别人让你坐，难道不应该说‘谢谢’吗？”

讲到此，他们似乎“恍然大悟”，但事后如不再对他们加以叮嘱，想必“失礼了”这句话，又会不断出现在他们的口中。

◆ 在大仓酒店绝对不能说的话

服务业也在肆无忌惮地使用着这句话，但唯独大仓酒店绝不会滥用。

送餐和咖啡的时候，也是“这是海鲜饭，请慢慢享用”“让您久等了，这是咖啡”。万一大仓的服务员说了“失礼了”，则会被我这个喜怒无常的老头责问：“我可不记得招过会在客人面前失礼的服务员，服务的出发点是不失礼。想法错误也得给我适可而止！”

◆ 能滋润人际关系的话语

另一方面，与“失礼了”相反，人们越来越少说**“谢谢”**了。表达内心感谢的“谢谢”，可以温暖人心，缓和人际关系，但是不知为何，却很少听到有人说谢谢了。

让人帮忙做某事时，现在的人们多是说“真是（麻烦您了）……”“不好意思”。

但是，“真是……”本来就没有实际的含义，“不好意思”

与其说是表达感谢，倒不如说是在抱歉。在外国的酒店接受服务的时候，如果说“I am sorry（我很抱歉）”，会让人很无语。

要想表达感谢，就要将心里的“谢谢”好好地表达出来。没有人会听到这句话而不高兴。即使面部表情不丰富的人，也会因为被人说“谢谢”，而脸色缓和，心有触动。

不知从什么时候开始，已经完全习惯了冷脸的妻子，在早上，把米饭和味噌汤摆到你的面前，此时也请试着说声“谢谢”。

如果两人的关系已经恶化到无法修复的地步，那就另当别论了，但一般来说，妻子听到这句话，脸上也会流露出笑容。

今天的日本，说“失礼了”和“谢谢”的使用频率如果能够调换一下，或许杀人事件会骤减，并能滋润人际关系。

幽 默

凸显“大人品位”的高级会话

◆ 日美两国的幽默之差

谁都知道，幽默是**会话的润滑剂**。但要成为幽默达人，却是一件很有难度的事。我们不得不承认，外国人在幽默感上更有经验。那么下面让我们见识一下他们的幽默吧。

美国的某个酒店餐厅里，发生了这么一件事。那时我和我的一位熟人在餐厅里，熟人点了一份牛排，然后拜托一位年长的服务员：“麻烦来份英式芥末。”

这里先说明一下，一般来说，在美国点芥末都是加醋的法式芥末。因此常常有现成的瓶装法式芥末。而英式芥末因为没那么流行，所以没有现成品，如果客人要点，就得从磨粉这一步开始。

我的朋友就是想要那份比较麻烦的英式芥末。

服务员两次回复：“Yes，sir（好的，先生）”，然而，心里估计会嘟囔：“什么呀，点了个那么麻烦的东西。”

过一会儿，那位女服务员端着一盘牛排过来了。然后把牛排放到桌上，并添上由她亲手研磨的英式芥末，同时朝我的朋友露出微笑。

“你好，这是英式的哦！但是这样的辣度对身体可不好。因为你那么喜欢吃辣，你看……”

她指了指我朋友的头。

我朋友头发比较稀疏。她将我朋友喜欢英式芥末这样“辣的东西”与“头发稀疏”联系在一起，对于我朋友提出的麻烦要求，她用有趣的方式回怼了过去。

即使朋友嘴上犀利地反驳道“烦死了，要你说”，但我和他都被逗得爆笑成一团。

美国人特有的开朗、表情和动作，再配上年长阿姨特有的气质，所有相搭在一起，即使说的话听着不太礼貌，也能升华成幽默，真是好手段。这种程度的幽默是日本人很难做到的。

下面轮到日本人来展现幽默了。

忘了是什么时候，我曾在一家位于麻布的荞麦面店就餐，当时衣服被人弄上了荞麦面。当然，弄的人也不是故意的，而且还拼命道歉了，所以我就想“算了算了”，但后来他递给我一封信。我一看，上面写着：“这是洗衣服的费用，还请收下，在此深表歉意。”信封里面还放有 3000 日元。或许是想以幽默

的方式收尾，纸上还印了一句：“居然弄脏了这样的东西，开什么玩笑，你这个混蛋！”

没有幽默感就容易把幽默变成神经质，上面讲述的故事，就是个典型的例子。如果从事商贸的人都是这个样子，那可以说日本人的幽默感真是令人堪忧。

◆ 高明的幽默才叫优秀

要熟练掌握幽默，就要有广泛的知识和丰富的经验，而且还要有优秀的平衡感。

即使品位很难培养，也可以通过学习来磨炼幽默感。

在《江户小笑话》和《法国小故事》之类的故事里，就有好多笑点。多读读这些作品，即使是没有幽默感的人，也能培养出幽默感来。

里面一些生动有趣的故事，会激发人的动力，让人有“我也学一下吧”的冲劲儿。

第 3 章

餐桌礼仪 扮演干练的大人

接待　不同料理前的贴心之举

◆ 接待的时候，“席位”能进行无言的表达

在日本商界，应酬依然是工作的一环。虽然具体很难说这能给工作带来多少效果，但是接待的安排工作必须得做好，并让对方感到满意。

接待最开始的准备工作，当然是**选定场所和提前预约场地**了。

在欧美有这样的不成文规定，那就是“餐厅要预约后再去”。虽然在日本有很多餐厅可以“不用预约”，但是接待的时候，一定要做好预约工作。当和要接待的人一同到达餐厅，如果餐厅服务员说“实在抱歉，现在没有位子了……”，对方当然会“脸色难看”起来，心里上火，怒气满面。

预约一般要正确告知人数和时间，如果可以，最好**把想要坐的位置也告诉餐厅的工作人员**。比如挑选位于高楼最顶层的餐厅时，靠窗的位置和不靠窗的位置看到的景观是完全不一样

的。前者可以在就餐时，俯瞰到霓虹灯下的“海洋”。对方也会感叹：“哇哦，这景色绝了！”而如果在不靠窗的位置就座时，“如果这个位置是靠窗的，那肯定会很棒”，对方会有意无意说出这样的话，间接表现出对接待人员安排工作的不满，这也是可以理解的。所以如果餐厅有特等座，最好提前弄清哪些是容易让人“扫兴的”座位。

◆ 喝啤酒就显得太平庸了

吃西餐的情况下，在提供就餐服务之前，可以先喝点餐前酒来促进食欲。这种情况下，建议喝一些**正宗的餐前酒**，可以借此提高客户对自己的印象分。一般来说，可以点雪莉酒、基尔酒、皇家基尔（卡西斯利口酒加香槟）。

当然，点什么酒还是要以对方的喜好为主，当说“先来杯酒”的时机到来时，可以体贴地给对方推荐：“您看来杯基尔酒如何？”这是接待人员的重要素质。

◆ “面面俱到”是高级的技能

预约的时候可以先定好菜，也可以在双方都开完会后，给对方介绍要就餐的地方有什么菜，包括一些店内的招牌菜等，让对方提前了解“菜单信息”会比较好。

“这次您光临的餐厅主菜是烤牛排，您看可以吗？”

因为接待的嘉宾喜好各异，所以事前先跟对方的负责人打听好情况。

“实际上，我们部长不能吃肉。不好意思……”事前打听能知道这些信息。而如果未事先打听就预约，那么对方部长作为这次接待的嘉宾，就会对接待工作感到不满。因此，事先做好信息收集工作，是成功接待的一个关键。

比起在餐厅里让上级选择自己喜欢的菜，上级会更喜欢对方能够不言自明。

我在大仓酒店和嘉宾就餐的时候，会用嘉宾专用的菜单，而不用我手里的菜单。当然，菜单里的菜都是一样的，但我的菜单上面会写着价格，嘉宾用的菜单没有写价格。

如果菜单上标明价格，人都会自然而然地看价格，嘉宾也会对菜单上面的价格有所顾虑。

比如会想：“鹅肝酱呀！真想尝尝看，但是，这价格也真高！点这个可能会被人觉得我很贪心，还是选其他的吧。”

所以为了让客人不担心价格，选择自己喜欢吃的东西，可以给客人准备一份**没有价格的菜单**。不少一流餐厅都会备有这两种菜单。发菜单之前，可以事先嘱咐服务员：“给那5位客人没有标明价格的菜单。”

这样做就能照顾到上级。如果对方看出来了，就会觉得“这位安排接待的人想得真周到”，给出高的评价。

接待的收尾工作是结账。如果感觉整个会面差不多要结束了，起身去收银台结账就好了，也可以就餐前先用信用卡预付。为了结账而让客人到餐厅的出口等着，会让客人的体验感很不好。所以要提前结账，然后说：“今天真是谢谢您了，那么我们走吧？”“**提前到收银台结账**”是接待的铁律。

日本菜　从筷子开始到筷子结束

◆ 要正确使用筷子，就要去“习惯使用筷子”

筷子是极为优秀的就餐工具。它既可分割肉，也能轻易夹住鱼肉，甚至是一粒小豆子。它是一个兼具多个功能的就餐用具。

但是，只有知道**筷子的正确使用方法**，才能实现上述功能。

日本菜的礼仪“核心”，可以说在于筷子的使用方式。如果能很好地使用筷子，即使言行上存在一些失礼之处，也能被掩盖过去。所以能否正确用筷十分重要。现实中，如果不懂如何正确使用筷子，还会遭到他人的蔑视，让人无地自容。学校堂食会有臭名昭著的“分叉式勺子”，也有人说这是筷子文化悲剧的开始，但是如果我们都有意识去学习和掌握用筷方法，就能在不知不觉中学会使用它。所以我建议各位要掌握这一技能。

在一些一流的日式餐厅，一定会有筷架。这种情况下，要记得除了手拿着之外，其他时候，筷子都要放到筷架上。生鱼片入口之后，人们容易不注意就把筷子放在放酱油的小碟上，所以使用筷子的时候，要牢记**“筷子不是在手上，就是在筷架上”**。

此外，要记住使用筷子的一些禁忌。像是“舔筷”“插筷”“靠筷”“咬筷”“滴筷”“游筷”“扒筷”“跨筷”等行为，都是禁忌（参考 87 页）。

平时不多加注意，到了关键时刻就容易露“馅”。所以我们在日常生活中，要有意识培养自己的习惯，不能犯这些使用筷子的禁忌。因为“比起学习，习惯更重要”。

◆ 一些小小的行动，就能让你成为礼仪通

那么，还是回到如何处理与上级关系的问题上。

上级说：“哇，这汤汁真是绝了！真想一口把它喝完。”

日本菜的关键在于汤汁。

用绝妙的高汤炖煮出来的时蔬汤汁，虽然味道极佳，但连汤都喝干似乎又有违礼节。

不过，**美味就是值得品尝**。

即使把美味吃得一干二净，不剩最后一滴，也不会显得不

使用筷子的禁忌

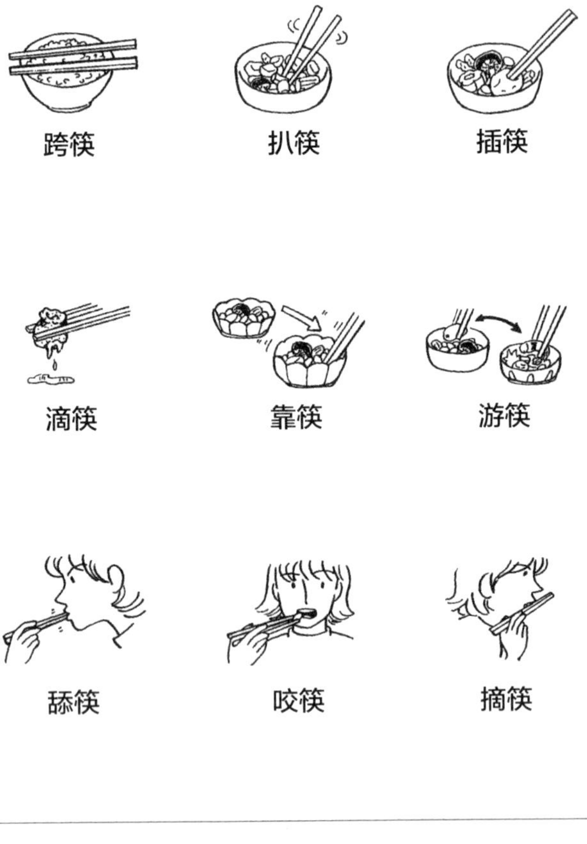

礼貌。不过如果是单手拿着碗咕嘟咕嘟地喝，那就不对了。此时应该双手拿碗，然后尽情享受美味的汤汁。

另外，将一些看似会滴汁水的菜送入嘴里的时候，需要拿盘子或盖子拖着。像是在盘里夹起菜，等着汁水滴干后再吃的行为，就与优雅相去甚远了，所以就餐时请避免做这个动作。

还有就是添饭的时候，正式的礼仪是**饭碗里要留一口量的饭**。

不过最近好像没那么讲究了，可能有些同席的人，还会嫌这样太正式了。这点大家稍微了解一下就好。

日式饭馆　比“谦让的美德”更瞬间的转机

◆ 通过“壁龛”区分上下座

“我果然还是喜欢吃日本菜。”虽然这么说，但在日本饭馆接待客户的时候，还是会发现很多和自己想象差别很大的地方。家里的“日本菜”，一般是米饭、味噌汤、烤鱼、紫菜、鸡蛋等食材的搭配，和在日式饭馆里的日本菜菜单虽然有相似之处，但也有不同的地方。

而且在这些饭馆，上菜之前也有诸多礼仪讲究，所以去这些地方前，得先记住一些礼仪。

在服务员的带领下进入餐厅内的包厢，能看到桌子和排列开来的垫子，这些垫子是按预约时的人数摆放的。当你想着自己难道是最先到的人时，可以好好观察一下座位。因为日本人对就座的位置十分敏感，**上座和下座是有区别的**。所以进入包厢之后，要快速环顾整个房间，想好该怎么就座。

首先要看**“壁龛”的位置**。

话虽这么说，年轻一代的家里都是洋房，可能也有人生来就没见过壁龛吧。壁龛位于离客厅地面稍高的位置，摆放着时令花卉，并悬挂着小小的画轴。

第一个上座是背靠壁龛的位置。离出入口越近，就越是下座。

这里还要注意一下庭院。日式饭馆多“以庭院为荣”。当被带到一个可以看到庭院的房间时，要记住**观景也是招待的一个环节**，这时需要请客户坐到面向庭院的位置，而接待方则坐在背对庭院的位置上。此时可以看到庭院景色的，当然就是上座了。不过座位的事，其实也不用那么操心，因为一般情况下，主办方都会提前发好座位表……

常见的是，接待和被接待之间会出现“您请您请”“不不，你来你来”互相让来让去的情况。我不知道这应该说是谦让的美德还是谨慎，但建议绝对不要这样做。因为如果接待方事先安排好了座位，如“（客户方的）部长请坐那，科长请来这”像这样把位置都分好，就能很快地解决就座问题。希望各位能具备这种利落地安排指定座位的应变能力。

◆ 用热毛巾搓脖子的行为十分不雅？！

全部人就座后，服务员就会上热毛巾。

“热毛巾吗？这应该只能用来擦手。”大多数人会是这个反应。

一些礼仪书上也会说：“热毛巾只能用来擦手。”但其实并不是这样。如果想用毛巾擦脸、擦脖子，大可不必顾虑。只要是衣服外露的部分，都可以用毛巾来擦。

最初提供的毛巾，会在客人们使用后收走。之后，会上来放在竹篮等框内的热毛巾，这第二条毛巾是用来擦拭就餐途中弄脏了的手指和嘴角的，所以这条毛巾就不能用来胡乱擦手擦脸了。

梳理一下就是，第一条毛巾用来擦手和脸，让手和脸变得清爽干净，第二条毛巾可以当作吃西餐的餐巾纸来使用。知道这一点，你就能在使用热毛巾的时候显得大方、得体。最近，有很多日本饭馆会提供大张的餐巾纸来替代热毛巾。

◆ “享受就餐的过程”是一种基础礼仪

就座方式也是有规矩的。实际上，也有些“礼仪通”们觉得这有点穷讲究。

具体来说，就座的时候，首先要保持两脚并立的姿势，然后手放两膝之上，膝盖弯曲……

这样做虽然没错，但每一步都要做得如此到位，以至于让

房间的座位顺序

[日式房间]

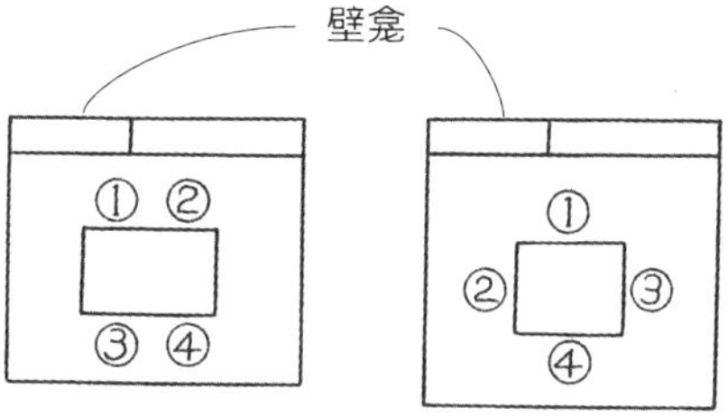

[洋房]

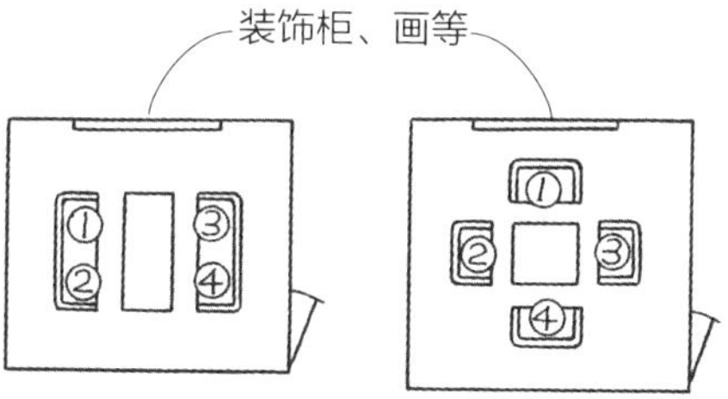

自己精神过度紧绷，那实在是太麻烦了，也没有必要。

如果接待方排成一排，然后按“就座规矩”教导客户：“脚要并齐，是的，手碰膝盖，然后膝盖弯曲。”这不就成了笑话吗？

自然地坐下就好了。另外，如果有人不怕辛苦，也可以跪坐，这可以自由选择，但是一般人跪坐久了，容易腿麻脚痛，这样就没法专心享用美食了，所以**盘腿坐也没关系**。

一些日本饭馆的小包厢还有固定脚炉[①]，能伸腿就座，所以应酬前可以事先做好这些饭馆设施的调查工作。

但是，如果看到客户跪坐，则要贴心地跟客户方说：“不用那么正式，膝盖会累的，您随意就好。”然后自己这边也盘腿而坐。

我个人来说，觉得跪坐的方式特别不舒服，而且也十分讨厌不能放开吃饭的感觉，所以一般我会早早地跟对方说明：“实在跪坐不了，我就盘腿坐了。”

不管是高级日本饭馆还是茶会，就座的“策略”都一样。即聚餐只有在**放松的氛围**下，才能让谈话和谐进行下去。比起死板的形式，更注重放松、和睦的氛围才是礼仪的初衷。

① 固定脚炉：在地板或榻榻米上有洞的地方放置发热物，可起到保暖的作用，能在里面伸腿。

旧时代的文化里，除了家主之外，其余人等都要跪坐就餐。然而在现代，基本上没有跪坐了，所以过分纠结就座方式并没有意义。

如果非得跪坐，把自己憋得那么辛苦，以为这样别人就会说：“贵公司的川岛，跪坐得可正式了，所以我决定和你们公司签合同。”那就大错特错了。

餐厅　主菜是“氛围”与“会话”

◆ 等级不同，规则也不同

餐厅也有不同的等级，我们需要根据餐厅的不同等级，进行相应的服装搭配。

如果客户在普通的餐厅招待我们，平常穿着较为随意的人，最好也收拾一下自己，夹克衫配领带的装扮会比较稳妥。

虽然日本的餐厅基本上没有硬性着装规定，但如果打听到要去的是“非常高级的餐厅”，那么基础搭配上，宜挑选深色系西装配上低调、雅致的领带。

有一点要注意，这种场合如果穿着随意了，会破坏餐厅的高级氛围，场面是很尴尬的。

我们已经知道，就座的时候，“互相谦让”的行为是不可取的。应当按照接待方的指示落座。

即使对方明显地位更高、更年长，因为我们是客人，于是说：“不不不，我怎么能坐在比部长您还要好的位置呢！这可

使不得呀……”等这类过分客气的话，只会妨碍餐会的进展流程。

坐椅子的时候，可以尽量坐进去一点，从而有效利用椅背。为了让自己和桌子的距离保持在 10 厘米以内，可以把椅子拉近桌子一些，手腕轻放在桌上。

这样的话，脖子就能自然地伸展开来，保持优雅进餐的姿势。弯腰驼背并不雅观，会给人一种穷酸感。此外，我经常看到有些人就餐时翘腿，这样做是不行的。虽然说有桌子，看不到就餐者腿部的动作，但是下半身如此随意有失礼仪。

有些女性可能会担心：“不翘腿的话，你看，穿短裙的时候容易走光。”但是餐厅里可以用餐巾盖着腿，所以不必担心“走光”。

如果和恋人一起约会，穿迷你或超迷你短裙都没有问题；但如果是和客户一起吃饭，穿迷你短裙，是礼仪无知的一种表现。因为这可不是炫耀自己美腿线条的好场合。

翘腿吃饭不仅不雅观，也对身体不好。因为翘腿会使身体呈倾斜状态，食物就不能顺畅地进入肠道和胃腑里。

◆ 礼仪的诀窍是“模仿”

可能会有人不知道铺餐巾的时机。虽说一般人吃高级法餐

的机会并不多，但一入座就铺开餐巾，一副“马上开吃”的样子是不行的。

这里成功的诀窍在于模仿主场人，也就是客户方的中心人物。偷瞄一下对方，当看到主场人拿起餐巾时，自己也跟着铺餐巾即可。

但是，有些主场人可能比较大大咧咧、不拘小节，会直接跟大家说：“来，开吃吧。”这种情况下，可以先静观其变，等到有几个人开始铺餐布的时候，自己才开始“走起”。

吃东西的时机也一样。即使对自己的礼仪没有自信，只要模仿主场人，就不会有大的失态。

有一点希望各位注意，那就是“热食要趁热吃，冷食要趁冷吃”。

难得主厨费尽心思烹饪出了美味佳肴，如果晾在餐桌上久久不吃，会影响食物的风味。话虽这么说，但是一个劲儿地吃东西，又会很奇怪。美食搭配餐厅的氛围，定能让食物达到最美味的状态。可以说这是对餐厅的一种尊敬。

◆ 就餐时，让美味和交谈一个不落

就餐的时候不能只专心吃东西，还要享受谈话的乐趣。即使有些场合不用自己提话题，也要懂得倾听，并微笑附和对

方。当对方看向自己的时候，要礼貌地放下刀叉。

法餐会一个接一个地上菜。如果有一道菜吃得慢了点儿，吃完的人就得等着你吃完才能有下一个菜上来，所以吃法餐时，注意要跟着大家的节奏。

不过嘛，一边谈笑，一边吃东西，这样确实容易打乱就餐的节奏……

有烟瘾的人，就餐时最好不要吸烟。如果桌上放有烟灰缸，姑且可以看成是“可以吸烟”的标志，但是在高级礼仪中，就餐者应当在包括点心、咖啡的整套菜都上完为止自律禁烟。

吸烟之前，当然要征询对方的意见。不过如果一边吸烟一边就餐，就不能很好地品尝到烤牛排和烤鸭的细腻美味了。

晚　餐　在何处都能大大方方的诀窍

◆ 刀叉是晚餐礼仪的入门

酒店的全套晚餐，桌上会事先配有刀叉、勺子，以及玻璃杯、面包盘等餐具。如果不习惯使用这些东西，就可能被这么多的餐具弄糊涂。但其实它们一点儿都不可怕。

掌握了这些餐具的基本用法，就能让晚餐顺利进行下去。餐具一般会放置在就餐者的习惯用手一边。使用餐叉的诀窍在于能否**分别熟练使用“插”和“舀”**这两个动作。

像一些豆类等小块食物，我看过有些人会吃力地用餐叉插豆子，其实不用这么麻烦。只需用餐刀把食物挪放至餐叉的凹陷处，就可以不那么劳心费力了。

一般法餐没有米饭，但在一些餐厅里，如果有米饭，有人会用餐叉的背部舀饭吃。但是外国人不会这样做，反而会震惊于餐叉还能这么用。他们会用容易装食物的餐叉凹陷处舀饭。

此外，像吃鱼肉等比较柔软、容易弄散的食物时，要身体

前倾，将嘴移到菜盘上就食。这样的话，肉即使散掉了，也会稳妥地掉在盘子上，不会弄脏桌子。

整套菜的流程，一般**先上鱼，再上肉**。刀叉从外往内按顺序使用即可。

吃肉和吃鱼的专用刀具都可以用来切肉，麻烦的是骨头。因为鱼肉很柔软，与红肉相比切时的手感差别很大。切红肉的时候容易切得很费劲，弄得餐具叮当作响，有时候还可能一用劲，肉从盘里飞出去。

用错餐具时，叫服务员帮忙换掉，并说："谢谢！"就能完美地解决问题了。

◆ "无声就餐"的一些小诀窍

吃荞麦面和乌冬面时，吸食的声音越大越好，除此之外，就餐的时候尽量不发出声响。西餐里最麻烦的就是勺子了。因为不小心就容易有声响，但我们只要掌握一些小技巧，就能解决这个麻烦。

喝汤时之所以会发出声音，是因为汤会流下来，因此要注意改变勺子的拿法，以便让汤水能**流入**勺内。具体来说，先将勺子拿好，并送入嘴里，让汤从一端流入口中。但要注意，不要让勺子呈直角将汤水送入口中。在正式就餐前，将这一套动

桌上的基础配套餐具、装饰

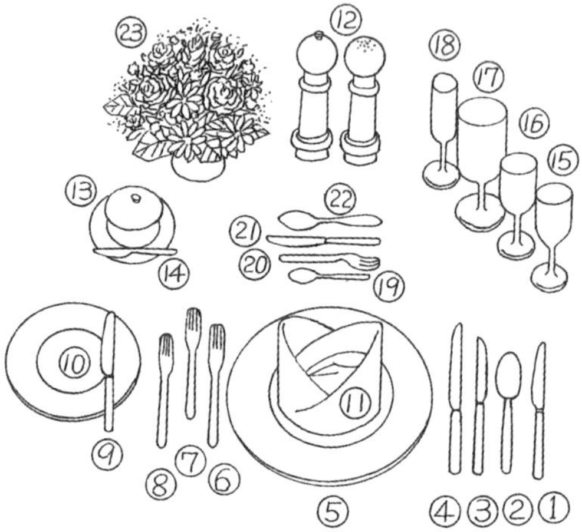

①头盆刀
②汤匙
③鱼刀
④肉刀
⑤装饰碟
⑥肉叉
⑦鱼叉
⑧头盆叉
⑨黄油刀
⑩面包盘
⑪餐巾
⑫调味瓶
⑬黄油冷却器
⑭黄油刀
⑮白葡萄酒杯
⑯红酒杯
⑰高脚杯
⑱香槟杯
⑲咖啡匙
⑳水果叉
㉑水果刀
㉒甜点勺
㉓桌上装饰花

作练个一两回，就能很快掌握要领。

碗里的汤水剩余不多的时候，可以用大拇指和食指拿住碗的一端，稍微往上提碗，接着用勺子在相反的一端去舀汤，就能把汤喝得干干净净。

而如果汤是装在带手柄的杯子里，当汤到了勺子很难舀的量时，你可以直接拿杯子喝汤。汤水再怎么难以送进嘴里，也最好不要用面包蘸着汤吃。

虽然也有用面包吸汤汁吃的方法，但这仅限于汤汁而不是汤水。因为在西餐里，汤汁是经过多番凝练的精华，是展现大厨功力的地方，所以吃完大鱼大肉，剩下汤汁的话，就着实可惜。而要喝菜里的汤汁，用刀叉的话又有些束手无策。

此时面包就该登场了。将面包撕成小块，然后蘸着汤汁吃，就可以解决这个问题了。日本人可能会觉得这样有些失礼，但我认为可以不用那么认真，这种吃法可以看作是对礼仪一种小小的脱离。

◆ “有始无终”也是礼仪

在点心和咖啡都吃完、喝完之后，就要离开座位结账了。晚餐最后的礼仪是要将餐巾从膝盖处放回桌上，虽然只是一个小小的细节，但能看出用餐人是否真的有素养。

让我们回想一下刚来到餐桌时的情景吧。有人会回想到："对了，那时餐巾漂亮地叠在桌子上！"于是就想起"善始善终"这个成语，想着即使不能像专业人士那样把餐巾叠得漂漂亮亮，最后至少也要把餐巾叠整齐。但这样做反而是失礼。

吃完起身准备离开餐桌时，不能把餐巾叠整齐。

为什么呢？如果把餐巾叠整齐了，在欧美会被认为是**"今天的菜太难吃了"**的意思。当然，也不是要你随意乱放，只要不把擦嘴后弄脏的部分露出来，稍微一团放着就可以了。

怎么样？看完上述内容，是否让你觉得"餐桌礼仪还是有很多要学习的地方"呢？实际上，用餐不用那么战战兢兢。

开心最重要，只要不妨碍他人享乐，就不必太过担心自己犯的一些小过失、小错误。服务周到是专业人员的工作，为客人排忧解难需要拥有智慧与技巧。

立食宴会

“适可而止”是最高级的礼仪

◆ 派对上的失态会成为众人的笑话

像参加客户公司的公司创立纪念会等，由于工作关系，我们时常需要参加各种宴会。这样的场合就十分考验个人礼仪。

因为在派对上，会有在各种场合上牵扯到关系的人，或是之后会与之产生工作关系的人。如果在派对上做了什么不当行为，就会有“A 公司的那个田中，感觉为人有问题呀！”这样的负面评价。这甚至会在之后，成为**众人茶余饭后的谈资**，所以即使当天没有出席派对的人，事情也可能在之后传到他们耳朵里。

人数众多的派对，一般都是自助餐式，也就是站立就餐的形式。场地中央或靠墙处会摆放着桌子，放有各类菜肴，大家可以一边挑选各自喜欢的美食一边畅谈。

一般从开胃菜到点心，整套菜按顺时针的次序排列。按这个顺序，将菜放入自己的盘子里就可以食用。但是别什么都

要，在盘子上把菜堆得高高的。像是在烤面包片上浇满沙拉调料，甚至和盘子上的牛排酱汁混在一起，这样会毁掉主厨精心烹饪的料理。

取餐时注意少量多次，最多一个盘子放两道菜。

◆ 不浪费菜和好意的礼仪

取餐后要立刻离开餐桌。因为一直在桌旁逗留，会妨碍其他要取餐的人。同理，在取饮料的吧台、出入口附近、负责送餐或报餐的工作人员忙前忙后的出入口等地方，也是**禁止停留的区域**。

自助餐的各类菜肴还会配有取餐工具（可分取食物用的大餐叉或勺子）。你可能会看到有些人可以单手使用这些餐具，然后想："原来如此，这是要单手用的！"但其实不用勉强，两只手拿餐具也没有关系。这里建议用勺子舀，会比餐夹使用起来更方便。

吃自助餐还可以给认识的人夹菜，但要记住"少量、两道菜"的取餐原则。

还有就是要记得询问对方："要拿什么菜吗？"因为对方可能会说："已经够了。"所以如果没征询意见就去给别人取餐，这份好意只会让人感到为难。取什么菜要看个人喜好，所以帮

别人取餐时，可以先询问对方想吃什么菜。

“要给你拿点烤牛排什么的吗？”

“牛排就不用了，可以帮我拿一些沙拉吗？”

如果像这样事先询问，然后按照对方的喜好来取餐，就不会浪费美食，对方也会感谢你的好意。

派对结束后，经常能看到桌上餐盘堆叠如山，随意乱放。取了餐又剩下不吃，是对主办方**最大的失礼**。

◆ 要打通人脉只需“下点功夫”

开派对不只是为了吃，和众多人交流才是最主要的目的。如果在派对上看到熟识的面孔，要主动上前打招呼，因为这是通过熟人打通新人脉的绝好机会，所以吃喝上就要懂得“适可而止”。

在这种场合，名片当然要多准备一些。我在派对上不用名片夹，而是在入场前，先把许多张名片从名片夹中取出，放到**上衣的内袋**里。这样做就可以在每次要交换名片的时候，不用从名片夹中一张一张地拿出来。

快速拿出自己的名片，然后将对方给的名片放入胸前的口袋里。这样做效率会大大提高。

说话的时候只需拿着玻璃杯，将餐盘放到就近的餐桌边

上。因为一边吃一边说话不雅观，也很失礼。同理，当主办方在主持和演讲的时候，也要停下手中的筷子、餐叉，认真听人说话。

装有啤酒和兑水的威士忌等冷饮的玻璃杯上容易有水滴，拿玻璃杯时，宜用餐巾纸包着杯子。喝完杯子里的水后，纸巾只需放入玻璃杯中。

酒　吧　克制和协调是关键

◆ 你知道酒席的效果吗？

如果想要一边拿着玻璃酒杯，一边慢慢交流，那么酒店里的酒吧是最棒的场所。这里不仅酒类丰富，氛围大多也很好。

和关系非常公事公办的客户，一同来酒吧喝酒后，关系就能亲近不少。

酒能让人敞开心扉、吐露真言。喝酒时别只顾着喝，而把服务员晾在一边，可以**多和服务员交流，享受谈话的乐趣**，这也是在酒吧喝酒的基本行为。

那么现在有个问题，在酒吧到底要喝什么？因为来酒吧的时候，往往已是下班时间，所以此时无需有过多顾虑，**选择自己想喝的酒**即可。

“来杯波旁威士忌酒加冰，你喜欢喝点儿什么？”

如果被人这么问，你说：“那，我也点这个……”

这样会显得自己很没主见。所以在这种情况下，应该说清

楚自己的喜好。

喝酒的喜好往往会和自己过往的一些经历、回忆有关。把这些故事当作话题，也能了解彼此充满人情味的一面。

“我选波旁威士忌，其实是因为有段苦涩的回忆……”

“因为钱德勒的小说，我知道了吉姆雷特这种酒……”

通过酒的喜好，我们可以看到对方真实的样子。

◆ 喝酒也得有资格

可能有些人对酒特别了解，但过于想展现自己渊博的知识，反而容易造成冷场。

“这个叫宝罗的鸡尾酒，是因为调出这款酒的人喜欢拉夫劳伦——也就是做保罗衫出名的时装品牌——而取名的。”

像这样连续发表一堆类似狂热粉丝说的话，只会让对方感到十分扫兴。

最近掀起了一股洋酒热潮，有些人说起洋酒知识滔滔不绝，但切记不要这样做。

要想听人介绍洋酒，叫侍酒师来简单说说就好了。如果让人连酒的由来都说得一清二楚，那酒的美味也会减少许多。提供一些对方感兴趣的话题，才是让对话顺利进行下去的关键。

虽然有时候需要炒热一下话题，但如果不分场合地说个不

停，容易招来别人的反感。

在酒吧，有人喜欢安静氛围下品味喜欢的美酒，大声说笑，会打扰到别人。**不破坏周围协调的氛围**是在酒吧喝酒的重要礼仪。

如果被工作人员劝说："客人，请您控制一下音量。"

那表明你做的事情让别人感到不悦。记住，当周围的人投来不满的视线时，就表明你在做着非常失礼的行为。

饮酒、醉酒都要适可而止。虽然喝酒能让人进入兴奋状态，但我认为**"适量饮酒"**是饮酒的最低要求。如果感到"喝到这个量已经够了"就绝对不能再喝了。我看到那些喝酒严重过量的人，就会特别生气。

"你们这群家伙，没资格喝酒!"真想这样好好把他们骂一顿。

所以大家按照自己的节奏喝就好了。不能像"来来，再喝一杯，再喝一杯!"这样强人所难，因为尊重对方的酒量才是成熟的喝酒方式。

◆ 被灌酒时怎么办?

酒会让人失去判断力和自控力，所以饮酒过量难免会使人丑态百出。如果醉到得让人把自己送回家的程度，那么第二天

一早醒酒之后，自己肯定会后悔万分。

但是世上没有后悔药。此时除了做些补救工作之外，毫无他法。

这种情况下，应当**尽快打电话跟对方道歉或致谢**。

“昨天出丑了，十分抱歉。连您送我回家的事都不记得了，实在是太丢脸了。谢谢您的关照。”

要是处理得及时，对方也会在看到你这样诚恳的态度后，予以谅解。不过如果错过了时机，这类电话也很难起到效果了。严重的话，可能第二天就得去公司打包走人。

第二天电话致谢或道歉后，第三天还可以买些礼物送给对方。选购的礼物价格要适宜，以免让对方感到有负担。

像是混装有曲奇饼干、零食的礼物，就能让对方和自己的家人一同享用。

当然，适量饮酒才是免去之后许多补救工作的最佳办法。不过，万一真的发生这样的事情了，可以用这些方法来处理。

居酒屋

让“放松喝酒”成为尴尬的瞬间

◆ “你来我往”地骂领导的做法很不男人

下班后，喝上一杯小酒，是上班族们的解压方式，也是感受幸福的瞬间。

和同事、朋友、合得来的客户一起喝酒也是不错的选择。因为这样可以与他们交换各类信息，还能了解不同行业的真实情况，而且谁都能在这一过程中转换心情。

但是，醉了之后，话题就容易集中到一点上。

是哪一点呢？

想想看日本居酒屋里大叔们喝酒的场景，你就应该有些眉目了。那就是上班族们会将平日里积压的**不平、不满以及愤恨**等，在此时痛诉出来。

对，就是发牢骚。

“我那部长，他什么都不懂。前段时间，把自己的错推到我身上，还向上面打报告了，真是令人作呕！”

“我的部长也是。明明是他心眼不好，还说什么‘你们呀，要有抗压能力’，我还想跟他说你才要给我好好干呢！”

日本的饮酒文化中，确实有“来喝一杯！”“没事儿，回个酒！”这样来回劝酒、敬酒的习惯，但是像这样“来，骂骂领导”“那我也把领导狠狠地骂一顿……”轮流抱怨的行为，是不是太不男人了？

如果觉得工作压力太大，那应该直接跟上司提意见，而不是和酒友一起发牢骚。我认为，把话咽到肚子里，懂得**坚忍的男人**才是真正的男人……

◆ 小心隔墙有耳……

假如未来有这样的情况，说坏话的时候，被一家可能会与之有业务往来的公司员工听到了，就会妨碍到自家公司的发展。

“那家有意向与我们公司合作的公司怎么样？”

“业绩倒还可以，但是……等一下，是那家××商事吧。那里的员工有点问题呀！我想起来，上次在居酒屋喝酒，旁边正好是××商事的员工，一直在说上司的坏话、待遇不好什么的，全是抱怨。要都是那样的人，这公司的前景堪忧呀！”

“是吗？那，这次的合作还是先放一边吧。”

难得有机会谈成的商务合作，但在他们公司内部的这番讨论下，合作最终告吹。

因此可以说，发牢骚是**让公司丢脸的行为**。

借着酒劲说了一堆糊涂话后，第二天一早，你可能会特别讨厌昨天乱说话的自己。因为昨天与同事的轮番抱怨，会让今天的你担心："那家伙，该不会把我昨天说的话告诉部长吧！"于是总是担心未来某天这个可能性会成真，导致自己被裁员或降职，在这样不安的状态下，工作时也会心不在焉。

要想发领导的牢骚，**妻子才是可靠的倾诉对象**。不过看到自家丈夫整天各种抱怨的懦弱模样，妻子要是受不了，抓住机会写下离婚协议书，也没什么好奇怪的。

◆ 上司和下属的居酒屋经济学

在和上司一起去居酒屋的时候，最好不要太天真。

"走，去不去喝一杯？"如果上司这么说，下属可能会条件反射地拍手欢呼："噢，真走运，老大请客！"这样的态度实在不像话。

"上司＝请客""下属＝被请客"的等式，在商务场合根本就什么都不是。

把这样非常识性的事情当成一种潜规则，实则是**下属自私**

自利的表现。

当然，如果上司表示："今天我请客！"那么就不用客气了。此时下属可以说："那科长，咱们今天就按会费制[①]来算吧。"像这样提出为上司着想的提议，是下属应该遵守的礼仪。

实际上，35~49岁的上司，囊中的钱可没下属想象的多。因为这个年纪的人往往要还房贷，给小孩交学费和其他杂七杂八的开支，还有红白喜事等，也得花不少钱，所以能自由花费的零花钱少之又少。

"上司工资高，肯定不差钱……"单身、能完全掌控自己工资的下属，会想当然地说出这样的话。

所以即使上司请客去居酒屋，如果在"我就来份咸鱼和泡菜"——像这样小心翼翼点菜的上司面前说："我要顶级三文鱼、烤鲷鱼头，还有……"这样粗俗无礼的态度是不可取的。

---

① 会费制：常见于日本的婚礼、派对、酒会上，即参加者要付费参加。

第 4 章

红白喜事上的礼仪传达着“心意”

婚礼演讲

演讲内容最好“带点温暖”

◆ 如果要在婚礼上演讲，那么该说什么好呢？

当学生时期的朋友或在工作上关系比较好的同事要结婚了，他们可能会拜托你在婚礼上做个演讲。

这多少会让人感到紧张，如果可以，大多数人都不太想演讲。但这样一位将在婚礼时刻，感到自己是这个世界上最幸福的人拜托你这件事，我想作为一名成年人，应该都不会冷漠拒绝的。

那么既然要演讲，自然不能太一板一眼，内容上可以独特一些。主宾、来宾等人演讲时，多半会说“新郎佐藤先生在工作上十分优秀……新娘纪香女士才貌兼备……”等套话。

而你的演讲可以不用那么拘谨，说一些平常说的话就好了。但要注意，有些话在婚礼这类办喜事的场合是不能说的，也就是所谓的**“禁忌语”**。

像是“分开”“断绝”“离去”“离开”“结束”等，都是比

较有代表性的禁忌语。

在日本的婚宴，新郎、新娘切蛋糕的重要环节，也绝对不能说“切”字，而要说“刀子进去”“入刀”等。

还有“回来”“出去”“归来”“破”“换”等也不能说。“越来越”“每每”等这类有重复含义的话，以及“再次”“第二次”“第三次”等，具有反复性的表达也要注意避免。

婚礼上避开禁忌语的关键，是要注意不能说一切与两人相爱、牢牢结合在一起的**意思相反的话语**。

只要记住以上这些点，就不会在婚宴上出错。

◆ 小心“祸从口出”

通常演讲内容里要加入一些小故事。

但是注意，如果故事内容不够**温馨**，就容易招来听众的不满。

无论对新郎（新娘）再怎么知根知底，说一些暴露人隐私、过去的桃花史等内容，都是不恰当的。新郎要是比较喜欢玩，就算你知道一些内情，也绝不能把这些风流史说出来。

描述新郎（新娘）时，可以塑造对方认真、干净、聪明的形象，形容的力度要加倍，这样才是婚礼上该说的话。新郎、新娘以及他们的亲人也会满意这样的演讲。

最近“未婚先孕”的现象并不少见。有人就会想在演讲中分享新娘怀孕的喜讯，但如果不知道其他人对此事是否知情，就把这件事说出来，可能会引起别人的不满。

“我想大家都知道了，两位就快当爸爸妈妈了……”

如果这样公之于众，而新郎新娘的亲朋好友里，有“不知情”的长辈，就可能会变成大事。

“什么，我可没听说过这件事。结婚前就发生这样的事，太不像话了。这是个大问题，做出这样的事都没脸见老祖宗了。我要走！”

老一辈的人，在他们那个年代，有部分人不能接受、不能容忍轻浮之事。所以演讲之前要注意弄清楚什么该说，什么不该说。

◆ 注意别说个没完……

演讲长度要**控制在 3 分钟**。即使还有许多想说的话，也需要控制住自己，从中挑选出一到两个故事来讲。因为婚礼时间有限，演讲人也不只有自己一个，所以切记不可讲太久。

每张 400 字，两张纸的量就挺合适。演讲当天最好做到脱稿。

我当婚礼媒人[①]的时候，就从来不看稿子进行演讲。新郎新娘的学历、必要事项等都会牢牢记在脑子里。因为看着稿子演讲，感觉不太正式，还会妨碍自然的语言表述。

既然接受了别人的委托，就要好好演讲，先从自我介绍开始，内容要避免和主持人的介绍重复。祝辞以新郎（新娘）的一些趣事为中心题材，收尾时可以用“祝你们家庭美满”“百年好合”等祝福语。

---

① 媒人：日本的媒人除了指介绍对象的人外，还指在一些婚礼上坐在新郎、新娘旁边，给婚宴的举办流程提意见的人。一般由新郎、新娘的恩师、公司领导或亲戚担当该角色。

回明信片 传达想法的小细节

◆ 邀请函上只画圈是不够的

“噢，那家伙也开始收份子钱了……”

当收到朋友的婚礼邀请函时，看看自己，就会想起：“我还单身呀……”然后会苦恼份子钱给多少的问题。

但这毕竟是可喜可贺的事。作为人情往来，我们要尽可能出席友人的婚礼。尤其是收到有工作关系的人的邀请时，作为合格的商务人士，更是得排除万难也要参加。

那么现在的问题是，收到邀请函后，该怎么回信？日本回信用的明信片上都会排列着“御欠席（缺席）”“御出席（出席）”“御住所（地址）”“御芳名（姓名）”等文字。

“因为会出席婚礼，所以在‘出席’上面画个圈就好了。”

如果这样想，那你就很不会做人。“御”在日语里，表示招待方对对方的敬意，所以回信时，如果继续保留明信片上的“御”字，就是在对自己表示敬意，感觉很奇怪。

如果出席婚礼，首先要把“御出席（出席）”中的“御”字用两条竖线划掉。同理，“御欠席”也要用两条竖线划掉。接着在“出席”二字上画圈或不画圈都可以。

不管是出席还是缺席，作为礼仪，空白处都应该**写上一些话**。就算仅是“恭喜恭喜”这样简短的话语，也会让收到回信的人感到开心。

像“居然比我还早结婚，你不会不甘心吗”等，如果两人关系比较好，说些开玩笑的话无伤大雅。如果缺席婚礼，那就更应该写点东西上去了，不然回寄过去的明信片会显得特别空。

“太让人激动了！真想见面的时候亲自跟你祝贺!”等，可以像这样写些不会逾越两人关系的话。

“御住所（地址）”的“御”，“御芳名（贵姓）”的“御芳”，这些字也要用两条竖线划掉。然后要尽早把信寄出去。

因为对方需要及时确认出席婚礼的总人数、安排座位等，要做许多准备工作。

所以**回信要趁早**是基础礼仪。

回明信片的写法

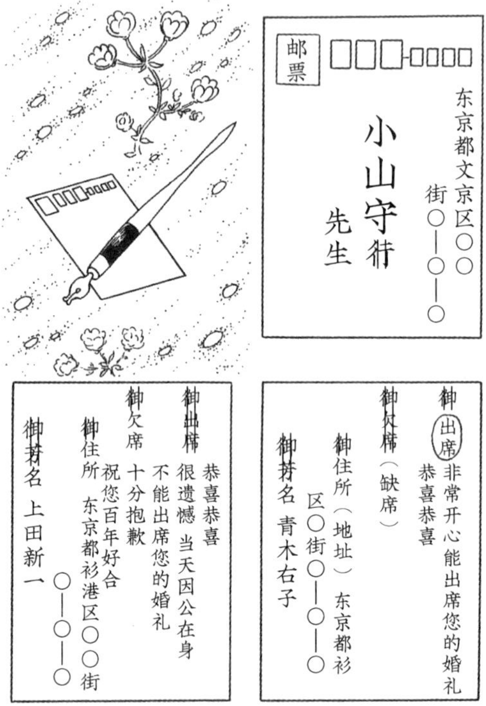
邮票
东京都文京区○○街○—○—○
小山守 行
先生
御出席
非常开心能出席您的婚礼
恭喜恭喜
御欠席（缺席）
御住所（地址） 东京都衫区○街○—○—○
御芳名 青木右子
御出席
恭喜恭喜
很遗憾 当天因公在身
不能出席您的婚礼
御欠席 十分抱歉
祝您百年好合
御住所 东京都衫港区○○街○—○—○
御芳名 上田新一

◆ 从右写，还是从左写

回信时，还有一些需要注意的地方。

明信片上，要把封面上写的“~行”改成“先生（女士）”。“行”要用两条竖线划掉，左边写上“先生（女士）”。

右边绝对不能写字。因为会被认为要把“行”改回来的意思，而“改回来”带有重复的含义，在结婚的时候不太吉利。

如果了解上述注意要点，就可以自信地认为自己是一名相当合格的成年人了。

如果和邀请人的关系比较好，收到邀请函的时候可以回个电话。但是不能因为打电话了，就不回信。因为整理回信的人并不一定就是邀请人本人。出席的人越多，联系工作就容易滞后。为了避免出席婚礼时，发现没有自己的座位这类尴尬情况，建议各位无论如何都要回信。

缺席或取消出席 不出席有不出席的礼仪

◆ 拒绝的方式能凸显你的教养

缺席婚礼的理由有很多。

“因为现在在做关乎公司运营的重要项目，不知道到时候能不能出席……”

“婚礼和亲戚 49 天的法事时间撞了，所以不能出席……”

“哎呀，这不是和我老早就计划好的伦敦之旅时间撞了嘛！”

如果有即使排除万难也不能出席的“理由”，那就只能缺席了。

但是，这个理由因对象不同，**有些可以说，有些则不可说**。

像是“办丧事”之类的理由，就要避开不说，因为对方在办喜事，听到这种理由会犹如被泼冷水一般。

此时可以说：“实在是有私人的事情要处理”或“有事必

须得去处理”等，这样**应对**，也是一种礼貌。即使是朋友或是有工作关系的人，也要遵守这个基本原则。

如果是因公缺席，就需要提出一个让对方能接受的理由。仅仅说：“工作很忙。”对方就会想：“难道你连抽出两小时的时间都没有吗？”对你的印象就会不好，人际关系也跟着变差。像是要去国外出差等，如果没有好的理由拒绝对方，就会很失礼。

特别是客户发出的邀请，如果想太多，觉得：“工作上的往来应该由公司来处理，我就不瞎掺和了。”而决定不参加客户的婚礼，这样反而会产生摩擦。

把去国外旅行当成缺席的理由，不用说也知道，这并不适合跟有工作关系的人说。

“我可是旅行的钱都付了，什么都准备好了，不想现在才取消呀！”即使想以此让对方同情你，但将这个作为直接缺席的理由，就多少显得有些随便了。这种情况下，聪明的做法是说些无大碍的话蒙混过去。

那么朋友的话又该怎样说呢？与其让人觉得你太客气了，倒不如直接告诉他原因，这样不用兜圈子。

但就算对方是朋友，也要想好缺席应该怎样**“补救”**。是提前送礼、到婚礼当天致贺电，还是送旅游特产等，补救的

方式有很多。“在国外发贺电？我可没那个自信呀！”如果有像这样担心在国外发不了电报的人，可以出发前先在自家传真机上设置好预约发送模式，写上“发自国外”就可以应付过去了。

无论有什么事，缺席的情况下，都要在婚礼当天致贺电。发送有固定格式的电报当然也没问题，而且固定的内容适用于各种人际关系，因此相对保险一些。不过，如果你不想拘泥于固定格式，想要表现自己的个性，那也是可以的。

◆ 最好让对方来决定该如何处理取消出席的情况

在回了“出席”之后，又遇到不能出席的情况该怎么办？像是紧急出差、亲人的葬礼……这些都是不能出席婚礼的情况，此时当然要立刻联系对方，但问题是空出的席位该怎么办？

作为礼仪，首先应该让**对方来决定该怎样处理**。如果对方说：“请找人代替你前来……”那么就找人代替你出席。如果对方说“真可惜，不过没关系，您别介意……”就无需找人代你出席。不能还没征询对方的意见，就自己随意找人代替你出席婚礼。总之处理此类情况的关键是要等对方决定怎么办。

当对方希望你找人替你出席，如果是朋友的婚礼，就要找

亲属替你。一般是妻子代替丈夫出席，父母代替孩子出席。如果是有婚约的两人，那么婚约对象也可代替对方出席。当有朋友也要出席婚礼时，还可以提前跟对方打好招呼："我女朋友会替我出席婚礼，到时候拜托你多关照一下。"这样做能让代替你出席的人有些面子。

有工作关系的人邀请你出席婚礼的情况下，理论上要找和**自己同级或是上级的人**替你出席。请的是上司，来的却是下属，是很失礼的行为，所以一定要遵守这一基本原则。当然，无论找谁替你出席，具体人选都得事先告知对方。

"很抱歉，佐藤不能出席。他本人也为此感到非常遗憾，我是大和商事营业部的科长田中。"当代理人出席婚礼时，要这样说。

红白喜事 仪式上的正装展现成人风范

◆ “时”不再来

作为一名社会人士，该懂得未雨绸缪。在公司的储物柜里，建议准备好丧服以备不时之需。

如果突然接到上级命令“听说东都物产的社长去世了。你马上过去!”就能够迅速应对。可以说礼服是社会人士的必备品。

男士丧服基本上都是简单的黑色西装。衬衫为白色，领带为黑色了。鞋子可以是深灰色，但最好选择无装饰的黑色鞋子。

遇到丧事，通常得“急急忙忙地赶去”守夜。这种情况下，就算着装上有些不正式，也不会失礼。

比如没有黑色西装，穿深色的也可以，如果不是很赶，可以戴上丧章（袖章、黑白带子）来代替丧服。

丧章原本是丧主、亲人、负责人才戴的，吊唁的客人不用

戴，不过最近规则有些改变，吊唁的客人也可以戴丧章。无论参加哪家公司人员、客户的守夜，都应该态度认真，在告别仪式上切忌“匆匆忙忙”。

装饰品方面，男士一般没什么饰品，手帕要挑选接近黑色的，雨天的葬礼注意不能用华丽的格纹伞。

如果不是佛教的葬礼，可以不戴念珠，但在告别仪式上，还是备着比较好。

也有在别人临终的时候要赶过去的情况。像是因为上司或上司的亲属去世，办理丧事的事宜就可能交由你来处理。

遇到突发情况，人容易着急忙慌。但因为事发突然，就不需要穿丧服了。如果为了准备着装而让人久等反而是失礼的行为，即使公司的寄存柜里挂着备用的丧服也不要找来穿，只需穿着当天的衣服过去就好。

女性常常会穿得比较时尚、艳丽。遇到这类突发情况，往往在着装打扮上处理起来会比较麻烦，而男性一般把“深色”衣服当成工作服，所以行动上会比较方便。但如果当天带着华丽的领带，要记得换成普通的款式。

上述为佛教葬礼上的守夜着装要点。日本除了有佛教葬礼，还有基督教葬礼、神道教葬礼等，不同宗教有不同的规矩。神道教的葬礼上，一般关系越远的，丧服颜色从黑到白渐

变，且相对于佛教，规矩会松一些。而基督教的葬礼没有那么严谨的着装要求，基本上只要是黑色的衣服都可以。

◆ 黑色西装是红白喜事和派对聚会的万能衣服

无论如何，走入社会，希望各位都能备好一套黑色西装。因为黑色西装不仅能在葬礼上穿，也能在婚礼上穿。如在公司举办的庆典上招待客人的时候，当作为被接待的一方前去对方公司拜访的时候，在随意的派对、正式场合等，无论什么年龄、地位的人，都能穿着黑色西装，这样一套实用性很强的衣服，实在是一件“宝藏”。

婚礼上的着装一般是黑色西装配折袖白衬衫，并系上浅色领带。鞋子一般为无装饰的黑色或深色。

“客户公司的科长邀请我去参加婚礼，但是不知道该穿什么好?”

遇到这样的问题，只要按照上述建议去打扮就不用担心出丑。当然，也可能有人觉得:“只穿黑白两色，多无趣呀!”学会穿搭，也可以作出一些改变。比如试着换一下马甲的颜色;系上银色系的领带；花些心思在口袋巾的挑选搭配上……

葬礼上的穿搭也一样，基本上离不开深色西装。银色、木炭灰色西装就可以作出许多搭配，基本要求是穿得素一些。带

婚礼服装

女性

- 虽然也可以戴手表、饰品等比较闪亮的物品，但最好不要佩戴过多。
- 白天穿连衣裙、套装等，着装不能过于暴露。
- 夜晚穿无领或无袖晚礼服。西装可以配上华丽的饰品。

男性

- 领带为白色、银色、灰色或黑白条纹。
- 基本上为黑色西装或深色西装（木炭灰、银灰等素色）。
- 衬衫为折袖白色、银灰色衬衫等。
- 基本上为无装饰的黑色鞋子，袜子黑色。不能穿拖鞋。

葬礼服装

女性

- 长发要束起来。化淡妆，不涂指甲，不要喷香水。
- 穿着无光泽的黑色连衣裙或成套西装。
- 皮革或布料材质的包包。不能拿有光泽的显眼的包包。
- 鞋子不能有光泽。高跟鞋要挑选跟不高的。不能穿拖鞋。

男性

- 男性用念珠，会比女性用的稍大些，但不是佛教葬礼的场合不一定要带。
- 基本上要穿黑色或深色西装。戴黑色领带。不带领带夹。
- 鞋子、袜子要统一成黑色。

细铅笔条纹的衣服也可以穿。但要注意，虽说绿色、棕色等颜色算深色，如果本人没有足够的自信还是别穿为好。

◆ 也有一些场合是黑色西装不能应对的

黑色西装、深色西装是白天和晚上都能用的“礼服低配版”，一般的出席者们基本都这样穿去参加婚礼。

但是，邀请函上如果指定要穿着“男士晚礼服”，那就另当别论了。**男士晚礼服又叫无尾礼服**。是用于晚宴时穿着的“正式礼服”，从前主要是亲戚、主要嘉宾等人才穿，不过最近，不少出席者们也会在晚宴的时候穿上这种礼服。

理论上，该礼服的领结布料为绸缎或天鹅绒，并带上同样布料的礼服腰封。也可以把腰封换成马甲，马甲的布料要和衬衫一致。带褶皱设计的白色礼服衬衫配蝴蝶结，鞋子为珐琅鞋。

注意**白天不能穿晚间无尾礼服**，要穿董事套装。这种礼服上衣为黑色，下身配条纹裤。已故美国前总统艾森豪威尔就十分喜欢这样穿，这样的搭配又叫作“艾森西装”。领带要灰色或带有条纹的，马甲为黑色或灰色，与白色的衬衫相搭。穿胸前部位有褶皱设计的衬衫也可以。

在比较讲究的场合，注意要区分白天和晚上的穿着。白天

在深色西装之上改良的服装

女性

- 晚间正式便礼服。没有什么特别的设计要求。

男性

- 晚间无尾礼服。基本上为白色礼服衬衫配上黑色的蝴蝶结领带。白天穿董事套装。

的董事套装用黑色西装代替虽然也不会失礼，但现在只要去租赁精品店，什么礼服都能租到，所以如果不懂怎么搭配，去租赁店挑一套就好了。

问题是如果邀请人要求穿着“便服”该怎么办？虽说可以穿便服，但绝对不能穿牛仔裤、皮夹克等衣服。这些是日常装，不是便装。这里我们可以把便装理解为“正装”。所以要见与公司事务有关的人、客户时，穿黑色西装、深色西装准没错。

葬礼 做好万全的准备以尽好礼数

◆ 葬礼是最考验“公司素质”的场合

葬礼是严肃的仪式。

所以在这样的场合，要比婚礼更不能失礼，如果出席的葬礼与公司相关，就更是如此。员工参加葬礼的行为，体现了“公司的素质”。

公司一般都会有《红白喜事礼仪手册》，该手册由总务部来管理。原则上，商务场合的行为规范要按手册上的规定去做。

如果客户方的负责人去世，**上司要一同出席**葬礼。我想没有人会不知道这个道理吧。

尤其是客户公司中，带“长”字职衔的人去世的情况下，就需要自己公司同级别的上司或同级别以上的上司出席葬礼。

出席葬礼的时候，要先通过接待处，并递给接待员帛金，同时表达一些悼念逝者的话。那么让我们看看具体该怎么

做吧。

一般接待员是逝者的**“家属代表”**。

所以递帛金时，当然要说些悼念的话语，比如“请节哀顺变”之类的，然后签到。这时要将装帛金的信封从袱纱[1]中取出，并放在名簿的旁边，信封要先朝向自己。

签完名后跟接待员说：“请将帛金供到灵前。”然后将帛金双手递给对方，之后等待烧香。

烧香要在主持念完经文后，由丧主、逝者的家属和亲戚先进行，之后是一般的出席者们。

轮到你烧香的时候，向前走一步，向着祭坛两排的逝者家属和亲戚一一行礼，接着朝向遗照行一次礼。走到烧香台前，用右手的中指、食指、大拇指 3 指抓取沉香，微微低头，将沉香抬至头前，然后再将沉香放入香炉里。

一些礼仪书会说这个动作得做 1～3 次，但其实**1 次就够**了。因为参加葬礼的人都重复做 3 次的话，时间就不够了。烧完香后看着遗照合掌。

向两边的逝者家属和亲戚行一次礼，然后再向遗照行一次礼。最近有许多葬礼在斋场举行守夜，所以基本上都是站着举行仪式的，但也有坐着烧香的情况，此时要双膝跪坐在褥垫

① 袱纱：在日本葬礼上使用，用来包裹帛金信封的绸巾。

不同宗教葬礼的礼仪（佛教）

①
到烧香台前，向逝者家属
和僧侣行礼

②
向遗照行礼，合掌

③
用右手的食指、中指、大拇指抓
取沉香，抬至头的等高处，之后
放入香炉中

④
烧完香后，合掌，向着遗照、逝
者的家属行礼

上，膝盖慢慢挪动前进或后退。

简而言之，注意**不要让臀部朝向遗照**，这是葬礼上的一个礼仪。除此之外，无论是站着还是坐着烧香，步骤都完全一样。

◆ 基督教和神道教葬礼的礼仪

基督教和神道教的葬礼，没有佛教的“烧香”环节。基督教会有“献花”仪式，神道教则有“上供玉串”的仪式。

“献花”仪式上，先从工作人员处接过花，拿花时花要朝向右侧，然后朝着献花台前进，对着遗照行礼。接着顺时针掉转花的朝向，使之向着自己，之后将花放在献花台上。如果不是基督徒，只需微微低头、默祷，然后再次深深地行一次礼，退一步，向逝者的亲属行礼后结束。

“上供玉串”首先要进行“净手仪式”。拿着长勺，按先左后右的顺序浇水到手上净手，最后用左手取水漱口。

之后，要上供杨桐树枝（玉串）到玉串台上，做法如下：

先将玉串抬至面前行一个礼。将玉串按顺时针方向转动，根部朝向祭坛放到玉串台上。然后退一步拜两次，之后无声拍手两次，行一次礼后结束。最后向逝者家属行礼，这一步是哪个宗教都有的环节。

不同宗教的葬礼礼仪（基督教）

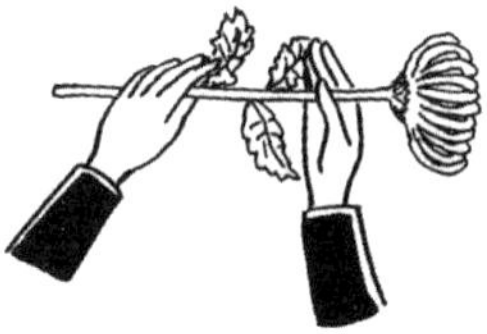

①
花朵朝向右边，花横着拿，走向献花台

②
将花按顺时针方向调整朝向，使之对着自己

③
在献花台上放花，合手，手放在身前，身体前倾，默祷

不同宗教的葬礼礼仪（神道教）

[净手仪式]

①
按先左手后右手的顺序拿长勺舀水净手

②
左手取水，漱口，然后用兜里的纸巾擦拭手和嘴

[上供玉串]

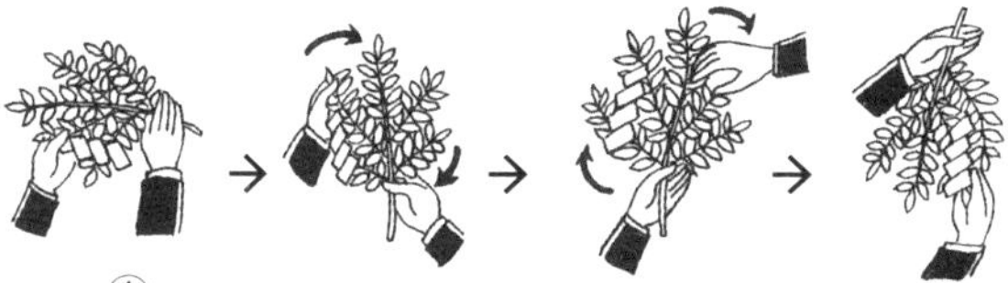

①
手拿玉串，将玉串的根部按顺时针方向转到自己面前。上供后拜一下，接着将根部转至反方向，并放置在玉串台上

②
拜2下，无声拍手2次。行一次礼后，回到原位

◆ 守夜不能立刻回家吗?

那么我们来继续说说佛教的葬礼礼仪吧。

烧香之后，会有人带出席葬礼的人吃**守夜饭**。如果拒绝就餐，就会显得很失礼。因为守夜饭意在祭奠故人，所以不管多忙，作为礼仪多少要尝一口。

但也不宜久留，更不能边喝酒边大声喧哗。

“那个吵人的家伙是哪家公司的人？真没教养！”

这样的行为必定会招致他人的白眼。因此最好谨慎处事，吃守夜饭大概在过 20~30 分钟后退席，比较明智有礼。

告别仪式一般要到**目送逝者出殡**为止才结束，不能烧完香就急忙回去。但如果有要事在身，实在不得已的情况下，也可以破例。

送出殡时，出席者常常会不知道该干什么。冬天的话建议备好外套。因为一直到出殡，出席者通常都要在户外等待。这期间如果不穿外套，就会冷得受不了。

所以这时候可以穿外套。但如果丧主开始招呼要出殡的时候，出席者们要脱掉外套，这是出殡时的规矩。不过雨天、下雪天例外。此时不要忘了**合掌送逝者出殡**。

虽然葬礼流程如此繁杂，但也不必把所有步骤都记牢，最

近挺多逝者亲属只在自己家族内部办守夜告别仪式，然后 1 个月内在酒店办“告别会”。

◆ 注意葬礼上的用语

“这样我就完美地理解了葬礼上的礼仪!”当你这么认为时，其实不然。葬礼上还有一个很重要的礼仪。

那就是**“禁忌语”**。也就是在不幸的场合不能说的话，“再三”“再次”等词会被认为“容易招致再次的不幸”。

比如出席者说:“这次又发生这么突然的事情，您肯定很难过。”虽然说者本想措辞有礼，但无意间提到“又”这种带有重复性意义的词是不行的。这样的口误也是我们需要注意的地方。

此外，像是“一次又一次”“屡屡”“一再”等词，带有“屡次不幸”的意思，这些也是禁忌语。“一再发生这样的不幸，真为您感到遗憾。”即使说者想表达悼念之意，但也应该避免用到这些忌讳的词。

葬礼上的禁忌语

●重复性词语

有加重不幸的意思

“一再”“一次又一次”“屡次”“愈发”“越发”“屡屡”“反复”“再一次”“再三”“且”“继续”“再次”“再者”等

●“死”的直接表达

“死”“死去”“死亡”等

↓

可换成“去世”“永眠”“逝去”“悲报”“讣告”“逝世”等说法

●宗教语言

在不同宗教的葬礼上，有些词是不能说的

- 基督教……“冥福”“祭奠”等
- 佛教、神道教……“被主召唤”等

唁电和祝辞

小心画蛇添足

◆ 唁电也可以传真?!

虽说尽可能参加熟人的葬礼是一种礼仪，但也有因身在远方或是有工作，无论如何都无法出席葬礼的情况。这时候就要写唁电表达自己的悼念之意。

电文通常写些“沉痛哀悼”“谨祈冥福”等传统内容即可。如果是结婚祝词，就需要在文字上多下功夫，使祝词有自己的特色。但在致逝者的唁电中，就不必花这些小心思了。

不过唁电的内容必须考虑到葬礼的形式。比如，基督教的葬礼就不能用上面所述的表达。

基督教认为，死亡是神召唤逝者回到身边的表现。所以哀悼、冥福会被认为是亵渎神明的表达。在基督教葬礼上说“愿逝者安息”，会比较合适。

一般唁电都要写明致丧主，但不是什么情况都能知道丧主的具体名字。比如下属的兄弟去世，如果逝者是已婚人士，那

么丧主就是他的妻子。这时如果能很快问到下属丧主叫什么名，还比较好办，但是这种情况下，逝者的亲属往往会很忙。因此可能不能知道丧主的名字。

这时候可以写“致某某家遗属”，如果知道葬礼举办地，也可以咨询主办地丧主的名字。但是为了知道名字而直接过问丧主家里，就很没礼貌了。

不过，当今通信手段十分发达。在不能参加葬礼的情况下，也不用过分纠结于写唁电的问题，我个人觉得发传真也可以。如果距离葬礼开始还有一些时间，也可以写信或是写明信片。

◆ 礼金要包多少?

提到结婚，就得谈到礼金。礼金也可以用礼品来代替。问题就是礼金的预算了。被邀请参加婚宴和没被邀请参加婚宴，这两种情况的礼金当然有所不同。

被邀请的情况下，如果是朋友和熟人婚礼，一般给 3 万日元，礼品的预算也跟礼金一样。而没被邀请的情况下，礼金预算在 1.5 万日元左右，约 1 万日元也是比较合适的。

如果给的礼金数额太大，会给对方造成压力，心想：“给我这么多礼金，当时要是请他过来就好了。”

唁电的例句

基本上要措辞严谨，不可为引人注目而写奇怪的话语。
最稳妥的做法是模仿各个公司写的例文。

《部分例子》

- 谨此表示沉痛哀悼
- 为逝者深致哀悼
- 为逝者谨祈冥福
- 惊悉令尊（令堂）逝世，
  谨此致以沉痛哀悼
- 惊悉尊夫（尊夫人）逝世，
  谨此致以沉痛哀悼
- 追思逝者过往（缅怀逝者生前的功绩），
  谨祈冥福
- 为逝者深致哀悼，谨祈冥福

- 惊收讣告，深感震惊和悲痛。
  谨此向各位遗属致以慰问，向逝者致以沉痛哀悼，
  衷心愿某某长眠安息。

挑选礼品也是一个令人头疼的问题。通常我们会买餐具、钟表、立式相框等东西，但这些又往往容易撞款。收礼人不得不吐槽：“怎么又是钟啊！这都第七个了。两室一厅一厨的房子，哪有那么多地方放这东西。”而送餐具，又要考虑到个人喜好，难得送礼，如果因为对方不感兴趣，送的餐具就可能永远被搁置在橱柜里。

如果是关系比较好的，可以先问一下对方期待的礼品预算。让对方自己挑选喜欢的东西，最不会出错。还有，也可以几个朋友一起送礼，比如5人一组的话，预算就可以到15万日元。这样就能合起来买到高价又实用的东西送给对方。

不过送礼时要注意，必须在举办婚礼的大概10天前送到。因为临近举办婚礼的时候，新人们要搬新居、度蜜月等，新人和他们的家人会非常忙乱。这时送礼反而会给他们添麻烦。

送礼时也要注意有些东西不能送。如果不先了解这些情况，就会给难得的喜事泼上一盆冷水。像是**“切割工具”“分隔物”**等是不能送的。因为这些东西有“切开”“分割”的意思，对于发誓要永结同心的两人来说，意思很不吉利。所以像剪刀、菜刀等刀类，镜子、玻璃制品等都不能送，这是送礼的礼仪。

但现在已经是21世纪了，也不必过分遵守过去的一些

习俗。

比如，如果是喜欢做菜的亲友，送她一套菜刀并祝福道：“希望你结婚后能做许多好吃的东西。”我觉得这样是没问题的。如果两个人都喜欢喝酒，就送巴卡拉的玻璃酒杯等，根据对方的喜好送礼，这样的礼物肯定会比任何东西都让人高兴。

时代在不断变化。红白喜事上的礼仪也在不断反映时代的特征，面对这样的大环境，我们只要相应作出改变就好。

帛金和礼金　包钱的行情以及决定金额的方式

◆ “外装豪华，内里干瘪”的话就尴尬了

帛金和礼金要包多少钱，这个问题意外地让人头疼。

尽管社会上有包钱的大致行情，但是根据年代、与对方的关系、自己在社会中的地位等因素的不同，也会导致要给的钱数不同。

结婚礼金我一般会给 5 万日元，如果被夫妇邀请参加婚礼，就给 10 万日元。我每年都会被邀请好几次，所以说实话，这方面的开支还是挺大的。

礼金方面还有一点要注意，**礼金信封包装和信封里的钱数要保持一致**。现在的礼金信封款式多种多样。信封上既有红白双色的花纸绳，也有高级和纸材质的花纸绳等豪华装饰。

两三万日元的礼金一般适合用奉书纸[①]包着，再用金银

① 奉书纸：一种白色、较坚实的日本纸。

或红白色的花纸绳打结。配有高级和纸材质的花纸绳信封里，包的如果不是 5 万日元以上的礼金，就显得有点“表里不一”了。信封的包装一般，但是里面的钱额给力，情况还好些。如果信封外表豪华，但里面的金额却很少，就显得很没常识。

信封封面一般会写有“寿”“御结婚御祝（祝新人结婚）”的字样。如果直接写“御结婚祝（庆祝结婚）”就是 4 个字（偶数），双数会让人联想到“分别”“分开”，所以这点要注意，不然就失礼了。

“寿”“御结婚御祝（祝新人结婚）”的下面，要用楷书写上姓名。夫妇联名的情况下，只需从中央往左依次写上名字即可。人数众多时，写上代表的名字以及“其他”的字样，礼金信封里要放入写上全部人员名字的纸条。

正式情况下，礼金信封里要写上送礼金人的姓名、住址、金额。金额数不能写成算数用的阿拉伯数字，最好写成“壹”“贰”“叁”等。

◆ 不同宗教帛金信封的封面字会有所不同

帛金也一样，如果信封的外包装和金额不匹配，也容易造成尴尬。

如果帛金的数额在3000~5000日元，外包装一般印有花纸绳，1万日元会用奉书纸做封，配上黑白色的花纸绳。3万日元以上的帛金数额就会用和纸配银色的花纸绳，总之要保持好金额和外包装之间的平衡。如果外包装用和纸做封，并配上折花，使用这样包装豪华的帛金信封，建议包10万日元以上的数额。

信封封面因佛教、神道教、基督教等宗教的不同，写的内容也会不一样。佛教要写“香火费”“香料费”；神道教要写“玉串费”；基督教的葬礼则要写“花费”。

如果有人觉得“太麻烦了，我记不住”的话，这里还有个妙招，那就是写成“供灵前”。这是所有宗教都通用的意思，无论是哪种类型的葬礼，都可以使用。

但是，有莲花模样的帛金信封是佛教专用的，就算封面写的是“供灵前”，也不能用在其他宗教场合。

还有写着**“供佛前”的仅限于净土真宗**，因为净土真宗认为逝者去世后会立刻成佛。但是其他宗派认为，逝者要在49天的法事之后才能成佛。因此，在逝者还没成佛的葬礼上，就不能在帛金信封上写“供佛前”。

据说帛金不能用新钱。因为这样会有为突然的不幸做好“准备”的感觉，所以给新钱会是很失礼的行为。不过现在很

不同宗教帛金信封的封面字

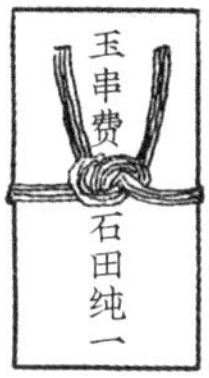

神道教式

黑白、白色、银色花纸绳。封面写上“玉串费”“杨桐费”。

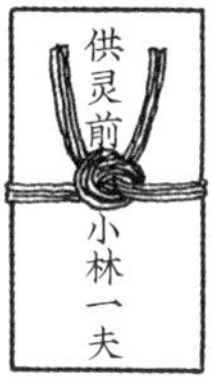

共通

无莲花图纹，打结的花纸绳帛金信封通用于各宗教。封面写有“供灵前”字样。

基督教式

不用花纸绳，白色信封上印有十字架、百合花，写上“花费”。

佛教式

黑白或银色花纸绳，封面写上“供灵前”“香料费”等。

袱纱的使用方法

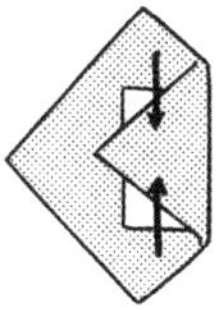

①

将帛金信封放置袱纱中央，将右侧的布往中间折叠，后面依次是下面的布往上，上面的布往下折叠。

②

盖上左侧的布。

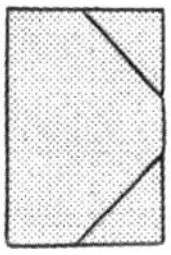

③

多出来的一小块布往里扣折。

少有人会注意这点，所以用新钱也没关系。如果还是有所顾虑，可以在新钱上折出一道折痕。

正式情况下，帛金要用袱纱包裹着带去葬礼，家中建议备有至少一块丧庆两用的紫色袱纱。

第 5 章

护花礼仪
提升“男人的器量”

护　花　女士优先的“真正意思”

◆ 男女礼仪的原点

我们看欧美派对，他们会在女士优先这方面做得很好，男士们绅士有风度的样子令人钦佩。可惜这样的文化在日本仍然相当落后。

这也难怪。

因为日本传统的家父长制思想根深蒂固，女性往往以夫为天，她们会被要求专心生孩子、守护家庭。难以想象，不久前的日本还在贯彻这样的思想。在女性走路需保持在男性身后3步距离的社会里，女士优先的思想萌芽当然也就难以孕育出来。

但如今时代已发生了巨大的变化，细心周到的“护花使者”行为是男性接待女性必须习得的本领，说是**男女礼仪的原点**也不为过……

为了避免不知道什么时候，因为没有扮演好“护花使者”

而被女性投来蔑视的眼神，建议还是先掌握好这一本领。

“既然说女士优先，那么打开车门、进出出入口和坐电梯的时候，是否都要先让女性呢？”有人可能会这么问。

确实，按字面意思来说，女士优先就应当在所有情况下谦让女性。但同时，男士也要**保护和重视女性的安全**。

比如坐电梯的时候，男女之间的位置关系应该怎样为好？电梯往上走的情况下，男性应该在后面；往下走的情况下，男性就应该在前面。

因为这样的话，一旦有什么危险，这个位置就能让男性挺身而出保护女性。

◆ 忍耐是男人的器量

自认为在“护花使者”方面颇有心得的男性，会在女性穿脱外套时提供帮助，但男人们是否又知道，寄存衣服时也有一些需要注意的细节呢？

把物品存放到寄存柜里的时候，作为礼仪，男性要负责从柜里取回寄存物。

在餐厅就餐完毕后，如果在结账的时候，让女性自己去寄存柜里取回外套，那么就是“护花使者”扣分的地方。

所以不能把寄存号码牌给女性，牌子应该由男性自己拿

着。当然，这之前应该先跟女方说：“这个由我来保管吧。”

就餐的时候，男性要询问女性喜欢吃什么，然后再负责叫服务员点菜。

如果让女性自己说：“我要一份香煎舌鳎和凯撒沙拉，然后一份法式清汤……”那就不像话了。

要是男性还说：“我在外面打个电话，你先帮我点着。”让女性来点菜的话，这样的男性就会被女性打上直男的烙印。

“护花使者”要负责所有的杂事，让女性只用专心聊天和享受美食。

无论喜欢与否，只有将欧美文化中的女士优先做得如此彻底，才算是一名合格的“护花使者”。

就算对方做出的行为并不淑女，男性也应当把对方当作淑女来对待。

明明知道要一起吃饭，但女方却喷上了难闻的香水，即使这样也不能蹙眉表示不满，而应该微笑着就餐。

“切，难道不知道菜的味道都被你的香水盖掉了吗？”这样的话绝对不能说出口。男人要忍耐，不，应该说要有肚量。

◆ 不让“传家宝刀”生锈的精神

前面说得有些长，也有些戏剧化，可以肯定的是，“护花

使者”的过程会有许多“让男性吃苦”的地方。

在日本这种文化并没有根深蒂固，因此日本的男性对此有些难以忍受，也是再正常不过的。

但是进入21世纪，随着全球化的不断发展，学会当一名绅士还是百无一害的。当公司吩咐要照顾好女性会员或会员夫人时，知道该怎么照顾女性和不知道该怎么做的人，所感到的压力是不一样的。

当然，也不是说只要和女性接触，就要一直做好“护花使者”的工作。如果和对方是恋人或朋友，自然相处会让彼此更加放松开心。也就是说，我们只需**根据与对方的关系，做出符合时间、地点、场合的行为**就好。

掌握“护花使者”的方法，如同将“传家宝刀”藏在衣服里一般。关键时刻取出“宝刀”使用即可。

为了不让宝刀生锈，建议平时就让自己懂得重视女性，不知各位意下如何？

男性温柔地对待女性，注意一些细节之处，会让女性意外地不再任性。

而最近的女性越来越强势了，建议各位男士也要做好充分的应对准备……

餐厅和酒席　要聪明且像个男人

◆ 这样做可以提升女性对你的评价

无论是公司同事或是外面有工作关系的人，工作上多少都有和女性一起吃饭喝酒的机会。

就餐时的行为和吃饭的样子，会意外地让你“原形毕露”。即使在工作中一直保持着良好的形象，俨然一副公事公办、正儿八经的商务人士模样，但在餐厅和酒席上失态的话，会让你的评价一落千丈。

因此，在这样的场合，应该多表现出懂礼的样子，才能提高他人对自身的评价。

首先在餐厅里，当然要把好的座位让给女性了。

如果窗外的景色很美，那么男方应该坐在背靠景色的座位。如果景观一般，店内有难得一听的钢琴演奏，就要把能看到钢琴的位置让给女性。就座时要先让女性坐下，之后男性再坐，拉椅子是服务员的工作，如果男性多此一举地帮忙拉椅

子，反而就越职了。

大的物品要存放到寄存柜里，但是装有贵重物品和化妆品的包一般都会放在桌上。

也有人会把包包放到椅子靠背等位置，但是一流的餐厅会有挂包的地方。男性不经意间叫服务员帮忙把包挂起来，这样的小细节会直接提高对方对自己的印象分。

◆ 所谓会点菜就是会给别人推荐菜品

点菜应该由男人来负责。

首先点饮料的时候，如果看到女性不知道该点什么餐前酒的样子，可以给她推荐时尚的鸡尾酒。

漂亮的红色金巴利苏打、斯普莫尼等就很有氛围感。带有苏打的鸡尾酒具有透明感，不仅美观，还能激发食欲。

点菜的时候直接让女方挑选喜欢的菜就好，但有些菜名会加上烹饪的方法、酱汁等解释，名字显得很长，会让人不知道这是怎样的菜。

“这个，是什么菜呢?”

如果女性问到这个问题，男性应当叫服务员过来说明。不要因为嫌麻烦就敷衍道：“这个嘛，先点点看呗。”

如果是在常光顾的餐厅，也可以推荐一些招牌菜，当然推

荐时不要勉强别人。

“这里的鸭肉用橙子做酱汁，特别好吃！”可以像这样轻松随意地推荐菜品给对方，会让人有好感。

点菜的时候，由男方跟服务员统一说两人点的菜。这时候要先说女方点的菜，然后再说自己的。

比如像这样说：“这位女士要一份金枪鱼生牛肉片、橙汁鸭肉，然后来一份绿色沙拉。我的话是……”

这种点菜方式，服务员不用一一过问：“请问是谁点的金枪鱼生牛肉片？”“橙汁鸭肉是谁点的？”可以省去不少麻烦。

◆ 酒席上的礼仪“一要适度，二还是要适度”

如果酒席上有女性陪同，就要懂得适度。

不要强行灌酒，不要勉强自己拼酒量，不要问别人隐私，不要进行不必要的身体接触……

想要让人有好感，就要一切都保持适度。

酒醉容易看花眼。就算陪同的女性看起来多么“落花有意”，似是在展现媚态，也千万不能碰。如果此时失了度，就等着被打上“性骚扰”的烙印吧。

谈话的时候可以说一些有趣的、身边发生的事，如果女方不感兴趣，就要有礼貌地换个话题。不能因为是自己擅长的领

域，就滔滔不绝，这是最糟糕的表现。

虽然也可以在酒席上谈论公事，但最好不要说一些谣言。一个得意扬扬地说着公司内部谣言的男人，在女性的眼里是怎样的形象，这不用多说也能猜到吧？

“真是庸俗、轻浮、不靠谱的男人呀！”这就是她们心中对你的评价。

洋　酒　“今宵美酒配佳人”，是时候展现你的风度和礼仪

◆ 难得邀请了美人，但是对洋酒一知半解

无论是在正式的交流会上，还是在像模像样的联谊会上，如果遇到了自己喜欢的女性，就会想要邀请美女去餐厅吃饭吧。

一般要是跟熟人或上了年纪的人，就会说：“喝烧酒不？”“烧酒怎么样？”但如果对方是刚认识不久的美女，可能你就会脱口而出：“去西餐厅喝酒吗？”

既然要阔气一下请美人共品洋酒，那么就要懂得展现风度和礼仪。

“那当然了，我还是知道要根据菜品来挑洋酒的！”在像这样自信地自称为“洋酒通”的人里，有些人其实对洋酒知识一知半解。

基本上“红酒配红肉，白酒配鱼肉”，但有些菜带有浓厚的红色酱汁，这类菜无论是红肉还是鱼肉，都要用红酒配，反

之，白色酱汁就要用白酒配。肉里面，像是鸡肉和猪肉，有时跟白酒搭配也十分绝妙。

洋酒的世界很深奥，**不是靠临阵磨枪、一知半解就能糊弄过去的**。

◆ 术业有专攻

一些在洋酒上面十分用心的餐厅，酒单里的酒名多到让人震惊。

不是专业人士是不可能从中作出最好的选择的。因此，与其自己跟酒单较劲半天，还不如直接**跟侍酒师商量**。

这种情况下，关键是要告诉侍酒师自己点了什么菜，以及自己的预算是多少。

洋酒的等级很多。就算是再有名的侍酒师，如果不知道客人的预算，也很难作出选择。**预算大概控制在餐价的一半**就好，如果这么告诉侍酒师，侍酒师心里就会想："这人懂点酒。"

打开酒的瓶塞后要品酒，这一般是由宴会的主人来做，约会的时候就由男性来做。

品酒时要先摇晃玻璃酒杯里的红酒，确认颜色和香气之后含一口酒，细细品味，这就是一般的品酒顺序。但是过程中，

如果你过于认真地看酒的色泽和透明度，品味时转动的舌头还发出声音，反而会讨人嫌。

如果没什么经验，按顺序做完品酒后说：“挺好的。”即可。这样就能让对方提升对你的好感度。就餐或品酒时切勿急躁，动作可以放缓一些，这样整个人会看起来更沉稳。

◆ “直男”的礼仪

喝洋酒时，要手**拿玻璃杯杯脚**。

喝洋酒有温度的要求，据说在适温下饮用口感最好。难得餐厅提供的酒水在适温状态，如果体温把酒的温度提高了，那餐厅就白费功夫了。也正因为如此，会有手拿杯脚的礼仪。虽然喝白酒、香槟等要保持冰凉状态的酒类时会拿杯脚，但是喝红酒的时候我觉得拿不拿杯脚也没关系。

不过，拿着杯脚喝酒看起来会比较帅，所以到底拿不拿杯脚喝酒，就看个人喜好了。

喝酒的时候，如果店里有侍酒师，会注意观察客人的酒杯是否要添酒，并过来倒酒。这时人们往往会忍不住拿起酒杯，但是洋酒的礼仪和日本酒、啤酒不同，需要**放在桌上，**让侍酒师来倒酒。

如果侍酒师没注意到，或是不在的情况下，就要**由男士来**

倒酒。

在女士优先文化盛行的欧美地区，让“女性”来倒酒是十分不像样的。如果对着女性用一副高高在上的样子说：“你给我倒杯酒。”会被人打上“直男”的标签，这点要注意。

一般都是边就餐边享用洋酒。但当嘴上沾有菜汁等情况下，喝酒前要先用餐巾擦拭嘴巴，不然容易弄脏杯子边缘。在高级的玻璃酒杯上沾上唇印并不雅观。如果玻璃杯脏了，要赶紧用手指擦拭，用餐巾处理污渍。

如果喝够了，此时应**手指轻碰玻璃酒杯**，表示用餐结束。

看到侍酒师打算继续倒酒时，如果一边摆手一边说：“够了，够了！”就很破坏气氛，还会让沉醉在美酒中的女伴感到扫兴。

既然今晚决定喝洋酒，来场高级约会，那么还是咬咬牙坚持住，把礼仪和风度都展现到底吧。

公司内部的恋爱　秘密传千里

◆ 办公室恋爱的隐患

社会上，像联谊之类的，与异性邂逅的场合有很多。公司内部也有很多与异性深入交流的机会。共事的话，就能多少了解对方的人品、脾性。当然，前提是对方是你喜欢的类型，有发展成恋人的可能性。

但是，爱也有可能会化为恨，通过工作看到对方的真实面目后，可能恋情反而会变得不顺。

总之，办公室恋爱就有这样的难处。

通常来说，在一起的话，就好好享受恋爱的感觉，一起甜甜蜜蜜、腻歪在一起，随便怎么诉说情话都可以。

但在公司里就不能这样谈恋爱了。在一起的时候，既是恋人又是同事（或上下属关系），需要分别处理好这两种关系。如果不能做到清楚区分这两种关系，就容易有**公私混淆**的问题。

比如，跟女友说："这个你来做。"然后给她文件时，在里面夹放了密会"指示书"，建议最好别这么做。

虽然工作上的指示是"公"，但约会的指示是"私"。如果在公司内两人常常耳语、打内线电话、发公司内部邮件，那就和打电话联系约会是一样的。秘密保守得再怎么好，终究会纸里包不住火。**秘密暴露的概率其实很高**。一旦被人看到或听到，就会有人传："喂，你知道吗？我刚刚看到销售部的岛村和铃木偷偷电话联系约会，没想到那两人竟然在一起。你可不能告诉给别人哦！"

像这样，一些喜欢八卦的同事就会把这秘密传开。没过多久，公司里所有人都会知道这件事。

正所谓"隔墙有耳"，和坏事一样，秘密也会传千里。

◆ 公司里恋爱的危机管理方法

保守秘密的最好办法，就是对待自己的女朋友**要像对待自己毫无兴趣的女同事一样**。

像下面这种情况，就容易暴露你对女朋友的态度。在公司内的酒席上，女同事们聊得起劲，开始就你女朋友议论纷纷。

"不过呀。销售部的岛村妹子，别看她平时很乖的样子，其实挺会玩的。真想不到会那么轻浮。"

哪里都有尖酸刻薄之辈。这些人对女朋友无止尽地诽谤，进行毫无根据的指指点点，谁的心里都会无法平静。你内心肯定会想：“开什么玩笑，你这混账东西！她是我女朋友，没有人比我更了解她。喂，说什么水性杨花！你个骗子！有证据你拿出来呀！”

但是，如果你不能忍住心里的愤怒，那么你和女朋友之间的秘密就会暴露出来。只有表现得**漠不关心、没有反应的样子，**才能掩饰过去。

反过来，如果女朋友成了被人赞赏的对象，有时候还得表现得两人关系不怎么好。

“岛村那妹子果然是我们公司的第一名呀！”周围对你女朋友赞不绝口的时候，如果身为男朋友的你附和道：“同意！”“就是，就是！”表现得像是在说自己一样高兴，又会看起来十分明显。

当女朋友的话题总是出现时，只有对或毁或誉的评价表现得事不关己，才能做好办公室恋爱的危机管理。

◆ 过夜后小心女同事们的“火眼金睛”

两人谈恋爱，当然就有一起过夜的情况，但是第二天早上就要小心了。自己的话可能还没什么关系，但一定要让女朋友

换件衣服。

两人一起穿着和昨天一样的衣服上班，就容易惹人怀疑。所以和女朋友过夜的话，就要预设好回家换衣服、酒店退房的时间。

虽然女同事们可能会装出一副漠不关心的样子，但其实她们特别关注同性间的着装打扮。

“你看你看，她又戴着和昨天一样的耳环。昨天是在外面过夜了吧。因为她之前不会一直戴着一样的耳环呀！”

女性会十分关注同性的情况，所以也要注意首饰等物品。

虽然有人会说，又不是出轨，在公司里谈恋爱怎么了？但是，周围人的看法是不一样的，办公室恋爱一旦曝光，就会被人过度讨论，成为他人茶余饭后的谈资，麻烦也会变多。如果到了要订婚、结婚的阶段，当然也可以“官宣恋爱”；但是恋情尚不明朗的情况下，一旦后来两人分手了，同事间还会有“这两人有过孩子”等流言蜚语，这样的诽谤就让人忍无可忍了。

所以如果有办公室恋爱，建议还是尽可能地保守秘密。

和女性分手 成年人的分手要干净利落

◆ 当“随便的女人”变了的时候

男女之间的邂逅，往往具有戏剧性。这种戏剧性在浪漫的氛围包裹下，就容易酝酿出爱情。

但是爱情经历了一些困难和时间的洗礼后，曾经的体贴变成习惯，关怀变成腻烦的话，那就麻烦了。

虽说相逢必有离别时，但是和女性分手并不是那么简单。往往在快要分手的时候，事态容易复杂起来。

出轨的话，情况甚至会更麻烦。

遇到的困难越多，两人之间的热情也燃烧殆尽得越快。当初刚在一起时，十分相爱的两人，也无法一直持续这样的热恋状态。

“你有时间的时候就多陪陪我，我不在的时候，就好好对夫人和孩子吧……我，你就把我当成随便的女人好了。”即便说出如此体贴的话，这样的女性也会谋划摆脱**“召之即来，挥**

之即去的女人”角色。

人，无论是谁，都有独占欲。“有妻有儿的男人是属于家人的”这样的漂亮话，听听就好，别当真。

当女方争执不休时，男性往往想逃避。但这样的情况下，越逃避越无法摆脱。如果装糊涂，可能会更加刺激对方，之后发生什么都难以想象。

要清楚一点，看看那些频繁发生的跟踪事件，一些不正常的人的恐怖之处，是超越普通人的想象的。

如果女方逼到了公司，将出轨的事毫无保留地曝光出来，男方就相当于前途尽毁了。“出轨一两次也没什么……”公司能“宽宏大量”地默许，仅限于这样的事情**不影响公司、不给公司带来麻烦**的情况下。

新闻上也有不少位高权重的政治家，因为出轨的女性公开照片而狼狈下台。所以处理不好分手，会给**将来埋下祸根**。

◆ 不留祸根的分手秘诀

如果要分手就要好好跟女方说清楚。

坦白的时候，刚开始要先向对方表示**“深深地感谢”**。

不管你实际上是因为厌烦了，还是感情淡了而想分手，总之要跟对方表达感谢。比如说：“和你在一起的时间真的很开

心!”“谢谢你给予了我纯粹的爱。”表达的时候一定要诚心诚意。

表达完感谢之后，就要进入正题了。但这时候跟对方坦白你的心变了，肯定会触及对方的逆鳞，所以绝对要小心说话，要解释现在已经不能跟对方继续的原因。

至于是什么原因，就要具体分析自己的情况了。像是孩子的问题，父母的反对等，这些理由可能会比较有说服力。但是如果从对方的角度来思考，说出这些理由反而会起到**反效果**。

比如，“你都已经 30 岁了。如果继续这样和我在一起，我感觉就是在剥夺你的幸福。我不能容忍自己这么任性，所以想结束我们的关系。”

这么解释看似为对方着想，但反而会弄巧成拙。

“是呀。你把我的青春都拿走了。你还我这 5 年!”对方很可能会这样说。

当然分手不可能那么顺利。很可能迎来好几次的意难平，所以面对麻烦，只能老实接受，把这段纠缠当成是自作自受。你要坚持跟对方表达：“不能再继续保持这段出轨的关系了。”以求得到对方的理解。

即使遭受到对方的谩骂，也只能忍受着。

这才是明智的做法。让对方把想说的话都说出来，也会让

她放下许多。这比女方看似坚强地忍住泪水的情况要好很多。不久后，这段关系就肯定能够和谐地结束。

当双方都接受了分手的事实，要跟对方说“谢谢”，以表达你对对方感谢的心情没有改变。

怎么样？谈分手可是件相当耗精力的活儿。

总而言之，学君子不出轨不犯险，才是最好的做法。

夫妻关系　“微笑”是让夫妻关系美好的秘诀

◆ 夫妻沟通没有保质期

一般男人都会认为，世上有两种女人。一种是“女性”，一种是“妻子”。

热恋中的男人会诉说“没有你，我的人生就等于是空无的!”之类的情话，明明之前把对方当成最重要的女人，但一旦女方变成了妻子，就会让她做饭、准备洗澡水、照顾自己，不再把她当成最珍贵的存在了。这时也就容易让两人的感情发生改变。这种态度的转变是对妻子极大的不尊重。

早上醒来，妻子会跟你说“早上好”吗？我没做过数据调查，并不是很确定，但我估计 30~39 岁年龄层的 100 人里，有 15~20 人会说；40~49 岁的人里有约 10 人；50~59 岁的人里有 4~5 人；59 岁以上的人，可能没有妻子会说：“早上好!”

妻子说“早上好”的人数已经很少了，而跟为自己端茶送水的妻子说句“谢谢”的丈夫人数，更是少之又少。

回想一下新婚时候的样子。两人是否在早上不仅口头问好，还会来个亲吻或拥抱呢？夫妻两人的这种交流是没有保质期的。即使过了银婚迎来金婚，交流也有益于两人的感情。

早上，我最先打招呼的人就是妻子。

我说："早上好!"妻子就会回道："早上好!"这时彼此间就会洋溢着温馨的气氛。之后我们还会就当天要做什么、昨天晚上酒宴的情况等进行交流。妻子会从我当天说话的声音和状态注意到："今天你状态挺好的嘛!"或是"怎么看起来没精打采的？是不是有什么不舒服？"当然，不管是在怎样的状态下，我都不会忘记跟为我做饭、倒茶的妻子说声感谢。

我到大仓酒店上班，一般都会自己开车去，但是帮我擦拭车子的污渍、抹干净车窗的人是我的妻子。等我要开车上班的时候，车子已经可以"整装待发"了，当我把车开走的时候，直到开到转角处看不见的地方为止，我的妻子都会一直目送我。还有就是从车库里准备开车出发之前，我们都会亲吻一下，这算是我们的家规了。

我的妻子也会很自然地，一直重复着这样的早上。如果从新婚开始到现在，都能一直保持**互相打招呼、说谢谢**的习惯，两人的关系就不会变味。

结婚的时间越长，夫妻之间的对话当然就越少，这样的说

法完全就是诡辩。不寒暄的丈夫就会有不寒暄的妻子，不会感谢的丈夫，就会有不会感谢的妻子。夫妻之间缺少沟通是日积月累的结果。

从打招呼和感谢开始，让夫妻回到有沟通的状态，并不需要花很多时间。想要恢复好关系，不妨先从这一步开始。

◆ 为什么对方是妻子就不夸奖了?

大多数丈夫都不擅长夸人。

妻子打算剪头发，一时兴起买下并穿上喜欢的裙子时，丈夫却没有任何反应。即使妻子忍不住问：“你看这发型怎样?”“这是新买的裙子，你看……”丈夫也会不耐烦地说：“所以，又怎样?”这样的态度实在让人扫兴。主要问题就在于，在丈夫的眼里妻子从“女性”变成了自己的“妻子”。

但丈夫其实并不是不懂夸赞。如果他们在酒吧等场合看到打扮漂亮的小姐，估计就会说：“噢，这女孩不错嘛!”“是做兼职的女大学生吗?年轻就是不一样呀，皮肤光泽有弹性……”不断抛出漂亮、可爱等赞美之词。

在公司也是，看到女性下属的发型变了，就会说：“剪头发了呀。短发也挺适合你的嘛!”他们这时候又能看穿别人并不显眼的变化，并夸奖一番。

不过，这可能在之后发展成为一场性骚扰闹剧……

所以既然夸别人还会带来麻烦，倒不如多夸夸自己的妻子。即使夸妻子的时候没有掌握好度，也不会被说是性骚扰。

“噢，今天很漂亮嘛。真不错，挺好的！”

夸人不是说无缘无故地把一些华丽辞藻堆叠在一起，只需表达你对妻子一些小变化的赞赏。仅仅是直接说出赞美的话，就能让妻子觉得，你又把她当成“女人”了。

最近，越来越多的夫妻会一起出席聚会等场合。我们家一年就有好几次，我会带妻子一起外出参加活动。这时候才突然把妻子当成女人，演出一副“顾家好男人”的样子是不可取的。夫妻两人在这样的场合需要自然地表现。正所谓“**临时抱佛脚——来不及**”。

要想在关键时刻把夫妻两人最好的一面展现出来，就要在日常生活中，一点一点地培养好两人的关系。

关于“服务的细节丛书”介绍：

东方出版社从 2012 年开始关注餐饮、零售、酒店业等服务行业的升级转型，为此从日本陆续引进了一套“服务的细节”丛书，是东方出版社“双百工程”出版战略之一，专门为中国服务业产业升级、转型提供思想武器。

所谓“双百工程”，是指东方出版社计划用 5 年时间，陆续从日本引进并出版在制造行业独领风骚、服务业有口皆碑的系列书籍各 100 种，以服务中国的经济转型升级。我们命名为“精益制造”和“服务的细节”两大系列。

我们的出版愿景：“通过东方出版社‘双百工程’的陆续出版，哪怕我们学到日本经验的一半，中国产业实力都会大大增强！”

到目前为止“服务的细节”系列已经出版 130 本，涵盖零售业、餐饮业、酒店业、医疗服务业、服装业等。

更多酒店业书籍请扫二维码

了解餐饮业书籍请扫二维码

了解零售业书籍请扫二维码

“服务的细节”系列

书　　名	ISBN	定　价
服务的细节：卖得好的陈列	978-7-5060-4248-2	26 元
服务的细节：为何顾客会在店里生气	978-7-5060-4249-9	26 元
服务的细节：完全餐饮店	978-7-5060-4270-3	32 元
服务的细节：完全商品陈列 115 例	978-7-5060-4302-1	30 元
服务的细节：让顾客爱上店铺 1——东急手创馆	978-7-5060-4408-0	29 元
服务的细节：如何让顾客的不满产生利润	978-7-5060-4620-6	29 元
服务的细节：新川服务圣经	978-7-5060-4613-8	23 元
服务的细节：让顾客爱上店铺 2——三宅一生	978-7-5060-4888-0	28 元
服务的细节 009：摸过顾客的脚，才能卖对鞋	978-7-5060-6494-1	22 元
服务的细节 010：繁荣店的问卷调查术	978-7-5060-6580-1	26 元
服务的细节 011：菜鸟餐饮店 30 天繁荣记	978-7-5060-6593-1	28 元
服务的细节 012：最勾引顾客的招牌	978-7-5060-6592-4	36 元
服务的细节 013：会切西红柿，就能做餐饮	978-7-5060-6812-3	28 元
服务的细节 014：制造型零售业——7-ELEVEn 的服务升级	978-7-5060-6995-3	38 元
服务的细节 015：店铺防盗	978-7-5060-7148-2	28 元
服务的细节 016：中小企业自媒体集客术	978-7-5060-7207-6	36 元
服务的细节 017：敢挑选顾客的店铺才能赚钱	978-7-5060-7213-7	32 元
服务的细节 018：餐饮店投诉应对术	978-7-5060-7530-5	28 元
服务的细节 019：大数据时代的社区小店	978-7-5060-7734-7	28 元
服务的细节 020：线下体验店	978-7-5060-7751-4	32 元
服务的细节 021：医患纠纷解决术	978-7-5060-7757-6	38 元
服务的细节 022：迪士尼店长心法	978-7-5060-7818-4	28 元
服务的细节 023：女装经营圣经	978-7-5060-7996-9	36 元
服务的细节 024：医师接诊艺术	978-7-5060-8156-6	36 元
服务的细节 025：超人气餐饮店促销大全	978-7-5060-8221-1	46.8 元

书　　名	ISBN	定　价
服务的细节 026：服务的初心	978-7-5060-8219-8	39.8 元
服务的细节 027：最强导购成交术	978-7-5060-8220-4	36 元
服务的细节 028：帝国酒店　恰到好处的服务	978-7-5060-8228-0	33 元
服务的细节 029：餐饮店长如何带队伍	978-7-5060-8239-6	36 元
服务的细节 030：漫画餐饮店经营	978-7-5060-8401-7	36 元
服务的细节 031：店铺服务体验师报告	978-7-5060-8393-5	38 元
服务的细节 032：餐饮店超低风险运营策略	978-7-5060-8372-0	42 元
服务的细节 033：零售现场力	978-7-5060-8502-1	38 元
服务的细节 034：别人家的店为什么卖得好	978-7-5060-8669-1	38 元
服务的细节 035：顶级销售员做单训练	978-7-5060-8889-3	38 元
服务的细节 036：店长手绘　POP 引流术	978-7-5060-8888-6	39.8 元
服务的细节 037：不懂大数据，怎么做餐饮？	978-7-5060-9026-1	38 元
服务的细节 038：零售店长就该这么干	978-7-5060-9049-0	38 元
服务的细节 039：生鲜超市工作手册蔬果篇	978-7-5060-9050-6	38 元
服务的细节 040：生鲜超市工作手册肉禽篇	978-7-5060-9051-3	38 元
服务的细节 041：生鲜超市工作手册水产篇	978-7-5060-9054-4	38 元
服务的细节 042：生鲜超市工作手册日配篇	978-7-5060-9052-0	38 元
服务的细节 043：生鲜超市工作手册之副食调料篇	978-7-5060-9056-8	48 元
服务的细节 044：生鲜超市工作手册之 POP 篇	978-7-5060-9055-1	38 元
服务的细节 045：日本新干线 7 分钟清扫奇迹	978-7-5060-9149-7	39.8 元
服务的细节 046：像顾客一样思考	978-7-5060-9223-4	38 元
服务的细节 047：好服务是设计出来的	978-7-5060-9222-7	38 元
服务的细节 048：让头回客成为回头客	978-7-5060-9221-0	38 元
服务的细节 049：餐饮连锁这样做	978-7-5060-9224-1	39 元
服务的细节 050：养老院长的 12 堂管理辅导课	978-7-5060-9241-8	39.8 元
服务的细节 051：大数据时代的医疗革命	978-7-5060-9242-5	38 元
服务的细节 052：如何战胜竞争店	978-7-5060-9243-2	38 元
服务的细节 053：这样打造一流卖场	978-7-5060-9336-1	38 元
服务的细节 054：店长促销烦恼急救箱	978-7-5060-9335-4	38 元

书　名	ISBN	定　价
服务的细节 055：餐饮店爆品打造与集客法则	978-7-5060-9512-9	58 元
服务的细节 056：赚钱美发店的经营学问	978-7-5060-9506-8	52 元
服务的细节 057：新零售全渠道战略	978-7-5060-9527-3	48 元
服务的细节 058：良医有道：成为好医生的 100 个指路牌	978-7-5060-9565-5	58 元
服务的细节 059：口腔诊所经营 88 法则	978-7-5060-9837-3	45 元
服务的细节 060：来自 2 万名店长的餐饮投诉应对术	978-7-5060-9455-9	48 元
服务的细节 061：超市经营数据分析、管理指南	978-7-5060-9990-5	60 元
服务的细节 062：超市管理者现场工作指南	978-7-5207-0002-3	60 元
服务的细节 063：超市投诉现场应对指南	978-7-5060-9991-2	60 元
服务的细节 064：超市现场陈列与展示指南	978-7-5207-0474-8	60 元
服务的细节 065：向日本超市店长学习合法经营之道	978-7-5207-0596-7	78 元
服务的细节 066：让食品网店销售额增加 10 倍的技巧	978-7-5207-0283-6	68 元
服务的细节 067：让顾客不请自来！卖场打造 84 法则	978-7-5207-0279-9	68 元
服务的细节 068：有趣就畅销！商品陈列 99 法则	978-7-5207-0293-5	68 元
服务的细节 069：成为区域旺店第一步——竞争店调查	978-7-5207-0278-2	68 元
服务的细节 070：餐饮店如何打造获利菜单	978-7-5207-0284-3	68 元
服务的细节 071：日本家具家居零售巨头 NITORI 的成功五原则	978-7-5207-0294-2	58 元
服务的细节 072：咖啡店卖的并不是咖啡	978-7-5207-0475-5	68 元
服务的细节 073：革新餐饮业态：胡椒厨房创始人的突破之道	978-7-5060-8898-5	58 元
服务的细节 074：餐饮店简单改换门面，就能增加新顾客	978-7-5207-0492-2	68 元
服务的细节 075：让 POP 会讲故事，商品就能卖得好	978-7-5060-8980-7	68 元

书　名	ISBN	定　价
服务的细节 076：经营自有品牌	978-7-5207-0591-2	78 元
服务的细节 077：卖场数据化经营	978-7-5207-0593-6	58 元
服务的细节 078：超市店长工作术	978-7-5207-0592-9	58 元
服务的细节 079：习惯购买的力量	978-7-5207-0684-1	68 元
服务的细节 080：7-ELEVEn 的订货力	978-7-5207-0683-4	58 元
服务的细节 081：与零售巨头亚马逊共生	978-7-5207-0682-7	58 元
服务的细节 082：下一代零售连锁的 7 个经营思路	978-7-5207-0681-0	68 元
服务的细节 083：唤起感动	978-7-5207-0680-3	58 元
服务的细节 084：7-ELEVEn 物流秘籍	978-7-5207-0894-4	68 元
服务的细节 085：价格坚挺，精品超市的经营秘诀	978-7-5207-0895-1	58 元
服务的细节 086：超市转型：做顾客的饮食生活规划师	978-7-5207-0896-8	68 元
服务的细节 087：连锁店商品开发	978-7-5207-1062-6	68 元
服务的细节 088：顾客爱吃才畅销	978-7-5207-1057-2	58 元
服务的细节 089：便利店差异化经营——罗森	978-7-5207-1163-0	68 元
服务的细节 090：餐饮营销 1：创造回头客的 35 个开关	978-7-5207-1259-0	68 元
服务的细节 091：餐饮营销 2：让顾客口口相传的 35 个开关	978-7-5207-1260-6	68 元
服务的细节 092：餐饮营销 3：让顾客感动的小餐饮店“纪念日营销”	978-7-5207-1261-3	68 元
服务的细节 093：餐饮营销 4：打造顾客支持型餐饮店 7 步骤	978-7-5207-1262-0	68 元
服务的细节 094：餐饮营销 5：让餐饮店坐满女顾客的色彩营销	978-7-5207-1263-7	68 元
服务的细节 095：餐饮创业实战 1：来，开家小小餐饮店	978-7-5207-0127-3	68 元
服务的细节 096：餐饮创业实战 2：小投资、低风险开店开业教科书	978-7-5207-0164-8	88 元

书　名	ISBN	定　价
服务的细节 097：餐饮创业实战 3：人气旺店是这样做成的！	978-7-5207-0126-6	68 元
服务的细节 098：餐饮创业实战 4：三个菜品就能打造一家旺店	978-7-5207-0165-5	68 元
服务的细节 099：餐饮创业实战 5：做好“外卖”更赚钱	978-7-5207-0166-2	68 元
服务的细节 100：餐饮创业实战 6：喜气的店客常来，快乐的人福必至	978-7-5207-0167-9	68 元
服务的细节 101：丽思卡尔顿酒店的不传之秘：超越服务的瞬间	978-7-5207-1543-0	58 元
服务的细节 102：丽思卡尔顿酒店的不传之秘：纽带诞生的瞬间	978-7-5207-1545-4	58 元
服务的细节 103：丽思卡尔顿酒店的不传之秘：抓住人心的服务实践手册	978-7-5207-1546-1	58 元
服务的细节 104：廉价王：我的“唐吉诃德”人生	978-7-5207-1704-5	68 元
服务的细节 105：7-ELEVEn 一号店：生意兴隆的秘密	978-7-5207-1705-2	58 元
服务的细节 106：餐饮连锁如何快速扩张	978-7-5207-1870-7	58 元
服务的细节 107：不倒闭的餐饮店	978-7-5207-1868-4	58 元
服务的细节 108：不可战胜的夫妻店	978-7-5207-1869-1	68 元
服务的细节 109：餐饮旺店就是这样“设计”出来的	978-7-5207-2126-4	68 元
服务的细节 110：优秀餐饮店长的 11 堂必修课	978-7-5207-2369-5	58 元
服务的细节 111：超市新常识 1：有效的营销创新	978-7-5207-1841-7	58 元
服务的细节 112：超市的蓝海战略：创造良性赢利模式	978-7-5207-1842-4	58 元
服务的细节 113：超市未来生存之道：为顾客提供新价值	978-7-5207-1843-1	58 元
服务的细节 114：超市新常识 2：激发顾客共鸣	978-7-5207-1844-8	58 元
服务的细节 115：如何规划超市未来	978-7-5207-1840-0	68 元